古典文獻研究輯刊

三五編

潘美月・杜潔祥 主編

第 29 冊

陳玉澍詩文集箋證
（第一冊）

陳 開 林 著

國家圖書館出版品預行編目資料

陳玉澍詩文集箋證（第一冊）／陳開林 著 -- 初版 -- 新北市：
花木蘭文化事業有限公司，2022〔民 111〕
目 16+214 面；19×26 公分
（古典文獻研究輯刊 三五編；第 29 冊）
ISBN 978-626-344-131-6（精裝）
1.CST：（清）陳玉澍 2.CST：中國文學 3.CST：文學評論
011.08   111010336

ISBN-978-626-344-131-6

9 786263 441316

古典文獻研究輯刊
三五編　第二九冊   ISBN：978-626-344-131-6

陳玉澍詩文集箋證（第一冊）

作　　者　陳開林
主　　編　潘美月、杜潔祥
總 編 輯　杜潔祥
副總編輯　楊嘉樂
編輯主任　許郁翎
編　　輯　張雅淋、潘玟靜、劉子瑄　美術編輯　陳逸婷
出　　版　花木蘭文化事業有限公司
發 行 人　高小娟
聯絡地址　235 新北市中和區中安街七二號十三樓
　　　　　電話：02-2923-1455／傳真：02-2923-1452
網　　址　http://www.huamulan.tw 信箱 service@huamulans.com
印　　刷　普羅文化出版廣告事業
初　　版　2022 年 9 月
定　　價　三五編 39 冊（精裝）新台幣 98,000 元　　　版權所有・請勿翻印

陳玉澍詩文集箋證

（第一冊）

陳開林　著

作者簡介

陳開林（1985～），湖北麻城人。2009 年畢業於重慶工商大學商務策劃學院，獲管理學學士學位（市場營銷專業商務策劃管理方向）。2012 年畢業於湖北大學文學院，獲文學碩士學位（中國古代文學先秦方向）。2015 年畢業於華中師範大學文學院，獲文學博士學位（中國古代文學元明清方向）。現為鹽城師範學院文學院副教授。主要研究宋元明清文學、近代文學、中國古典文獻學。出版專著《〈全元文〉補正》《劉毓崧文集校證》《〈周易玩辭困學記〉校證》《〈純常子枝語〉校證》《杜詩闌》，並在《圖書館雜誌》《文獻》《中國典籍與文化》《古典文獻研究》《圖書館理論與實踐》《中國詩學》等刊物發表論文百餘篇，另有「史源學考易」系列九種、清代別集系列十種等待刊。

提　　要

　　陳玉澍（1852～1906），鹽城建湖人。光緒十二年（1886 年）肄業於南菁書院，受業於經學大家黃以周。著有《爾雅釋例》五卷、《毛詩異文箋》十卷、《卜子年譜》五卷等書。張舜徽稱其「研精《詩》、《雅》，不愧名家。」（見《清人別集敘錄》）就文學而言，陳玉澍著有《後樂堂文鈔》九卷、《後樂堂文鈔續編》九卷、《後樂堂詩存》一卷，內容豐富，且成就頗高。張舜徽稱：「今讀是集，則其慷慨之辭，忠憤之意，頗似賈生之痛哭。而文筆疏暢犀利，又足以鼓舞天下，信其才倜儻縱橫，初未可徒目為窮經之士也。」袁行雲稱：「詩存僅一卷，激昂慷慨，每以民困國危為題。」（《清人詩集敘錄》）

　　然而令人惋惜的是，其詩文集迄今無人整理。本書旨在對陳玉澍詩文集進行首次整理，內容包括點校、箋疏、集說三個部分。（一）點校部分。以清光緒二十五年至二十七年鉛印本《後樂堂文鈔》九卷、《後樂堂詩集》一卷、《後樂堂文集續編》九卷為底本進行文字錄入，並施以現代標點。另將其《粵遊日記》、《教育芻言》作為附錄，以便合參。（二）箋疏部分。對十八卷文集、一卷詩集中涉及的人物、典故、觀點、疑義等進行箋釋，以期為理解文本掃除障礙。（三）集說部分。搜錄古今有代表性的文本，以期和陳玉澍的觀點進行參證，為相關研究提供較為集中的資料，避免翻檢之勞。另外，少數幾篇附有附錄，主要附加一些補充性的材料。

大運河文化帶建設研究院鹽城分院智庫
鹽城地域文化與社會治理研究院智庫
階段性成果

目次

整理前言

陳玉澍（1852～1906），字惕庵，先名玉樹。江蘇省鹽城市建湖縣上岡鎮人。清末知名學者。李詳《清故舉人大挑教諭揀選知縣惕庵陳君墓誌銘》稱：「余往謂鹽城得縣以來，自臧子源、陸君實後，文章行義，未有如君者。」其生平，可參據本書附錄一《陳玉澍傳記資料》，另可參陳鍾浩《陳惕庵玉澍先生年譜》（鹽城市圖書館藏）。此不贅述。〔註1〕

其著述，阿英日記迻錄《鹽城縣志》稱：

> 《毛詩異文箋》十卷（刻入《南菁書院叢書》）、《爾雅釋例》五卷（聚珍版印）、《鹽城縣志》十七卷（刊版今存會友堂）、《卜子年譜》二卷（刻入《雪堂叢鈔》）、《民權釋惑》二卷、《教育芻言》二卷、《後樂堂文鈔》九卷、《詩鈔》一卷、《後樂堂文鈔續集》九卷（以上並聚珍版印）、《後樂堂文鈔三集》十六卷、《米禁問答》一卷、《汴遊筆記》一卷、《粵遊筆記》一卷（以上未印）、《勝朝殉節諸臣錄校勘記》一卷（鹽城刻本）。

著錄較為完備，但參互他書，稍有出入。如《教育芻言》，共七章，分刊《大道》，一般著錄為三卷，此言二卷。《粵遊筆記》後經雷瑨校刊，刊布於《文藝雜誌》1918 年第 13 期。

至於《後樂堂文鈔三集》，陳中凡稱「《後樂堂文鈔三集》六卷」。《粵遊筆記》十七日載：「比到岸，檢點衣裝。失一書簏，內藏《後樂堂三集稿》、《卜

〔註1〕此外，阿英《東坎遊蹤》提及姚冠湖撰《陳惕庵先生傳》、臺灣鹽城同鄉會《鹽城文獻》（第一冊）載李鴻儒《緬懷鄉先賢陳惕庵先生》，兩文俟訪。

子年譜》、《民權釋惑》諸雜著，及墨西哥秘鎖三十枚。文稿與《民權釋惑》均無副本，竭二年心力，始克成書，一旦失去，頗甚懊懷。」徐嘉《陳惕庵後樂堂文三編序》稱「惕庵語余將刊三集，誕諉弁言」，則該書曾已編好，未及刊印。《米禁問答》一卷、《汴遊筆記》一卷，不詳。《民權釋惑》，今藏國家圖書館。國家圖書館還藏有《陳惕庵經說》1冊，清末至民國抄本。〔註2〕此二種未寓目，未能收入，實為憾事。

就經學而言，陳玉澍光緒十二年（1886年）肄業於南菁書院，受業於經學大家黃以周。著有《爾雅釋例》五卷、《毛詩異文箋》十卷、《卜子年譜》五卷。張舜徽曾評論其經學造詣，「服其研精《詩》、《雅》，不愧名家。」（見《清人別集敘錄》）

就文學而言，其詩文集，即《後樂堂集》，共計十九卷，首文鈔九卷，次詩存一卷，次文鈔續編九卷。《後樂堂文鈔》、《後樂堂詩存》刊於清光緒二十

〔註2〕按：倫明著《續修四庫全書總目提要》（東莞圖書館整理《倫明全集》第3冊，廣東人民出版社2017年版，第666～667頁）：

1055 陳惕庵經說一卷　原稿本

清陳玉樹撰。玉樹字惕庵，江蘇鹽城人，同治舉人。按玉樹所著《後樂堂文集》，附目有《經說》二卷，未刊。是稿凡《書》三篇，《詩》十七篇，《左氏傳》三篇，《孝經》一篇，《爾雅》三篇，《孟子》一篇，附《襄賁故城考》一篇，《與劉楚蓴論鎮海縣非古甬東書》一篇，不分卷，未知原書否也。其《淮海惟揚州解》，據孔《傳》「北據淮，南距海」，謂「《禹貢》揚州之域，南至交趾。始誤於杜佑《通典》，以為不及五嶺之外。胡渭《錐指》沿之，主揭陽為說，非是」。援證甚博。又，《孟侯解》，亦據孔《傳》「孟，長也」，五侯之長，謂方伯。使康叔為之。而駁伏、鄭解作「孟迎」之非是，亦引證甚博。並謂「近之治《尚書》者，預挾一尊鄭偽孔之見，不顧說之是非，致經義晦塞者多」云云。可稱通論。說《詩》宗毛《傳》，多申其未達之義。若《公侯好仇》、《終風且暴》、《中菶》、《六駁》、《勿士行枚》諸篇是也。其《勿士行枚》謂微訓伺間，見《漢書·郭解傳》。又訓小，見《廣雅·釋詁》。又訓少，見《列子·周穆王》釋文。又訓藏匿，見《左傳·哀十六年傳》注。又訓密謀，見《列子`說符注》。總言之，詩意在言奉命討逆，名正言順，無容用詭謀奇計耳。惟《噲噲其正噦噦其冥解》，謂「正」為正寢，別於燕寢為小寢言之。「冥」為「塓」之省文，塓，塗也，與毛義異。他篇雖間出己見，皆不背毛。《踐土解》謂在河陽，是孟縣之踐土，非河北之踐土。《不替孟明解》，據《釋言》「替」訓「止」。皆是。《宗祀文王於明堂解》，據《禮記·祭法》及《國語·魯語》，皆言祖文王而宗武王，與《孝經》不合。主韋昭說，謂周公初祖后稷而宗文王，至成王即政後，更祖文王而宗武王。亦能言之成理。《〈爾雅〉篇目考》，據《漢志》「《爾雅》二十篇，今存十九篇」，蓋缺敘篇。證以《逸周書》、《史記》、《漢書》、《淮南子》之例，說自可信。玉樹別著有《爾雅釋例》，宜移以附之。

五年（1899），署名陳玉樹；《後樂堂文鈔續編》刊於清光緒二十七年（1901），署名陳玉澍。均係鉛印本。後未見重刊。先後收錄於王春瑜編著《中國稀見史料》第1輯第21～22冊（廈門大學出版社2007年版）、《清代詩文集彙編》第777冊（上海古籍出版社2010年版）、《晚清四部叢刊》第四編集部第93～94冊（文聽閣圖書公司2010年版，題為《後樂堂詩文鈔》一、二）。其中文鈔、詩存共一目錄，文鈔續編別為一目錄。原書目錄與正文時有文字差異，今據正文新制目錄，原目錄不錄。

關於其文學成就，張舜徽稱：「今讀是集，則其慷慨之辭，忠憤之意，頗似賈生之痛哭。而文筆疏暢犀利，又足以鼓舞天下，信其才倜儻縱橫，初未可徒目為窮經之士也。」以漢代賈誼類比陳玉澍，則其成就可見一斑。

張舜徽又稱：「卷三有《論時文》一篇，力斥八股之為害，甚於囹圄。自來論及斯事者，蓋以此篇為尤警闢而沉痛。卷五上左宗棠、張之洞諸書，各洋洋數千言，指陳時政利病，燭照靡遺，躍躍有用世之志。……蓋玉澍自負有經世之才，欲以致用自見。……復輯所為文成《續編》九卷。首二卷為經義。卷三、卷四為史論，卷五、卷六為論政之文，卷七為奏疏，末二卷為書札及雜文。其中如卷五《罪言》十篇，卷六《勸農說》十四則，剴切諄詳，皆足以覘其救時之意云。」對其內容亦有所指陳。袁行雲也稱：「玉澍少負經世之才，上左宗棠、張之洞書，指陳時弊，切中肯綮」，（見《清人詩集敘錄》）除此之外，《續編》卷七《上皇帝書》（三篇），剖視時局，鞭闢入裏，並指陳改革之法，足見其才識。《續編》卷五《罪言》十篇，則是瞭解晚清士風、官風、民風的重要材料。

其詩歌雖然只有一卷，但成就也非常突出。袁行雲稱：「詩存僅一卷，激昂慷慨，每以民困國危為題」，並條舉多例，加以佐證。其書生報國的情懷由此可見。

另外，文集中還有很多具有史料價值的文字，諸如對康梁變法的指責，對義和團運動的評論，對待西洋文化的態度，對鹽城乃至蘇北災荒的記載，鹽城農業、民風、學校等風貌，等等，都是瞭解晚清文化的重要文獻。不僅如此，其可貴之處在於身處「二千年未有之變局」的時代，其見解頗為通達，迥超同時代之人，實屬難能可貴。對歷史人物、歷史事件之評騭，也都蘊涵濃厚的現實關懷。而作為南菁書院的肄業生，集中的解經文字也凸顯了其經學造詣。正如王欣夫先生所言：「經學得定海黃氏之傳，而尤留心時務。所著《後

樂堂集》多策政治經濟，迥非書生泥古之見。」(《蛾術軒篋存善本書錄》之《粵遊日記》)雷瑨《後樂堂文鈔續編序》也指出：「撰箸經義論策與朋友書札，無一非指陳時弊，謀所以挽捄之術。」總之，《後樂堂集》是一部較有分量的著作，其內容尚待進一步研究。

然而令人惋惜的是，這樣一位有著較高學術成就的文人，其人及其著述都湮滅不彰，彷彿被後人遺忘。其詩文集迄今無人整理，也未見有相關的研究成果。

本成果旨在對陳玉澍詩文集進行首次整理，內容包括點校、箋疏、集說三個部分。

（一）點校部分。以清光緒二十五年至二十七年鉛印本《後樂堂文鈔》九卷、《後樂堂詩集》一卷、《後樂堂文集續編》九卷為底本進行文字錄入，並施以現代標點；由於版本單一，無從進行對校，故以本校、他校、并慎用理校等方法進行文字的校勘，並詳寫校勘記，以見各本文字之異同，以期尋求準確之文字。另外，考慮到其《粵遊日記》、《教育芻言》三卷的獨到價值，亦未經整理，故一併作為本成果附錄，以便合參。

（二）箋疏部分。對十八卷文集、一卷詩集中涉及的人物、典故、觀點、疑義等進行箋釋，以期為理解文本掃除障礙。如《後樂堂文鈔》卷六《報山陽徐賓華先生書》《報劉楚薌邑侯書》等通體駢文，不加注釋的話，頗為費解。此部分旨在疏通文意，以便研究者使用。

（三）集說部分。搜錄古今有代表性的文本，以期和陳玉澍的觀點進行參證，為相關研究提供較為集中的資料，避免翻撿之勞。同時，通過集說的文字，在和他人對同一歷史、時政的見解的對比中，來凸顯陳玉澍的眼光和境界。評論同一人事，立論因人而異。集說所引材料，僅限與陳玉澍所論之角度近同者。如古今論韓信者眾，《後樂堂文鈔》卷一《淮陰侯論》辨「史稱淮陰侯欲反關中者」一說之誤，而方東樹《考槃集文錄》卷一《韓信論》則論韓信之用兵，故不錄。

另，少數幾篇附有附錄，主要附加一些補充性的材料。

限於時間和水平，書中難免疏漏和錯訛，尚祈博雅君子指正！

後樂堂文鈔

卷 一

孔子誅少正卯論

　　《家語》載孔子為魯司寇，攝相事七日而誅亂政大夫少正卯，戮之兩觀之下，尸於朝三日〔1〕。古《家語》之佚久矣。今之《家語》，王子雍偽譔耳。然此說實本之《史記》與荀卿書，非烏有子虛之比也。然宋儒朱子嘗辨其無此事，即予亦竊竊疑之。

　　魯秉周禮久矣，三日之尸，此周禮之制也，鄉士、遂士、縣士三職有明文矣。孔子而不用周禮則已，孔子而既用周禮，則宜一訊群臣，再訊群吏，三訊萬民，聽民之所刺①宥〔2〕，以施上服下服之刑，此《王制》所謂「司寇正刑明辟，必三刺②」也。今觀門人問於既誅之後，《荀子》謂問者門人，《家語》謂問者子貢。知其事前概未與聞，而謀之獨也。又知孔子一無所訊而斷諸己也，勇則勇矣，無乃與周禮有未翕乎！此其可疑者一也。鄭子產言：「唯太上能以寬服民，其次莫如猛。」〔3〕彼自知不能為太上盛德之事，故為此說耳。若《論語》兩言「寬則得眾」，又言「居上不寬，吾何以觀之哉」〔4〕，與國氏之恉殊矣。兩觀之辱，威猛已甚，無乃捨其上為其次乎？此其可疑者二也。孔子嘗謂季康子曰：「子為政，焉用殺？子欲善，而民善矣。」孔子之為司寇也，有子與父訟者，孔子赦之。季孫聞之不悅，冉有以告，孔子喟然歎曰：「《書》云義刑義殺，言必教而後刑也。陳道德以服之，不可；尚賢以勸之，不可；即廢之。又不可，而後以威憚之。若是三年，而百姓正矣。」〔5〕卯之罪非能大於不孝，聽政七日而遽誅之，是先刑而後教，先威而后德也；是季孫不可用者，而孔子可用也。無乃自道之而自遠之乎？此其可疑者三也。

－7－

　　朱子謂「齊魯陋儒憤聖人失職，造為此說，以誇其權」[6]者，其所疑未必非此，然熟思之，則無可疑也。儒者通經致用，貴得其精意焉耳。必欲事事踵官禮遺跡，以示信而好古，此歆、莽之所以亂天下，孔子奚取焉？況如少正卯者，其聰明才辯不難驅通國之人，盡納之術中而不覺，雖以端木氏之智，猶以聞人目之，況其下焉者乎？孔子設執而訊之國人，國人必將曰「此聞人，必不可殺」。孔子從乎？否乎？從眾議則非刑，拂眾議則非禮，二者必居一於此矣。且慮其語以泄敗，將逋逃他國，以詒魯後憂也，求援季孫而倚為城社也。法不立，誅不必，而政不可為矣。況《王制》云：「行偽而堅，言偽而辯，記非而博，順非而澤者，殺。」卯兼其四，而又加之心逆而險，殺之何疑？則雖不訊之群臣、不訊之群吏、不訊之萬民，而未可詆為專殺者也。此其無可疑者一也。為政寬猛無定軌，亦眡其所受之病而藥之耳。如秦、隋失之猛，漢、唐救之以寬焉。璋失之寬，武侯矯之以猛。設以猛濟猛，以寬濟寬，是猶淪附桂以治熱，煮芩蘗以祛寒也。魯以相忍為國，紀綱陵弛久矣。臚岱，歌雍，舞八佾，則三桓可殺。據陽關，盜弓玉，率費人襲魯，則陪臣可殺。乃魯公守府不能殺一強臣，三家微弱不能殺一叛賊，如向者之酖牙縊慶，不可復得。蓋自成公十六年刺偃之後，斧鑕不飲罪臣之血者八十年。政刑不修，國勢積弱，強鄰如西晉、東齊，乃敢肆其凌辱，無復畏憚。此皆寬之為厲階也。孔子而甘為疲荼之庸臣，則亦已耳。如欲振衰救弊，以尊主權而張國威，雖欲捨子產之猛而取太叔之寬，胡可得乎？此其無可疑者二也。孔子所以告冉子與季孫者，為民言耳。卯，大夫也，而非民也；少正，其官也，而非氏也。大凡士之亂政也，害倍於民；官之亂政也，害倍於士；大官之亂政也，害倍於小官。故欲振王綱於頹替之日，殺百民不如殺一士，殺百士不如殺一官，殺百小官不如殺一大官。共、驩、苗、鯀，皆陶唐氏親信大臣。帝俊以匹夫攝天子位，一旦悉流放竄殛之，如芟刈草菅而無顧惜，是豈有私憾於此四人哉！罰必先加尊貴，而後卑賤者有所憚，而不敢嘗試也。少正為卿官，見《左氏・襄十九年傳》注，是亦魯之大臣矣。以大臣而紊亂朝政，援愚民之例而宥之，可乎？故不孝訟父者可赦也，而卯必不可赦也。此其無可疑者三也。

　　所可疑者，孔子當殺而不殺耳。當齊人饋魯女樂，孔子為大司寇，未去位也。孔子嘗論司寇之職，曰「作婬聲、造異服、蕩上心，皆誅而不聽。」[7]康樂，婬聲也；文衣，異服；其使者之詞曰以遺魯君，是蕩上心也。有可誅殺之罪三，孔子亟秉憲而行戮其人於東門之外，縣其頭於東城之闔，如齊侏

儒之首足異處，以褫彼主臣之魄，而清吾君相之心，此計之兩得者也。縱八十人不可勝誅，則誅其一二，餘皆出之境上，如昔人之於莒僕，亦司寇職所得為。信如此，齊人安得而歸之，桓子安得而受之哉？計不出此，齊人之謀售，魯廷之政荒，而孔子之車駕矣〔8〕。嗚乎！殺一人而吾道行，不殺一人而吾道廢。殺一人而魯大治，不殺一人而魯驟衰。雖以宣聖之道大而德盛，且不能捨鈇鉞為治，況去聖什伯千萬者，而欲束歐刀於高閣之上，求臣民之不犯義犯刑，何可得哉！宜乎有具五大惡若少正卯者，肆行無忌歟！

　　文之末句，蓋斥康有為言之。康逆述作偽尼山，心術同操莽。聲聞溢夏夷，薦牘積齲座。為古今逆臣獨開生面，《廿四史》幾無執匹。當盈廷交譽，舉國厚期，一若圯上、隆中不足以擬之，先生獨比以少正，況以鴟鳥，聞者多以其言為過。未幾，果有謀危乘輿之事，庶幾乎老泉之知介甫矣。受業顧汝雲謹注。

【校記】

　① 刺，原作「剌」。

　② 刺，原作「剌」，據《禮記·王制》改。

【疏證】

〔1〕《孔子家語·始誅第二》：「孔子為魯司寇，攝行相事，有喜色。仲由問曰：『由聞君子禍至不懼，福至不喜，今夫子得位而喜，何也？』孔子曰：『然，有是言也。不曰樂以貴下人乎？』於是朝政七日，而誅亂政大夫少正卯，戮之於兩觀之下，尸於朝三日。子貢進曰：『夫少正卯，魯之聞人也，今夫子為政，而始誅之，或者為失乎？』孔子曰：『居，吾語汝以其故。天下有大惡者五，而竊盜不與焉。一曰心逆而險，二曰行僻而堅，三曰言偽而辯，四曰記醜而博，五曰順非而澤，此五者有一於人，則不免君子之誅，而少正卯皆兼有之。其居處足以撮徒成黨，其談說足以飾褒榮眾，其強禦足以反是獨立，此乃人之奸雄者也，不可以不除。夫殷湯誅尹諧、文王誅潘正、周公誅管蔡、太公誅華士、管仲誅付乙、子產誅史何，是此七子，皆異世而同誅者，以七子異世而同惡，故不可赦也。詩云：憂心悄悄，慍于群小，小人成群，斯足憂矣。』」

〔2〕《孔子家語·刑政第三十一》：「孔子曰：『大司寇正刑明辟以察獄，獄必三訊焉。』」

〔3〕《左傳·昭公五年》：「鄭子產有疾，謂子大叔曰：『我死，子必為政。唯有德者

能以寬服民，其次莫如猛。」《孔子家語·正論解第四十一》：「鄭子產有疾，謂子太叔曰：『我死，子必為政。唯有德者能以寬服民，其次莫如猛。』」

〔4〕《論語·陽貨第十七》：「寬則得眾，信則人任焉。」《論語·堯曰第二十》：「寬則得眾，敏則有功，公則民說。」《論語·八佾第三》：「子曰：『居上不寬，為禮不敬，臨喪不哀，吾何以觀之哉？』」

〔5〕《荀子·宥坐篇第二十八》：「孔子為魯司寇，有父子訟者，孔子拘之，三月不別。其父請止，孔子捨之。季孫聞之不說，曰：『是老也欺予。語予曰：為國家必以孝。今殺一人以戮不孝！又捨之。』冉子以告。孔子慨然歎曰：『嗚呼！上失之，下殺之，其可乎？不教其民，而聽其獄，殺不辜也。三軍大敗，不可斬也；獄犴不治，不可刑也，罪不在民故也。嫚令謹誅，賊也。今生也有時，斂也無時，暴也；不教而責成功，虐也。已此三者，然後刑可即也。《書》曰：『義刑義殺，勿庸以即，予維曰未有順事。』言先教也。故先王既陳之以道，上先服之；若不可，尚賢以綦之；若不可，廢不能以單之；綦三年而百姓從風矣。邪民不從，然後俟之以刑，則民知罪矣。詩曰：『尹氏大師，維周之氏；秉國之均，四方是維；天子是庳，卑民不迷。』是以威厲而不試，刑錯而不用，此之謂也。今之世則不然：亂其教，繁其刑，其民迷惑而墮焉，則從而制之，是以刑彌繁，而邪不勝。三尺之岸而虛車不能登也，百仞之山任負車登焉，何則？陵遲故也。數仞之牆而民不踰也，百仞之山而豎子馮而遊焉，陵遲故也。今之世陵遲已久矣，而能使民勿踰乎，詩曰：『周道如砥，其直如矢。君子所履，小人所視。眷焉顧之，潸焉出涕。』豈不哀哉！」又，《孔子家語·始誅第二》：「孔子為魯大司寇，有父子訟者，夫子同狴執之，三月不別，其父請止。夫子赦之焉。季孫聞之不悅，曰：『司寇欺余，曩告余曰，國家必先以孝，余今戮一不孝以教民孝，不亦可乎？而又赦，何哉？』冉有以告孔子，子喟然歎曰：『嗚呼！上失其道，而殺其下，非理也。不教以孝，而聽其獄，是殺不辜。三軍大敗，不可斬也。獄犴不治，不可刑也。何者？上教之不行，罪不在民故也。夫慢令謹誅，賊也。征斂無時，暴也。不試責成，虐也。政無此三者，然後刑可即也。《書》云：『義刑義殺勿庸，以即汝心，惟曰未有慎事，言必教而後刑也。』既陳道德以先服之，而猶不可，尚賢以勸之，又不可，即廢之，又不可，而後以威憚之，若是三年，而百姓正矣。其有邪民不從化者，然後待之以刑，則民咸知罪矣。詩云：『天子是毗，俾民不迷。』是以威厲而不試，刑錯而不用。今世則不然，亂其教，繁其刑，使民迷惑而陷焉，又從而制之，故

刑彌繁，而盜不勝也。夫三尺之限，空車不能登者，何哉？峻故也。百仞之山，重載陟焉，何哉？陵遲故也。今世俗之陵遲久矣，雖有刑法，民能勿踰乎？」

〔6〕（宋）朱熹《晦庵先生朱文公文集》卷第六十七《舜典象刑說》：「若少正卯之事，則予嘗竊疑之。蓋《論語》所不載，子思、孟子所不言。雖以《左氏春秋內外傳》之誣且駁，而猶不道也。乃獨荀況言之，是必齊魯陋儒憤聖人之失職，故為此說以誇其權耳。」（宋）黎靖德《朱子語類》卷九十三：「某嘗疑誅少正卯無此事，出於齊魯陋儒，欲尊夫子之道而造為之說。若果有之，則《左氏》記載當時人物甚詳，何故有一人如許勞攘而略不及之史傳間？不足信事，如此者甚多。」

〔7〕《孔子家語·刑政第三十一》：「孔子曰：『作淫聲、造異服、設伎奇器以蕩上心者，殺。』」

〔8〕《論語·微子第十八》：「齊人歸女樂，季桓子受之，三日不朝，孔子行。」《史記·孔子世家第十七》：「齊人聞而懼，曰：『孔子為政必霸，霸則吾地近焉，我之為先並矣。盍致地焉？』黎鉏曰：『請先嘗沮之；沮之而不可則致地，庸遲乎！』於是選齊國中女子好者八十人，皆衣文衣而舞康樂，文馬三十駟，遺魯君。陳女樂文馬於魯城南高門外，季桓子微服往觀再三，將受，乃語魯君為周道遊，往觀終日，怠於政事。子路曰：『夫子可以行矣。』孔子曰：『魯今且郊，如致膰乎大夫，則吾猶可以止。』桓子卒受齊女樂，三日不聽政；郊，又不致膰俎於大夫。孔子遂行，宿乎屯。而師己送，曰：『夫子則非罪。』孔子曰：『吾歌可夫？』歌曰：彼婦之口，可以出走；彼婦之謁，可以死敗。蓋優哉游哉，維以卒歲！』師己反，桓子曰：『孔子亦何言？』師己以實告。桓子喟然歎曰：『夫子罪我以群婢故也夫！』」

【集說】

《荀子·宥坐篇第二十八》

孔子為魯攝相，朝七日而誅少正卯。門人進問曰：「夫少正卯魯之聞人也，夫子為政而始誅之，得無失乎？」孔子曰：「居，吾語女其故。人有惡者五，而盜竊不與焉：一曰心達而險，二曰行辟而堅，三曰言偽而辯，四曰記醜而博，五曰順非而澤。此五者有一於人，則不得免於君子之誅，而少正卯兼有之。故居處足以聚徒成群，言談足飾邪營眾，強足以反是獨立，此小人之桀雄也，不可不誅也。是以湯誅尹諧，文王誅潘止，周公誅管叔，太公誅華仕，

管仲誅付里乙，子產誅鄧析史付，此七子者，皆異世同心，不可不誅也。《詩》曰：『憂心悄悄，慍于群小。』小人成群，斯足憂也。」

《史記‧孔子世家第十七》

定公十四年，孔子年五十六，由大司寇行攝相事，有喜色。門人曰：「聞君子禍至不懼，福至不喜。」孔子曰：『有是言也。不曰『樂其以貴下人』乎？』」於是誅魯大夫亂政者少正卯。

劉安《淮南子‧氾論訓第十三》

故聖人因民之所喜而勸善，因民之所惡以禁姦。故賞一人而天下譽之，罰一人而天下畏之，故至賞不費，至刑不濫。孔子誅少正卯而魯國之邪塞，子產誅鄧析而鄭國之姦禁也。

劉向《說苑》卷十五《指武》

孔子為魯司寇，七日而誅少正卯於東觀之下，門人聞之，趨而進。至者不言，其意皆一也。子貢後至，趨而進曰：「夫少正卯者，魯國之聞人矣。夫子始為政，何以先誅之？」孔子曰：「賜也，非爾所及也。夫王者之誅有五，而盜竊不與焉。一曰心辨而險，二曰言偽而辯，三曰行辟而堅，四曰志愚而博，五曰順非而澤，此五者皆有辨知聰達之名，而非其真也。苟行以偽，則其知足以移眾，強足以獨立，此奸人之雄也，不可不誅。夫有五者之一，則不免於誅，今少正卯兼之，是以先誅之也。昔者湯誅蠋沐、太公誅潘阯、管仲誅史附里、子產誅鄧析，此五子未有不誅也。所謂誅之者，非為其晝則攻盜，暮則穿窬也，皆傾覆之徒也。此固君子之所疑，愚者之所惑也。《詩》云：『憂心悄悄，慍於羣小。』此之謂矣。」

北齊‧劉晝《劉子‧心隱第二十二》

少正卯在魯與孔子同時，孔子門人三盈三虛，唯顏淵不去。獨知聖人之德也夫！門人去仲尼而飯少正卯，蓋不知仲尼之聖，亦不知少正卯之佞。子貢曰：「少正卯，魯之丈人也，夫子為政何以先之？」子曰：「賜也還，非爾所及也！」夫少正卯心逆而險，行辟而聖，言偽而辯，詞鄙而博，順非而澤。有此五偽，而亂聖人。以子貢之明，見不能見。知人之難也，以是觀之：佞與賢相類，詐與信相似，辨與智相亂。愚直相像，若薺苨之亂人參，蛇床之似麋蕪也。

（宋）陳善《捫蝨新話》下集卷三《春秋不書誅少正卯》

少正卯之誅，不見《春秋》。或者以為非卿，故不書，非也。孔子之作《春秋》，其實以道不行，故用空言以寄褒貶耳。若少正卯之誅，則其志可以少伸，賞罰之權可以復振。空言何用哉！使二百四十二年中，事事如此，《春秋》雖不作可也，而何少正卯之足書云。

（宋）李季可《松窗百說·似是》

少正卯學醜而博，順非而澤，未必直為惡人。孔子不旋踵而誅之，由其似是而非，足以移奪人意。其潛心，其害道，有不可勝言者。故孟子之於楊墨，亦屢作色焉。若夫善惡如黑白，則曰紂之惡不如是之甚，復何假用力而盡言。

（宋）蘇軾《東坡志林》卷一

孔子為魯司寇七日而誅少正卯，或以為太速。此叟蓋自知頭方命薄，必不久在相位，故汲汲及其未去發之。使更遲疑三兩日，已為少正卯所圖矣。

（宋）葉適《習學記言》卷第十七

然則湯誅尹諧、文王誅潘正，以至華士、付乙、史何、少正卯，殆書生之寓言，非聖賢之實錄也。使後世謂聖人之用不量先後緩急，教未加而遽震於大討，輕舉妄發，以害中道，而曰孔子實然，蓋百世所同患矣。自子思、孟子猶皆不然，獨荀況近之，故余以為荀氏之傳也。

（金）王若虛《滹南遺老集》卷二《五經辨惑》

孔子誅少正卯事，誰所傳乎？其始見於荀卿之書，而《呂氏春秋》、劉向《說苑》、《家語》、《史記》皆取而載之。作《王制》者亦依倣其意者，著為必殺之令。後世遂信以為聖人之大節，而不復疑。以予觀之，殆妄焉耳。刑者，君子之所慎，不得已而後用者。罪不至於當死，其敢以意殺之乎？故曰與其殺不辜，寧失不經；殺一不辜，雖得天下而不為。此聖賢相傳以為忠厚之至者，若乃誣其疑似，發其隱伏，逆詐以為明，徑行以為果，按之無跡，加之無名，而曰吾以懲奸雄而防禍亂，是則申、商、曹、馬陰賊殘忍之術，而君子不貴也。昔者四凶天下之所同患，而帝堯亦固知之矣，然卒不誅，逮舜之世而後有流竄放殛之事，猶不盡置之死。蓋古人之重殺如此。少正卯，魯之聞人，自子貢不就其罪。就如孔子之說，亦何遽至於當死，而乃一朝無

故而尸諸朝，天下其能無議，而孔子之心亦豈得安乎？夫卯兼五者之惡，借或可除，而曰有一於人皆所不免，然則世之被戮者不勝其眾矣。尹諧、潘正之屬不見於經傳，姑置無論。如管、蔡，王室之親，敢為叛逆，罪孰大於是者，而卯與之同罰，無乃不倫乎？至於華士，尤非其比。《韓非》曰：「華士自言不臣，天子不友，諸侯耕而食，掘而飲，無求於人，不仕而事力。太公聞之，曰：『不臣天子，是望不得而臣也。不友諸侯，是望不得而使也。無求於人，不仕而事力，是望不得以賞罰勸禁也。』遂執而殺之。」信斯言也，則華士特介潔之流，雖非中行，詎可殺之？王肅惟知韓子之不足憑，而不知荀卿所傳亦自無稽也。東坡蘇氏曰：「此叟自知命薄，必不久在相位，故及其未去發之。苟少遲疑，已為卯所圖矣。」夫君子循理而行，不可則止，寧人負我，毋我負人。使卯誠當死，自有常刑，豈必如仇敵相軋，以先舉為得計哉？蘇氏常以晉武不殺劉元海、明皇不殺安祿山為盛德事，其論甚高，可為萬世法，顧復有此說，何耶？嗚呼！士生千載之後，不獲親見聖人，是真偽無從而質之，則亦求乎義理之安，而合乎人情之常而已。自三傳而下，託聖賢以駕己說者，何可勝數，蓋不足盡信焉。三山林少穎，近代之名儒也，其於孔氏兵萊人、墮三都等，皆排之而不取，且曰說者徒謂聖人嘗用於魯，必當有功，故欲以是加其美，而不知反污辱之。可謂切中陋學之病矣，誅卯之事亦此類也哉！荀卿又曰：「有父子訟者，孔子同狴，執之三月不別。其父請止，孔子捨之。季孫不說。」孔子為言教化不至，不當遂民之意，幾三百語。永嘉葉氏曰：「少正卯之誅，果於察奸，非先王之正刑。不治父子訟，以待其心之自回，所謂正刑也。」竊亦以為不然。考諸《論語》，孔子之告子張「不教而殺謂之虐」，曾子之戒陽膚曰「上失其道，民散久矣。如得其情，則哀矜而勿喜」。荀卿之說，推此意而為之耳。方之誅卯，固若近厚。至其過正而非人情，則一也。審可罪也，當即刑之；審可恕也，當諭而遣之。並執其父，三月不別，至於請止而後赦，吾不知彼之請止，果其心之回耶？抑不勝囹圄之苦而求脫也？使彼心不回，而終莫之請，孔子將何以處之？且教化不至，非一日之故也。上未可責其遽行，下未可望其遽服，而況有罪者皆持此說以貸之，則小人得以藉口而益輕犯法矣。病痛發於身，而卻藥投石，委之不治，曰：「是攝養之不至也。」夫攝養不至，則信有罪矣；而已發之疾，亦安得不治乎？蓋《論語》云「不教而殺」者，謂其先務之不知，而專

事其末耳，非以刑為可廢也；「哀矜而勿喜」者，恐其以察慧為能，而幸於殺人耳，非謂遂不治其罪也。荀卿因此設過正之事，以驚世俗，以為眾疑於無罪者而遽誅之，疑於必殺者而卒赦之，操縱無常，開合不測，此孔子所以異於凡人者，而不知聖人正不如是也。

（明）江用世《史評小品》卷四《春秋列國中·少正卯》

孔子為魯司寇，誅亂政大夫少正卯，余竊疑之。昔季康子問政，「欲殺無道，就有道」，夫子親折之，曰：「子為政，焉用殺。」豈有己為政未滿旬日，即誅一大夫者？夫聖人為政，殺非所先也久矣。以四凶罪已著，堯在位數十年，不即行誅，猶以遺舜。謂子七日而誅正卯，可乎？縱慾誅之，抑何驟也！且卯為魯聞人，亦非不可以教誨懷者，奚至遽絕其遷善之路，不教而殺，斯為虐矣。矧亂魯政，不止一卯。歌雍舞佾，抑又甚焉。聖人為司寇，正刑明辟，一釐父母之邦，請始自其甚者。緩彼急此，兩觀之鬼不將有辭乎哉？凡此皆涉於無理，不足信。子曰：「舉直錯諸枉。」無卯則已，有則錯，烏容以殺附會之耶？

（清）孫星衍《孫淵如外集》卷一〔註1〕

孔子有兩觀之誅，及治魯七日誅少正卯，見《漢書·劉向》、《王尊傳》，亦見諸子書。夫少正卯魯之聞人，罪無死法，兩觀非行戮之地，孔子不能專殺，何為有此過情之舉？此非夾谷卻萊兵比也。考《周書》稱「王命大正正刑書」，則知大正若司寇，少正或其佐，鄭亦有少正，國僑曾為之。孔子既為司寇，則與少正同僚。卯有重名，其才足以亂法，孔子新掌刑禁，非責之朝堂，使一國知少正之為政似是而非，則國不治，令不行，故亟責之於兩觀。兩觀者，宮闕懸象之所，於此申明法禁，在朝言朝之義也。誅，責也，其在《論語》云：「於予予（開林按：《論語·公冶長第五》作「與」）何誅？」齊桓公之會諸侯，猶有「無專殺大夫」之禁，魯君不能七日殺少正，何況孔子？然則為此言者傳之過，或不明「誅」字之義矣。《王制》稱「言偽」、「行偽」、「學非」、「順非」之罪重在疑眾，有四罪而不疑，眾不至於殺，猶今律令左道妖言之殺，必以惑眾而罪之，眾惑則變生，為國患害，非是必慎其罰也。後世或以孔子為急用刑，又以刻深之法託於孔子，故論之。

〔註1〕（清）孫星衍《孫淵如外集》，《清代詩文集彙編》第436冊，上海古籍出版社2010年版，第363頁。

（清）李元度《天岳山館文鈔》卷一《孔子誅少正卯論》〔註2〕

《家語》：「孔子為魯司寇，攝行相事，七日而誅亂政大夫少正卯。戮之兩觀之下，數其罪曰：心逆而險，行僻而堅，言偽而辯，記醜而博，順非而澤。」《荀子・宥坐篇》亦有此說。朱子疑之，以謂「《論語》所不載，子思、孟子所不言，《春秋內外傳》所不道，獨荀況言之，是必齊魯陋儒憤聖人之失職，故為此說以誇其權」。其論偉矣！惜乎《論語序說》引《史記・世家》，仍存「攝行相事，誅少正卯」之文而未之削。《通鑑綱目前編》因之，後且成為不刊之典。予懼果於殺戮者，一旦乘權位，或假孔子之說，以遂其武健苛鷙之私而莫之返，是不可以不辨也。夫知人必論其世，孔子為司寇時，祿去政逮，已四五世矣，自宿專魯政，意如且逐君，昭不能正其終，定不能正其始。當是時，歌雍、舞佾、旅泰山、伐顓臾、冒上亡等，陪臣效尤而執國命，於是南蒯、公山各以費叛，侯犯以郈叛，陽虎且囚季桓子，盜寶玉、大弓以出，其亂政之當誅，倍蓰什伯於少正卯者，可勝道哉？然孔子不能操之過蹙也，墮三都，出藏甲，張公室，抑私家，默為轉移而已。且公斂處父堅不肯墮成，孔子亦未如之何，不能立肆諸市朝也。他日請討陳恒，公命告三子，三子不可，亦付之太息而已。而獨於無足輕重之少正卯，誅之惟恐或後，是柔則茹、剛則吐也，是放飯流歠而問無齒決也。聖人顧若是乎？豺狼當道，安問狐狸？聖人豈張綱之不若乎？況專殺大夫，諸侯且有屬禁。司寇亦大夫也，任意相殺，魯君及三卿能容之乎？夫心逆行僻而順非，誠不為無罪，然視逐君叛主，固大有間也。若記醜而博，更不足為罪矣。聖人行法，必取其萬不可宥者與眾棄之，未有惡其為聞人，出不意而驟加顯戮者。此穰苴、孫武輩行軍立威之術也。聖人肯為之乎？據《家語》，則子貢嘗疑之矣。子曰：「此人之奸雄者也，不可以不除。昔殷湯誅尹諧，文王誅潘正，周公誅管、蔡，太公誅華士，管仲誅付乙，子產誅史何，皆異世而同惡，故不可赦也。」嘻！異矣！尹諧、潘正、付乙、史何，不見經傳，事之有無不可考。若管、蔡則本末具在《詩》、《書》，豈少正卯比邪？惟世稱太公誅海上華士，與孔子誅聞人，往往相提並論，後世英君察相、悍帥健吏，動示不測之威，以聳眾而立名，未必非此語階之厲也。前明之季，莊烈帝廷詰黃道周，猶以言偽行僻見責，口實之貽遠矣哉！抑考《家語》、《史記》，並稱孔子為司寇，攝行相事。相者，相禮也，即

〔註2〕（清）李元度撰；王澧華點校《天岳山館文鈔》，嶽麓書社2009年版，第41～43頁。

夾谷之會《傳》稱孔某相是也。若魯相自有三卿，執政自繫季氏，孔子何緣攝相事哉？此又不可不知也。」

　　東坡《史評》云：孔子為司寇，七日而誅少正卯，或以為太速，此叟蓋自知其頭方命薄，必不得久在相位，故汲汲及其未去發之，使更遲疑兩三日，已為少正卯所圖矣。此語尤滑稽害道，故辨之。

戎夷一國之政猶一身之治論

　　春秋時，戎狄之禍棘矣。小國如魯、如衛、如鄭、如曹，大國如齊、如晉、如燕、如秦，皆有戎狄侵軼為邊患。魯以秉禮之國，首與戎為潛之會、唐之盟。楚邱之役，凡伯以天子卿為戎縶縛；子帶之亂，揚、拒、泉、皋、伊、雒之戎同犯京師，入王城。赫赫如小白，使管仲平戎於王，致為後世和夷者之鼻祖。吾不解諸戎何以倔彊若此，幾與漢之匈奴、唐之吐蕃、明之倭奴無以異也。及讀《史記‧秦本紀》，而知戎之強良有故焉。

　　秦穆公三十有四年，戎王使由余於秦。穆公謂余曰：「中國以《詩》、《書》、《禮》、樂為政，然尚時亂，戎夷無此，何以為治？」由余曰：「戎夷上含醇德以遇其下，下懷忠信以事其上，一國之政猶一身之治，不知所以治。」此真聖人之治也。夫中國之患，莫大於君德之未醇，倚權怙力，以臨其民。民情之不忠，懷奸挾偽，以罔其君。如余之言，則君為元首，民為手足，崇庳一體，上下共志，無毫末否塞之患，有天地泰交之象，其陵轢諸華，不亦宜乎？雖然，由余戎臣也，而秦又戎之敵也，與秦君言戎事，稱揚國美，語浮其實，此奉使不辱命者之常，或有未可盡據者焉。然吾嘗讀漢、唐之書及日本史矣，而知余之說之非誕也。

　　漢文帝時，匈奴之臣中行說謂漢使曰：「匈奴之俗，食畜肉，飲其汁，衣其皮。約束徑，可行；君臣簡，可久，一國之政猶一體。」〔1〕此可以蹬余之言者一也。唐高宗時，吐蕃遣其大臣仲琮入貢，上問吐蕃風俗。對曰：「吐蕃地薄氣寒，風俗樸魯，然法令嚴整，上下一心，議事常自下而起，因人所利而行之，此所以能持久也。」〔2〕此可以證余之言者二也。日本醍醐天皇時，其臣三善清行上封事，有云：「國家土沃民庶，臣服三韓，所以能然者，國俗敦龐，民風忠孝，上以仁牧，下以誠戴，一國之政由一身之治故也。」〔3〕此可以證余之言者三也。

　　然則戎夷之所以一國如一身者，非徒以俗之樸也，良由於法簡而吏不得

倚繁例以舞文，令嚴而人不敢冀幸免以犯刑，議事自下而朝無壅隔蒙闕之弊，因人所利而野無寒餒凋劫之民，俗尚敦龐而無鄙薄詐偽之習，民知忠孝而無犯上作亂之事。不察其所以得力之故，輒據華人之弊以疑其誕，其與夏蟲語冰何以異哉！然而諸夏冠帶之國，何遽不如犬羊也？春秋列國，秦最邇戎、狄、獂、邽、冀、義渠、大荔、允姓、陸渾諸種散居於涇渭商雒之間，東西邊徼皆憂逼處狡焉。思啟幾有防不勝防之勢，然而穆公卒能滅國十二，闢地千里，執牛耳於群醜之間，果操何術以致此盛？意《左氏》所謂增修國政者，或亦兼採由余說，俯效戎人之長。後世誦「同仇」、「偕作」之詩，秦之民萬眾如一身，可以想見。自古馭戎之策，必師其長技而後可以制其死命。不然，恃禮樂詩書以詡文明之治，吾恐輕戎夷長卒為戎夷所侮而不自振也。然則當由余昌言戎政，秦人師益已多。西戎之霸，早基於此，何待三十七年用戎臣之謀，伐戎王之國後見。穆公之偉略哉！

【疏證】

〔1〕《史記》卷一百一十《匈奴列傳》：「中行說曰：『匈奴之俗，人食畜肉，飲其汁，衣其皮；畜食草飲水，隨時轉移。故其急則人習騎射，寬則人樂無事，其約束輕，易行也。君臣簡易，一國之政猶一身也。』」《漢書》卷九十四上《匈奴傳上》：「中行說曰：『匈奴之俗，食畜肉，飲其汁，衣其皮；畜食草飲水，隨時轉移。故其急則人習騎射，寬則人樂無事。約束徑，易行；君臣簡，可久。一國之政猶一體也。』」

〔2〕見《資治通鑑》卷二百〇二。

〔3〕（清）王先謙《日本源流考》卷七：「甲戌四延喜十四年，《日本史》：春二月壬午，詔公卿大夫及諸國司進讜議，盡謀謨。六月，禁衣服奢靡。《日本國志》：『帝方勵精求治，以連年水旱不登，詔求直言。式部大輔兼大學頭三善清行上封事，略曰：國朝天險土沃民庶，臣服三韓，所以能然者，國俗敦厖，民風忠孝，輕賦斂，簡徵調，上以仁牧下，下以誠戴上，一國之政猶一身之治故也。』」

【集說】

（清）顧炎武《日知錄》卷二十九《外國風俗》

歷九州之風俗，考前代之史書，中國之不如外國者有之矣。《遼史》言：「契丹部族生生之資仰給畜牧，績毛飲湩，以為衣食。各安舊風，狃習勞事，不見紛華異物而遷故。家給人足，戎備整完，卒之虎視四方，強朝弱附。」

《金史》：「世宗嘗謂宰臣曰：『朕見女直風俗，迄今不忘。今之燕飲音樂皆習漢風，非朕心所好，東宮不知女直風俗，第以朕故，猶尚存之，恐異日一變此風，非長久之計。』」他日與臣下論及古今，又曰：「『女直舊風，雖不知書，然其祭天地，敬親戚，尊耆老，接賓客，信朋友，禮意款曲，皆出自然，其善與古書所載無異。汝輩不可忘也。』乃禁女直人不得改稱漢姓，學南人衣裝，犯者抵罪。」又曰：「女直舊風，凡酒食會聚，以騎射為樂，今則奕棋、雙陸，宜悉禁止，令習騎射，」又曰：「遼不忘舊俗，朕以為是。海陵習學漢人風俗，是忘本也。若依國家舊風，四境可以無虞，此長久之計也。」《邵氏聞見錄》言：「回紇風俗樸厚，君臣之等不甚異，故眾志專一，勁健無敵。自有功於唐，賜遺豐腴。登里可汗始自尊大，築宮室以居，婦人有粉黛文繡之飾。中國為之虛耗，而其俗亦壞。昔者祭公謀父之言：「犬戎樹悖，能帥舊德，而守終純固。』由余之對穆公言：『戎夷之俗，上含淳德，以遇其下；下懷忠信，以事其上。』一國之政猶一身之治，其所以有國而長，世用此道也。及乎薦居日久，漸染華風，不務《詩》《書》，唯徵玩好，服飾竟於無等，財賄溢於靡用，驕淫矜侉，浸以成習，於是中行有變俗之譏，賈生有五餌之策。又其末也，則有如張昭遠以皇弟、皇子喜徘優，飾姬妾，而卜沙陀之不永；張舜民見大孫好音樂、美姝、名茶、古畫，而知契丹之將亡。後之君子誠監於斯，則知所以勝之之道矣。」

《史記》言：「匈奴獄久者不過十日，一國之囚不過數人。」《鹽鐵論》言：「匈奴之俗略於文而敏於事。」宋鄧肅對高宗言：「外國之巧在文書簡，簡故速。中國之患在文書繁，繁故遲。」《遼史》言：「朝廷之上，事簡職專，此遼之所以興也。」

然則外國之能勝於中國者惟其簡易而已，若捨其所長而效人之短，吾見其立弊也。

（清）賀貽孫《水田居文集》卷一《由余論》〔註3〕

由余觀秦，秦穆公問曰：「中國以禮樂法度為政，然尚有亂。無此，何以為治？」由余笑曰：「中國作為禮樂法度，身以先之，僅以得治。及其後，上日以驕淫阻法度之威，以責督於下。下罷極，則以仁義怨望於上。上下交爭，詐偽並起，相為篡弒，至於滅亡，皆此類也。惟上含淳德以遇其下，下懷忠

〔註3〕《清代詩文集彙編》第 21 冊，上海古籍出版社 2010 年版，第 389～390 頁。

信以事其上，此真聖人之治也。君子曰：『大哉言也！』」夫所謂上含淳德以遇其下，下懷忠信以事其上者。此上聖所以垂衣裳而天下治。然淳德忠信，乃禮樂法度所由本也。使後世皆懷其淳德忠信以治天下，天下固已治矣，又安事於禮樂法度哉？惟其不能，是以禮樂法度作焉。上聖懷其淳德以治當時之天下，而又制為禮樂法度以治萬世之天下，故夫禮樂法度者，上聖治天下之所設，而非上聖之所以治天下也。人具天地之元氣，以生本無疾也。導引吐納，不過永保其無疾焉而已。無疾之人即日服參術，不加其健也。而不服，亦不見其羸。彼惟無所以損之，則亦無所以益之。彼惟無所以害之，則亦無所以治之。豈惟無所以治之，亦自並忌其身之所以治。夫自忘其身之所以治，此即長年之道矣。及至嗜欲煎於內，而酒色耗於外，喜怒憂色皆足以斲喪其元氣。於是不足之病生，而補益之功始見。良醫知所以治之矣。知所以治之病，愈而止，不求多焉，則善矣。有賤丈夫焉，恃吾藥之可以生人也，則以為酒色亦不足以殺人，於是日試身於不足之道，以求驗於參術補益之方，則未有不至大病者矣。至於大病，而後吐瀉寒溫無不歷試，以僥倖於偶中焉，於是大命隨之矣。是故禮樂法度，救世之藥也。後之王者守而勿失焉，斯亦可以治矣。昔者扁鵲作為方書，使人察脈循理，各隨其病，而無有已焉。故雖無扁鵲，而扁鵲之效嘗見於天下後世。驕淫之主阻法度之威，以督責於下，下亦以仁義怨望於上。上下交爭，相為篡弒，然後並其禮樂法度而毀棄之。是猶治病者不能察脈，而徒求方於扁鵲之書，一試不驗，遂詆扁鵲為欺人也。其為禍豈有既哉！是故為國家者，慎無求方於扁鵲之書焉可矣。

秦繆公戍鄭論

　　天下雖極明智之人，一動於利，未有不昏焉者也。春秋僖三十年，晉候、晉伯圍鄭。鄭使燭之武說秦伯，秦伯說其言，使杞子、逢孫、楊孫戍之。夫鄭無禮於晉，且貳於楚，是鄭者晉之讐也。秦不與圍鄭之役則已耳，既助晉以圍鄭，復助鄭以抗晉，秦亦甘為晉之讐也。夫秦繆之於晉文，素相親暱，而非有讐怨也明矣。晉文之在秦也，秦妻之；晉文之入國也，秦納之；城璞之戰，秦助之；溫之會、翟泉之盟，秦皆從之。情之昵而交之固，春秋二百四十年間所未有也。

　　為秦繆公者，即入燭武之言，宜遣使告於晉，曰：「君謂鄭不共，故寡人從君討焉。今鄭遣一介之使，求寡人之言於君也。鄭知罪矣，請君釋鄭，以鳩

其民，君之惠也。」為晉文者聞斯言，未有不欣然許之者也。如是，則秦既市德於鄭，亦不樹怨於晉，豈非計之兩得也哉！計不出此，解圍已足矣，焉用盟？與盟已過矣，焉用戍？即一弱小之鄭，而棄一強大之晉；失一親昵之晉，而得一疏逖之鄭。設晉文公從子犯之言，從而擊之，是秦代鄭受兵也。豈非愚之甚哉！然而非愚也，蓋其譎也。

繆公當戍鄭之時，已預挾一襲鄭之心矣。何以知其然也？曰：秦非有愛於鄭也。既無所愛於鄭，復無所利於鄭，毅然戍之，而不顧觸冒強晉之怒，寧有是哉？夫燭之武所以說繆公者，以利言也；繆公所以說燭武之言者，為利動也。但今日取之，則利歸於晉；他日取之，則利擅於秦。彼既不能無所利於鄭，而又內慮取鄭之難為力，姑從而戍焉。一旦遣將來襲，三戍將潛應於內，取之如反掌矣。杞子之遣使告秦，而欲其潛師以來也，非僅探繆公之意而為之，實奉繆公之命而為之也。蓋當遣戍之始，已授計於杞子三人，使伺隙而圖其利。此其計，非惟鄭人不之覺，即蹇叔亦未之知也。繆公亦譎矣哉！

雖然，此正繆公之所以為大愚也。當是時，潼關尚晉地，非秦有也。秦人襲鄭，由潼關而焦、瑕，而崤、澠，而成周，而鄩、鞏，然後入鄭之境，中歷周晉之地八百餘里。若晉之與鄭則不然。溫之與虎牢也，懷之與鄏敖也，寧之與衡雍也，皆一河之介耳。無論秦人不能滅鄭，即令不遇弦高、蹇他，攻其無備而入之，而晉人畏秦之偪，必帥南陽之甲渡河而南，不數日徑抵鄭之北門，復守虎牢以絕其西歸之路，塞桃林以遏其東出之師。秦師不能東出以援，三帥計唯有假道於楚，出少習，度三戶，經宛葉，越汾陘之塞，而後至鄭之南鄙。此謂鞭長不及馬腹。吾知援師未至，而晉人已俘三帥於鄭，鄭已入於晉矣，秦安得而有之哉？乃於鄭未有毫釐之損，而三帥已被執於殽，匹馬倚輪無反者，而秦晉之怨自此深，秦晉之交自此不可復合，春秋自此狄、秦不復列於諸夏。秦之降而為狄也，繆公之愚為之也。夫繆公天資非真愚也，其所以失計若此者，此《史記・平原君傳・贊》所謂「利令智昏」者也。

季孫行父論上

弒逆，大惡也。忠義，美名也。自古人臣，有躬行弒逆大惡，而護忠義美名者乎？曰有之，魯季孫行父是已。季孫行父者，與公子遂同弒其君子赤者也。雖然，公子偃之刺也。成公元年春之無冰也，《公羊春秋傳》、《漢書・五行志》但言行父專政耳，不言行父弒逆也。閻若璩、毛奇齡、馮景、李惇諸

儒，但言季孫專政始於行父，亦不言其弒逆也。其弒逆於何知之？曰：於《春秋》知之。

《春秋》諱內惡不書，然不書之書，不啻大書特書，亦觀其前後之比坿而書者耳。桓公十八年，經書：「公與夫人姜氏遂如齊。夏四月丙子，公薨於齊。」見公之薨，姜氏為之也文。公十八年，經書：「公子遂、叔孫得臣如齊。冬十月，子卒。」見子赤之卒，遂與得臣為之也。此比坿於前而書者也。莊公三十二①年，經書：「冬十月，子般卒。公子慶父如齊。」見子般之卒，慶父為之也。文公十八年，經書：「子卒。夫人姜氏歸。於齊季孫行父如齊。」見子卒姜歸，行父為之也。此比坿於後而書者也。此《春秋經》之可據者也。

且不獨經可據，傳亦可據。《左氏·宣十八年傳》載行父之言曰：「使我殺適立庶，而失大援者，仲也夫。」然則殺子赤者行父，使行父殺子赤者襄仲。襄仲譬之欒書，而行父則程滑也；襄仲譬之司馬昭，行父則成濟也。吾不解行父何以自吐情實，豈為所殺者憑依其身而使之言耶？抑唇舌之偶疏而不及檢耶？夫成濟之罪減於司馬昭，程滑之罪輕於欒書，行父之罪薄於襄仲。吾不罪襄仲而重罪行父者，何也？曰：襄仲大逆不足責，若行父固素盜忠義美名者也。子叔聲伯謂行父「魯國社稷之臣」〔1〕，魯之臣服其忠矣。「范文子謂欒武子曰：『季孫於魯，相二君矣。妾不衣帛，馬不食粟，可不謂忠乎？』」〔2〕晉之臣嘉其忠矣。《左氏》之言曰：「無藏金玉，無重器備。君子是以知季文子之忠於公室也。相三君矣，而無私積，可不謂忠乎？」〔3〕魯之太史氏贊其忠矣。《史記·魯世家》云：「宣伯告晉，欲誅文子。文子有義，晉人弗許。」〔4〕《論語集解》引鄭氏云：「文子忠而有賢行，舉事寡過，不必三思。」〔5〕千百年後，猶有以行父為忠者矣。

名為忠義而實則弒逆，此不可不聲其罪而誅之也。夫其躬行弒逆而能盜忠義之美名者，何也？曰智為之也。行父之逐公孫歸父也，與諸大夫盟曰：「無或如東門遂，不聽公命，殺適立庶」，〔6〕此固外史掌惡臣載之盟首者。左邱明為魯太史，作《春秋傳》，不能不據外史所書，因亦專罪襄仲而不言行父之與謀。行父復撟飾立譽，帛粟靳妾馬，室家無私積，同於王莽之日闚亡儲，夫人衣不曳地，國之人遂相率而以忠譽之矣。此其智非奸人之雄不能，《漢書·古今人表》列行父智人有以也。然其智可以欺當時，可以欺後世，而不可以欺我孔子。孔子書行父如齊於子卒姜歸之後，其弒逆自有不可掩者，然古今人為所愚者已眾矣。明王文成公夜宿金山下，夢郭璞來見，言王導與王敦通

謀。此言《晉書》不載，當時人皆以導為忠而不知其罪，乃與沈充、錢鳳無異。吾甚惜夫叔仲惠伯不能見夢於左邱明，而告以行父之奸也。

【校記】

① 二，原作「三」，據《春秋》改。

【疏證】

〔1〕《左傳・成公十六年》：「九月，晉人執季文子於苕丘。公還，待於鄆。使子叔聲伯請季孫於晉，郤犫曰：『苟去仲孫蔑而止季孫行父，吾與子國，親於公室。』對曰：『僑如之情，子必聞之矣。若去蔑與行父，是大棄魯國，而罪寡君也。若猶不棄，而惠徼周公之福，使寡君得事晉君，則夫二人者，魯國社稷之臣也。若朝亡之，魯必夕亡。以魯之密邇仇讎，亡而為讎，治之何及？』郤犫曰：『吾為子請邑。』對曰：『嬰齊，魯之常隸也，敢介大國以求厚焉？承寡君之命以請，若得所請，吾子之賜多矣，又何求？』」

〔2〕《左傳・成公十六年》：「范文子謂欒武子曰：『季孫於魯，相二君矣，妾不衣帛，馬不食粟，可不謂忠乎？信讒慝而棄忠良，若諸侯何？子叔嬰齊奉君命無私，謀國家不貳，圖其身不忘其君。若虛其請，是棄善人也。子其圖之。』乃許魯平，赦季孫。」

〔3〕《左傳・襄公五年》：「季文子卒，大夫入斂，公在位。宰庀家器為葬備，無衣帛之妾，無食粟之馬，無藏金玉，無重器備。君子是以知季文子之忠於公室也。相三君矣，而無私積，可不謂忠乎？」

〔4〕《史記》卷三十三《魯周公世家》：「十六年，宣伯告晉，欲誅季文子。文子有義，晉人弗許。」

〔5〕《論語・公冶長第五》：「季文子三思而後行。子聞之，曰：再斯可矣。」

〔6〕《左傳・襄公二十三年》：「臧紇致防而奔齊。其人曰：『其盟我乎？』臧孫曰：『無辭。』將盟臧氏，季孫召外史掌惡臣而問盟首焉，對曰：『盟東門氏也，曰：毋或如東門遂不聽公命，殺適立庶。盟叔孫氏也，曰：毋或如叔孫僑如欲廢國常，蕩覆公室。』季孫曰：『臧孫之罪皆不及此。』孟椒曰：『盍以其犯門斬關？』季孫用之，乃盟臧氏曰：『無或如臧孫紇干國之紀，犯門斬關。』臧孫聞之曰：『國有人焉，誰居？其孟椒乎！』」

〔7〕（明）沈長卿《沈氏日旦》卷一：「《墠戶錄》：陽明先生有紀夢詩，其假託與否不可知。總惜郭景純之忠，破王導之奸也。予就當時情事折衷，王敦逆即

成，導不過一宗藩耳，未有弟篡之後不以位傳子而傳兄與姪者。逆不成，則赤族之禍且及於導。福小禍大，導雖愚，籌之熟矣，必無陰主其事之理。觀其情詞迫切，以百口乞哀於周伯仁，則且自料其不免。特晉君臣膽弱狐疑，畏敦之威，不敢害導。且僥倖萬一敦篡，而調停有導在，或寬晉君臣而不誅，未可知也。上下挾此隱情，導乘機漏網，又適湊伯仁之冤，後人憤之而追貶耳。予此論不苛不恕，觀史者再酌之。」（清）袁枚《隨園隨筆》卷二十三《不符類・〈真誥〉言郗鑒、〈王陽明文集〉述郭璞語皆與正史不符》：「《陽明文集》載某月日夢郭璞來見，極言王導之姦邪倍於王敦，正史為其所欺，賦詩一章而退；陽明亦賦詩和之，特存集中，以示後世。余按：此等虛渺疑案，往往有之。陶氏《真誥》言晉郗太尉鑒之殺人家口，取其家財；《東坡志林》言唐楊綰之好殺。二人皆賢者，何以得此異論？」（清）姚瑩《康輶紀行》卷十三：「王陽明夢郭璞示詩，極言王導之姦，寤而作《紀夢詩》，人少見其詩也。《升菴詩話》全載之。陽明本不以詩鳴，景純作頗淺陋不類，蓋歿已千數百年，精靈雖存，不能以生前之功力望之矣。今錄於此，日慎嘗反覆。《晉書》目王導為叛臣，頗為世所駭異。後見崔後渠《松窗雜錄》，亦同余見。近讀陽明《紀夢詩》，尤為卓識，自信鄙說之有稽而非謬也。其自序曰：『正德庚辰八月廿八夕，臥小閣，忽夢晉忠臣郭景純氏以詩示余，且極言王導之姦，謂世之人徒知王敦之逆，而不知王導實陰主之。其言甚長，不能盡錄。覺而書其所示詩於壁，復為詩以紀其略。嗟乎！今距景純若千年矣，非有實惡深冤鬱結而未暴，寧有數千載下尚懷憤不平若是者耶！』詩云：秋夜臥小閣，夢遊滄海濱。海上神仙不可到，金銀宮闕尚嶙峋。中有仙人芙蓉巾，顧我宛若平生親。欣然就語下煙霧，自言姓名郭景純。攜手歷歷訴衷曲，義憤感激難具陳。切齒尤深怨王導，深奸老猾長欺人。當年王敦覬神器，導實陰主相緣夤。不然三問三不答，胡忍使敦殺伯仁。寄書欲拔太真舌，不相為謀敢爾云。敦病已篤事已去，臨哭嫁禍復賣敦。事成同享帝王貴，事敗仍為顧命臣。幾微隱約亦可見，世史掩覆多失真。袖出長篇再三說，覺來字字能書紳。開窗試抽晉史閱，中閒事蹟頗有因。因思景純有道者，世移事往千餘春。若非精誠果有激，豈得到今猶憤嗔。不成之語以筮戒，敦實氣沮竟殞身。人生生死亦不易，誰能視死猶輕塵。燭微先幾炳易道，多能餘事非所論。取義成仁忠晉室，龍逄龔勝心可倫。是非顛倒古多有，吁嗟景純終見伸。御風騎箕遊八垠，彼敦之徒草木糞土臭腐同沉淪。郭景純夢中詩曰：我昔明《易》道，

故知未來事。時人不我識，遂傳耽一技。一思王導徒，神器良久覬。諸謝豈不力，伯仁見其底。所以敦者僑，罔顧天經與地義。不然百口未負託，何忍置之於死地。我於斯時知有分，日中斬柴市。我死何足悲，我生良有以。九天一人拊膺悲晉室，諸公亦可恥。舉目山河徒歎非，攜手登亭空灑淚。王導真奸雄，千載人未議。偶感君子談，重與寫真記。固知倉卒不成文，自今當與頻謔戲。倘其為我一表揚，萬世萬世萬萬世。右王陽明夢郭璞詩。」

【集說】

（宋）黃仲炎《春秋通說》卷八解「夏季孫行父如齊」

世謂季孫行父家無私積，魯之忠臣也。今觀春秋書季孫行父如齊，則是附奸黨惡之輩，豈得謂之忠臣哉！仲為不道，殺嫡立庶，舉魯國之人皆疾之。使行父而忠於魯，必以死爭之矣。今不惟不能爭，又且翼成其事。當宣公篡立之初，則為之納賂於齊以請會。如其所為，是亦一仲遂爾。其後仲遂既死，宣公既薨，懼公孫歸父之害己，而後號之人曰：「使我殺嫡立庶，以失大援者，仲也夫。」嗚呼！當其時不能治也，而歎息於易世之後，其將誰欺？然則其家無私積者，猶公孫弘之布被焉爾。

（明）陳士元《論語類考》卷八《季文子》

朱子曰：「季文子，魯大夫，名行父。」元按：季文子，季友之孫，為魯大夫。《史記‧世家》云：「成公十六年，宣伯使告晉郤犫，請止季文子而殺之。九月，晉人執季文子於苕丘。范文子謂欒武子曰：『季孫於魯，相二君矣。妾不衣帛，馬不食粟，可不謂忠乎？信讒慝而棄忠良，若諸侯何？』乃赦季文子。十二月，季文子及郤犫盟於扈，歸刺公子偃。襄公五年，季文子卒。大夫入斂，公在位，宰庀家器為葬備。」《春秋私考》云：「季孫行父，奸深忌刻之人也。」《論語》謂其三思而後行，豈非用智之深而謀身之密者耶！觀其黨仲遂之弑適，傾歸父之用事，而又結晉仇齊，以專魯國之政，可知矣。《左》、遷稱其「妾不衣帛，馬不食粟，相三君而無私積」，全與行父平生不類，雖有之亦飾詐沽名之事耳。但其末年能信用仲孫蔑而委之政，故猶以功名終焉。

（明）卓爾康《春秋辯義》卷二十解「辛未季孫行父卒」

行父，奸深忌刻人也。跡其黨仲遂、傾歸父、結晉仇齊以專魯國之政，安在其忠於公室哉！雖妾無衣帛，馬不食粟，不過小廉曲謹而已，何足數也。

（清）閻若璩《潛邱劄記》卷六《又與徐勝力書》

獨怪季孫行父身為權奸，流毒累葉，而享有忠公室無私積之偽名，甚至明著聖經，歷二千年，為傳注者莫能指以實之。嗚呼！何以誅奸諛於既死哉！聊因續劄以發一二。

季孫行父論下

吾嘗反覆推勘季孫行父一生事蹟，而歎《魯論》之不易讀也。《魯論》之言曰：「季文子三思而後行。子聞之曰：『再思可矣。』」鄭氏、邢氏以孔子之言為美詞[1]，朱子以孔子之言為譏詞[2]。以為美者固失，以為譏者似亦未盡得也。杜氏元凱以三思而後行，釋行父之使晉求喪禮而行[3]，朱子從之。吾謂此特三思而行之微眇者耳，惡足以窺其大哉！

夫行父之心，固無一日不圖襄仲者也。淮南張顥、徐溫同弒宏農王楊渥，顥復攻溫，殺之於牙堂，暴其弒君之罪，遂專吳政。[4]行父與公子遂同弒子赤，豈甘為之鷹犬？亦猶溫之思固顥以專國耳。然遂執魯政已久，且得宣公之歡，威權甚重，其智術亦不減行父。行父攻之未必克，不克必為所誅，彭生之禍可為鑒戒。乃俯首聽命，為之如齊納賂以定公位。此一思而不行也。及襄仲既歿，行父雖已相魯，然究不敵歸父之權，豈不思急逐歸父以快其私？然歸父有寵於宣，不免投鼠忌器，遂亦隱忍以待事機之會。此再思而不行也。及宣公薨，歸父使晉未返，成公新立，幼沖，行父乃投袂而起，曰今而後可以行吾志矣，遂宣言襄仲殺適立庶之罪於朝，而逐其子焉。此《魯論》所謂三思而後行也。自是魯之大權悉歸季氏。成二年，帥師戰鞌，四卿並書，行父冠首[5]。由是而宿、而意如、而斯世專魯政，四分公室而據其二焉。其得力於三思者多矣。

今夫用思之道，至無定也。人臣躬肩重任，不幸值國家杌隉之秋，身家之利害必不可過思者也。至於義理之是非，與是中之非、非中之是，此不可不熟思者也。其在《易》曰「匪夷所思」[6]，其在《禮》曰「有弗思，思之弗得，弗措」[7]。然則一思而不得，則宜再思；再思而不得，則宜三思；三思而不得，雖四思五思，積而至於百思千思可也。若行父之三思，特一身一家之利害耳。其思之十有八年，而不敢遽討東門氏也，非怯也，其遠害也。其討歸父而逐之也，非忠也，其專利也。臧孫宣叔之言曰：「當其時，不能治也，後之人何罪？」[8]固已洞其隱而發其覆矣。然則孔子再思可矣之言，亦諷季之

微詞耳，豈學者用思之定準哉！夫魯有季氏，猶齊之有陳氏也。陳氏之大自陳文子始，季氏之強自季文子始也。陳文子得諡為文，與季文子得諡為文，皆以其善思利害，與世之勇猛徑行者殊也。若甯武子者，其於身家之利害，不暇一思，止求有以安社稷保，吾君父而已矣。《魯論》記子論季文子於陳文子之後、甯武子之前，旨深哉！

【疏證】

〔1〕《論語・公冶長第五》：「季文子三思而後行。子聞之，曰：『再，斯可矣。』」何晏《注》：「鄭曰：『季文子，魯大夫季孫行父，文，諡也。文子忠而有賢行，其舉事寡過，不必及三思。』」邢昺《正義》曰：「此章美魯大夫季文子之德。文子忠而有賢行，其舉事皆三思之然後乃行，常寡過咎。孔子聞之，曰：『不必及三思，但再思之，斯亦可矣。』」

〔2〕朱熹《論語集注》：「季文子，魯大夫，名行父。每事必三思而後行，若使晉而求遭喪之禮以行，亦其一事也。斯，語辭。程子曰：『為惡之人，未嘗知有思，有思則為善矣。然至於再則已審，三則私意起而反惑矣，故夫子譏之。』愚按：季文子慮事如此，可謂詳審，而宜無過舉矣。而宣公篡立，文子乃不能討，反為之使齊而納賂焉，豈非程子所謂私意起而反惑之驗歟？是以君子務窮理而貴果斷，不徒多思之為尚。」

〔3〕《左傳・文公六年》：「秋，季文子將聘於晉，使求遭喪之禮以行。其人曰：『將焉用之？』文子曰：『備豫不虞，古之善教也。求而無之，實難。過求何害？』」杜預《注》：「所謂文子三思。」

〔4〕《資治通鑑》卷二百六十六：「淮南左牙指揮使張顥、右牙指揮使徐溫專制軍政，弘農威王心不能平，欲去之而未能。二人不自安，共謀弒王，分其地以臣於梁。戊寅，顥遣其黨紀祥等弒王於寢室，詐云暴薨。（下略）顥以徐溫為浙西觀察使，鎮潤州。嚴可求說溫曰：『公捨牙兵而出外藩，顥必以弒君之罪歸公。』溫驚曰：『然則奈何？』可求曰：『顥剛愎而暗於事，公能見聽，請為公圖之。』時副使李承嗣參預軍府之政，可求又說承嗣曰：『顥凶威如此，今出徐於外，意不徒然，恐亦非公之利。』承嗣深然之。可求往見顥曰：『右牙欲之，非吾意也。業已行矣，奈何？』可求曰：『止之易耳。』明日，可求邀顥及承嗣俱詣溫，可求瞋目責溫曰：『古人不忘一飯之恩，況公楊氏宿將！今幼嗣初立，多事之時，乃求自安於外，可乎？』溫謝曰：『苟諸公見容，溫何敢自專！』由是不行。顥知可求陰附溫，夜，遣盜刺之，可求知不免，請為書辭

府主。盜執刀臨之，可求操筆無懼色。盜能辨字，見其辭旨忠壯，曰：『公長者，吾不忍殺。』掠其財以覆命，曰：『捕之不獲。』顥怒曰：『吾欲得可求首，何用財為！』溫與可求謀誅顥，可求曰：『非鍾泰章不可。』泰章者，合肥人，時為左監門衛將軍。溫使親將彭城翟虔告之。泰章聞之喜，密結壯士三十人，夜，刺血相飲為誓。丁亥旦，直入斬顥於牙堂，並其親近。溫始暴顥弒君之罪，轘紀祥等於市。」

〔5〕《春秋‧成公二年》：「六月癸酉，季孫行父、臧孫許、叔孫僑如、公孫嬰齊帥師會晉郤克、衛孫良夫、曹公子首及齊侯戰於鞌，齊師敗績。」

〔6〕《周易‧渙》：「六四，渙其羣，元吉。渙有丘，匪夷所思。」

〔7〕《禮記‧中庸》：「有弗思，思之弗得，弗措也。」

〔8〕《左傳‧宣公十八年》：「公孫歸父以襄仲之立公也，有寵，欲去三桓，以張公室。與公謀而聘於晉，欲以晉人去之。冬，公薨。季文子言於朝曰：『使我殺適立庶，以失大援者，仲也夫。』臧宣叔怒曰：『當其時，不能治也，後之人何罪？子欲去之，許請去之。』遂逐東門氏。子家還，及笙，壇帷，覆命於介。既覆命，袒、括髮，即位哭，三踊而出。遂奔齊。書曰『歸父還自晉』，善之也。」

駁唐順之信陵君救趙論

唐荊川以救趙為信陵君罪，而謂信陵君有無君之心。吾則以救趙為信陵君功，而謂信陵君有忠君之義。唐氏欲論信陵，先讀《信陵列傳》。傳云：「數遺魏王及公子書，請救於魏。」是趙之求救於魏王也屢矣，安見趙不請救於王，知有信陵不知有王也？傳又云：「公子患之，數請於王。賓客辨士說王萬端，魏王畏秦，終不聽公子。」是信陵之請救於王也屢矣，安在知有婚姻不知有王也？唐氏謂救趙非為魏也，非為六國也，非為趙也，平原君而非信陵之姻戚，雖趙亡亦必不救。夫信陵君能急人之難，其天性然也。鳩為鷂困，信陵且救之〔1〕，豈其視趙、魏六國之亡，不如一鳩之死乎？唐氏又謂幸而戰勝，不勝則為虜於秦，傾魏國數百年之社稷以殉姻戚。夫信陵救趙，非僥倖以嘗試也，其將略有可以自信者也。觀於父歸兄歸獨子歸養之令，古聖王之用兵，亦不是過。不明韜略者，而能之乎？如謂邯鄲之勝為幸，豈異日破秦軍於河外，逐秦軍至函谷，亦為幸乎？尤可怪者，謂以唇齒之誼激諫於王，不聽則死於魏王之前。夫信陵之屢請，非不激也；唇齒之勢，魏王非不知也；其心有

所畏而不敢進也。信陵欲與賓客俱死於秦，將以感激王，而王若罔聞。信陵雖死諫，能保王之必悟乎？且即身死而王悟，以晉鄙之才，能敵百戰百勝之秦乎？不能勝秦，則救趙而趙仍亡，趙亡而魏亦亡，信陵君不為徒死乎？秦之所畏者獨一信陵，魏之所倚賴者獨一信陵，六國所恃以不亡者獨一信陵。而唐氏欲死之，吾不知其何說也。賓客辨士說王萬端，而王不聽，而謂侯生、如姬死諫則聽，此尤說之不足置辨者也。

　　今夫忠臣之事君也，利國則為之，一身之功罪不計焉；心安則為之，萬世之毀譽不計焉。故伊尹之放太甲也，近於篡奪；文王之伐崇密也，近於併吞；孔子之誅少正卯也，近於專擅。不原其心而論其跡，則三聖人者亦若有無君之心。推信陵君所以救趙之心，謂秦之力足以滅趙，趙亡則魏不旋踵而亡。身為大臣而不能救，則不得為忠臣，而無以報王；身為公子而不能救，則不得為孝子，而無以見先人於地下。苟有可以安社稷之計，則不顧一身之功罪、萬世之毀譽，而毅然為之。為之而有功，然後歸身司敗，伏矯詔奪軍之罪，而其心亦有所甚快。此其用心之苦，不求諒於人，而亦非後人所能知也。

　　且唐氏不唯不知信陵之心，似亦未熟知信陵之事蹟也。《史》云：「秦破華陽軍，走芒卯，公子患之。」〔2〕天下有無君之人而能憂國者乎？毛公、薛公責信陵不歸魏，語未及卒，立變色，促駕歸救魏〔3〕，無君者而能之乎？自趙歸魏，與魏王相持而泣〔4〕，至性如此，如孺子之於父母，無君者而能之乎？唐氏不統論信陵之生平，而謂信陵視其君如贅疣，何異盲人道黑白也。夫唐氏藉口於姻戚，因平原君以其姊為言也。信陵即以姊為憂，則亦骨肉之至情，未可非也。且信陵所以救趙之心，豈僅僅為一姊者哉？吾嘗謂戰國之世，道德則孟子一人，隱逸則侯生一人，功業則信陵君一人，以一身而繫六國之存亡，吾未見其匹也。善夫荀卿之論信陵曰「爭然後善，戾然後功，出死無私，致忠而公，是之謂通忠之順」〔5〕，非荀卿焉能為此言乎？若唐氏所謂人皆知有公子不知有王，此即當時反間之徒，所謂諸侯徒聞公子不聞魏王者也。自此說入，而魏王疑之，使人代將，信陵縱飲而卒，而天下並於秦矣。唐氏乃拾讒人之餘唾也哉！

【疏證】

〔1〕（東漢）王充《論衡·書虛篇》：「傳書稱：『魏公子之德，仁惠下士，兼及鳥獸。方與客飲，有鷂擊鳩，鳩走，巡於公子案下。鷂追擊，殺於公子之前。公

子恥之，即使人多設羅，得鷂數十枚，責讓以擊鳩之罪。擊鳩之鷂，低頭不敢仰視，公子乃殺之。』世稱之曰：『魏公子為鳩報仇。』此言虛也。夫鷂，物也，情心不同，音語不通。聖人不能使鳥獸為義理之行，公子何人，能使鷂低頭自責？鳥為鷂者以千萬數，向擊鳩蜚去，安可復得？能低頭自責，是聖鳥也；曉公子之言，則知公子之行矣。知公子之行，則不擊鳩於其前。人猶不能改過，鳥與人異，謂之能悔，世俗之語，失物類之實也。或時公子實捕鷂，鷂得，人持其頭，變折其頸，疾痛低垂，不能仰視，緣公子惠義之人，則因褒稱，言鷂服過。蓋言語之次，空生虛妄之美；功名之下，常有非實之加。」

〔2〕《史記》卷七十七《魏公子列傳》第十七：「魏公子無忌者，魏昭王子少子而魏安釐王異母弟也。昭王薨，安釐王即位，封公子為信陵君。是時范睢亡魏相秦，以怨魏齊故，秦兵圍大梁，破魏華陽下軍，走芒卯。魏王及公子患之。」

〔3〕《史記》卷七十七《魏公子列傳》第十七：「公子留趙十年不歸。秦聞公子在趙，日夜出兵東伐魏。魏王患之，使使往請公子。公子恐其怒之，乃誡門下：『有敢為魏王使通者，死。』賓客皆背魏之趙，莫敢勸公子歸。毛公、薛公兩人往見公子曰：『公子所以重於趙，名聞諸侯者，徒以有魏也。今秦攻魏，魏急而公子不恤，使秦破大梁而夷先王之宗廟，公子當何面目立天下乎？』語未及卒，公子立變色，告車趣駕歸救魏。」

〔4〕《史記》卷七十七《魏公子列傳》第十七：「魏王見公子，相與泣，而以上將軍印授公子，公子遂將。」

〔5〕《荀子·臣道篇第十三》：「爭然後善，戾然後功，生死無私，致忠而公，夫是之謂通忠之順，信陵君似之矣。」

【集說】

（明）唐順之《信陵君救趙論》〔註4〕

論者以竊符為信陵君之罪，余以為此未足以罪信陵也。夫強秦之暴亟矣，今悉兵以臨趙，趙必亡。趙，魏之障也。趙亡，則魏且為之後。趙、魏，又楚、燕、齊諸國之障也。趙、魏亡，則楚、燕、齊諸國為之後。天下之勢，未有岌岌於此者也。故救趙者，亦以救魏；救一國者，亦以救六國也。竊魏之符以紓魏之患，借一國之師以分六國之災，夫奚不可者？

〔註4〕（清）吳楚材、吳調侯編選；洪本健、方笑一、戴從喜、李強解題匯評《解題匯評本古文觀止》，上海古籍出版社2018年版，第862~864頁。

　　然則信陵果無罪乎？曰：又不然也。余所誅者，信陵君之心也。信陵一公子耳，魏固有王也。趙不請救於王，而諄諄焉請救於信陵，是趙知有信陵，不知有王也。平原君以婚姻激信陵，而信陵亦自以婚姻之故，欲急救趙，是信陵知有婚姻，不知有王也。其竊符也，非為魏也，非為六國也，為趙焉耳。非為趙也，為一平原君耳。使禍不在趙，而在他國，則雖撤魏之障，撤六國之障，信陵亦必不救。使趙無平原，而平原亦非信陵之姻戚，雖趙亡，信陵亦必不救。則是趙王與社稷之輕重，不能當一平原公子，而魏之兵甲所恃以固其社稷者，只以供信陵君一姻戚之用。幸而戰勝，可也，不幸戰不勝，為虜於秦，是傾魏國數百年社稷以殉姻戚，吾不知信陵何以謝魏王也。

　　夫竊符之計，蓋出於侯生，而如姬成之也。侯生教公子以竊符，如姬為公子竊符於王之臥內，是二人亦知有信陵，不知有王也。余以為信陵之自為計，曷若以唇齒之勢激諫於王，不聽，則以其欲死秦師者而死於魏王之前，王必悟矣。侯生為信陵計，曷若見魏王而說之救趙，不聽，則以其欲死信陵君者而死於魏王之前，王亦必悟矣。如姬有意於報信陵，曷若乘王之際而日夜勸之救，不聽，則以其欲為公子死者而死於魏王之前，王亦必悟矣。如此，則信陵君不負魏，亦不負趙；二人不負王，亦不負信陵君。何為計不出此？信陵知有婚姻之趙，不知有王。內則幸姬，外則鄰國，賤則夷門野人，又皆知有公子，不知有王。則是魏僅有一孤王耳。

　　嗚呼！自世之衰，人皆習於背公死黨之行而忘守節奉公之道，有重相而無威君，有私仇而無義憤，如秦人知有穰侯，不知有秦王，虞卿知有布衣之交，不知有趙王，蓋君若贅旒久矣。由此言之，信陵之罪，固不專繫乎符之竊不竊也。其為魏也，為六國也，縱竊符猶可。其為趙也，為一親戚也，縱求符於王，而公然得之，亦罪也。

　　雖然，魏王亦不得無罪也。兵符藏於臥內，信陵亦安得竊之？信陵不忌魏王，而徑請之如姬，其素窺魏王之疏也；如姬不忌魏王，而敢於竊符，其素恃魏王之寵也。木朽而蛀生之矣。古者人君持權於上，而內外莫敢不肅。則信陵安得樹私交於趙？趙安得私請救於信陵？如姬安得衛信陵之恩？信陵安得賣恩於如姬？履霜之漸，豈一朝一夕也哉！由此言之，不特眾人不知有王，王亦自為贅旒也。

　　故信陵君可以為人臣植黨之戒，魏王可以為人君失權之戒。《春秋》書葬原仲、翬帥師。嗟夫！聖人之為慮深矣！

（清）錢維喬《竹初詩文鈔》文鈔卷二《信陵君救趙論》

事有於理似正，於計則非者，不可以責古人。信陵君竊符救趙，史遷揚
詡其事，吾鄉荊川先生作論罪之，以為信陵知有趙不知有魏，魏人知有信陵
不知有王，失君臣之分，干《春秋》之法。嗟乎！此深文，非當日事勢也。夫
趙為魏障，魏為列國障，救趙安魏，以固六國，此一舉也，非得已者。令趙非
婚姻國，猶當朝聞夕發，如不及赴。夫趙之請救也，數遺魏王及公子書，非不
知有王。且公子姊即王姊也，今曰徒知有婚姻耳，將以婚姻故而反棄之耶？
抑婚姻固公子私戚而趙為公子私交耶？公子之度於形勢也審矣。安危所關，
安知救趙而他國必不救？果爾，何以為賢公子？且夫公子非必欲自將救趙也，
當時晉鄙已將十萬軍在鄴，誠一出師，諸侯必應，力足以解趙圍。魏王觀望，
未知唇齒之勢，徒怯秦耳。公子數請於王，安知不指斥利害，慷慨涕泣於王
前哉！迨賓客辨士說王萬端，而王卒不聽，謀亦盡矣，力亦窮矣。區區如姬
一女子、侯生一監門賤者，顧能得之於王哉！且侯生智士，觀其策公子至矣。
兵符重物，而逆知姬之必能為。公子盜得符矣，又逆知晉鄙之必疑不授兵，
而使朱亥擊之。籌若指掌，計出萬全，令公子不必出此而可以得軍救趙，豈
必陰謀闈闥之中，殺人大將，疏人骨肉，為此危奇之策哉？

夫安釐非不能用公子，為其賢能忌之耳。諸侯以公子故，不敢加兵謀魏
者十餘年，公子之重魏明矣。一矯符踐義，在外十年不敢歸，何惡之極也。非
迫於秦患，公子終不得歸矣。且夫秦併天下，所患者唯韓與魏，以二國塞其
沖也。先是安釐將與秦攻韓，公子極諫，謂<u>宜</u>存韓安魏，以利天下，此大策
也。其歷指六國危亡先後形勢得失，洞若觀火，卒之決榮澤，灌大梁，魏之亡
果如所料。當時明練事勢，才足禦敵，孰有如公子者哉！設早從公子謀，聯
楚趙，固韓魏，為天下雁行頓刃，使秦近無與交，遠不得攻，然後各出銳師
以疲之，俾之自救不暇，何至浸淫蠶食，天下竟拱手而西向哉！此不能用，
坐使韓失上黨，三晉勢危，長平一敗，趙幾亡滅。十年之中，割地拔城，秦益
得逞。然而公子一將，則猶破河外，走蒙驁，追奔逐北，五國響應，直扼函谷
關，秦不敢出。嗚呼！秦不深畏公子，不萬金行反間，安釐不聽讒言，則公子
終為合從長，魏亦不亡，豈非天哉！吾觀公子，真霸才也。將殺晉鄙而泣，吾
知其仁；欲以死殉趙，吾知其義；將諸侯兵破大敵，吾知其勇；謝病飲酒，明
哲保身，吾知其智；屢得士於隱約，吾知其好賢；辭五城，吾知其不伐；納
毛、薛之言，吾知其從諫如不及；軍中一令，選兵八萬，此必勝之師，句踐所

以霸越也，吾知其精於兵法。是豈三公子所可髣髴哉！漢有武侯，後主父事之，保蜀者四十年。秦有景略，宗戚舊臣不能間，苻堅敕太子等曰：「事王公當如事我。」卒能滅燕稱霸。是故國無能臣，雖太阿獨持，無補危亂。若其臣可大任矣，必寵之重望，使得立威，斯足以鎮內勢，卻外患。自古非英主以上，苟得一二賢將相舉國授之，以為長城之倚，雖孱弱往往猶以自存。吾所責於安釐者，不能引信陵為重，未竟其略。如趙失廉頗，燕亡樂毅，卒至敗亡。而反罪王為失權，公子為植黨，何哉？

商鞅論一

商鞅之罪可誅，商鞅之書可毀，商鞅之法可行。

何以言其罪可誅也？當秦孝公卒，太子立，公子虔之徒告商君欲反，其時商君未反也，特宗室貴戚怨望，誣以為反耳。迨之魏不內，復入秦，走商邑，與其徒屬發邑兵北出擊鄭，則真反矣。未反，秦臣；既反，秦賊。賊則誅之可也。

何以言其書可毀也？夫孝悌忠信仁義，先王所以正人心，植世教，撥亂世反之正也。後世帝王之取天下，雖不純乎先生之道，然有得其十之四五者焉，有得其十之二三者焉，亦有十不得一者焉。所得有多寡，而國祚之修短因之。《商君書》乃言「六虱者，禮樂、詩書、修善、孝悌、誠信、貞廉、仁義、非兵、羞戰，國十有二者必貧且削。」〔1〕然則欲富彊其國者，必驅天下之人盡出於不孝不悌、不誠不信、不貞不廉、不仁不義而後可。雖喪心有狂疾者，亦不忍為此誖亂之言也。故曰書可毀也。

何以言其法〔2〕可行也？其在周公《誓命》曰：「掩賊為藏，有常無赦」〔3〕，而商君亦重匿奸之誅。其在《周禮·地官》：「五家為比」，刑罪相及〔4〕，而商君亦有連坐之罰。「戰功曰多」，掌於司勳〔5〕，而商君亦厚軍功之賞。鬥囂相犯，斁於司虣〔6〕，而商君亦建私鬥之刑。二男分異，原於遂人、餘夫之制〔7〕；冀闕氾令，符於象魏縣書之文〔8〕；明爵秩尊等級，即典命之眡命數〔9〕；平斗甬權衡丈尺，即質人之同度量〔10〕；崇本業懲惰貧，即裏布屋粟、夫家之征〔11〕之遺意。而司馬貞乃以舉為收孥，法特重於古制〔12〕，庸詎知耕織致粟帛多者復其身，賞亦重。於古制，此其法固未可議也。唯宗室非有軍功不得為屬籍，與太宰詔王八柄，首重親親者〔13〕殊矣。然吳起相楚，亦廢宗室疏遠者，以養戰士。知其時，公族坐飽，實為國家貧乏之由。激以軍功，

俾宗室皆以勳績自振，而倉庾亦無坐耗之尤。此其法亦未可議也。至開陌阡封疆以平賦稅，事在周顯王十九年。《綱目》於是年大書「始廢井田」，劉友益謂「變古之罪不可勝誅」。﹝14﹞然吾觀於魯人履畝之稅、田賦之用，知春秋時賦法久壞；觀孟子畢戰之問、趙岐之注，知戰國時井地久不可考；又觀於商君首篇言墾草，次篇即以墾令名篇，其中言墾草者十有九，知其時秦地多蕪，民轉徙失業，非許民兼併，無以闢草萊而益公賦，誠有如吾家忠裕所言者﹝15﹞。此其法更未可議也。故曰其法可行也。

然而議其用刑酷者，則曰是曾勸孝公燔書，為李斯先導。不知論商君功罪，當以《商君列傳》為斷。《列傳》所不載者，《本紀》與《年表》載之。豈有燔書大惡而史不載者？此韓非子誣罔之談﹝16﹞，太史公所不取者，未可以此罪商君也。而議者又謂嘗論囚渭水，一日而殺七百人，渭水盡赤。是說出於《說苑》，而《史記》無之。夫後世之民所以易觸禁網者，由衣食不給，而朝廷之法令廢弛。當商鞅之時，民富而法峻矣。《史》稱「行之十年，秦民大悅，道不拾遺，山無盜賊，家給戶足，鄉邑大治」，則其時之觸禁犯法者寡矣。奚自一日而論殺七百人之多哉！此《綱目》採之他說，而《御批通鑑輯覽》所不取者，未可以是罪商君也。

然則商君之用法非嚴酷歟？曰：嚴則嚴矣，而非酷也。《史》稱「太子犯法，鞅曰：『太子，君嗣，不可施刑。』乃刑其傅公子虔，黥其師公孫賈」，則其法之一無赦宥可知矣。然此非忠於國者不能也。太子今日君嗣，他日我君，是可以黜我放我殺我族我者，稍有利害之念動擾其中，則法未行而氣已餒、股已栗矣。乃明知今日之斂怨，而不肯枉法以市恩；逆料後日之危身，而不肯說君以易嫡；此知有國而不知有軀與妻子者。范睢謂商君「極身無二慮，盡公不顧私」﹝17﹞者，乃萬世之公論，而非一人之私言也。安得以嚴刑峻法少之也哉！

夫為政者，法無常軌，亦因乎時而已矣。孟子所謂「善戰服上刑」﹝18﹞者，後世則宜蒙次賞；謂「闢土地，充府庫」、「約與國，戰必克」為「古之民賊」﹝19﹞者，至今日則為良臣。吾甚惜商君之生不辰也。使其生當漢唐宋明之季，用其法以尊主權，抑私家，一民志，齊風俗，勸耕農，厲戰士，使百司奉法於上而不敢貪欺，億兆畏法於下而勇於敵愾，海宇乂安，夷裔震疊，相業烜赫，可與李贊皇、張江陵鼎足並儷。縱不幸孤立無援，禍機發於不覺，後之論世者猶得憑弔而矜憫之，奏建祠廟，以慰忠魂毅魄於泉下。乃不幸生當戰國，

上距三代未遠，古帝王良法美意猶有存者，一旦昌言變法，不主故常，震駭庸俗耳目而不之顧，議者遂識為萬世罪人，至身輟族赤，千載下猶有快辭而莫為湔雪，不亦哀哉！

夫商君之反，信有罪矣。而其為嬴氏致富強，成帝業，其功可以十世宥也。商君之書，信害道矣。而其法本乎《周禮》，行之以嚴，持之以信，可以富強人國，百世不可易也。或曰：《秦本紀》言「太子立，宗室多怨望，鞅亡，因以為反，而卒車裂以殉」，與《本傳》及《年表》實以為反者不同。《漢書·藝文志》：「《商君》二十九篇。」今止存二十四篇。其弟七篇《開塞》，與司馬貞《史記索隱》所引不同。又昭①烈遺詔勑後主「歷觀諸子及《六韜》、《商君書》，益人意智」[20]。今之《商君書》可以益人意智者寡矣。然則匪唯其法可行，其罪之有無與書之真贋，亦有未可遽定者哉！

【校記】

① 昭，原作「照」，據《三國志》卷三十二《蜀書二·先主傳》：「五月，梓宮自永安還成都，諡曰昭烈皇帝」，據改。

【疏證】

〔1〕《商君書·靳令第十三》：「六虱：曰禮樂，曰詩書，曰修善，曰孝悌，曰誠信，曰貞廉，曰仁義，曰非兵，曰羞戰。國有十二者，上無使農戰，必貧至削。」

〔2〕《史記》卷六十八《商君列傳》：「以衛鞅為左庶長，卒定變法之令。令民為什伍，而相牧司連坐。不告姦者腰斬，告姦者與斬敵首同賞，匿姦者與降敵同罰。民有二男以上不分異者，倍其賦。有軍功者，各以率受上爵；為私鬥者，各以輕重被刑大小。僇力本業，耕織致粟帛多者復其身。事末利及怠而貧者，舉以為收孥。宗室非有軍功論，不得為屬籍。明尊卑爵秩等級，各以差次名田宅，臣妾衣服以家次。有功者顯榮，無功者雖富無所芬華。」

〔3〕《左傳·文公十八年》：「先君周公制《周禮》曰：『則以觀德，德以處事，事以度功，功以食民。』作《誓命》曰：『毀則為賊，掩賊為藏，竊賄為盜，盜器為姦。主藏之名，賴姦之用，為大凶德，有常無赦，在《九刑》不忘。』」

〔4〕《周禮·地官司徒》：「族師：（下略）五家為比，十家為聯；五人為伍，十人為聯；四閭為族，八閭為聯：使之相保相受，刑罰慶賞，相及相共，以受邦職，以役國事，以相葬埋。」

〔5〕《周禮·夏官司馬第四》：「司勳掌六鄉賞地之灋，以等其功。王功曰勳，國功

曰功，治功曰力，戰功曰多。」

〔6〕《周禮‧地官司徒下》：「司虣掌憲市之禁令，禁其鬭囂者與其虣亂者，出入相陵犯者，以屬遊飲食於市者。」

〔7〕《周禮‧地官司徒下》：「遂人：掌邦之野。以土地之圖經田野，造縣鄙，形體之灋。五家為鄰，五鄰為里，四里為酇，五酇為鄙，五鄙為縣，五縣為遂，皆有地域，溝樹之。使各掌其政令刑禁，以歲時稽其人民，而授之田野，簡其兵器，教之稼穡。凡治野：以下劑致甿，以田里安甿，以樂昏擾甿，以土宜教甿稼穡，以興鋤利甿，以時器勸甿，以彊予任甿，以土均平政。辨其野之土，上地、中地、下地，以頒田里：上地，夫一廛，田百畮，萊五十畮，餘夫亦如之；中地，夫一廛，田百畮，萊百畮，餘夫亦如之；下地，夫一廛，田百畮，萊二百畮，餘夫亦如之。」

〔8〕《周禮‧天官冢宰》：「正月之吉，始和，布治於邦國都鄙。乃縣治象之灋於象魏，使萬民觀治象，挾日而斂之。」

〔9〕《周禮‧春官宗伯》：「典命：掌諸侯之五儀、諸臣之五等之命。上公九命為伯，其國家宮室車旗衣服禮儀，皆以九為節。侯伯七命，其國家宮室車旗衣服禮儀皆以七為節。子男五命，其國家宮室車旗衣服禮儀皆以五為節。王之三公八命，其卿六命，其大夫四命；及其出封，皆加一等，其國家宮室車旗衣服禮儀，亦如之。凡諸侯之適子誓於天子，攝其君，則下其君之禮一等；未誓，則以皮帛繼子男。公之孤四命，以皮帛，眡小國之君，其卿三命，其大夫再命，其士壹命，其宮室車旗衣服禮儀，各眡其命之數；侯伯之卿大夫士，亦如之。子男之卿再命，其大夫壹命，其士不命，其宮室車旗衣服禮儀，各眡其命之數。」

〔10〕《周禮‧地官司徒下》：「質人：掌成市之貨賄人民牛馬兵器珍異。凡賣儥者質劑焉，大市以質，小市以劑。掌稽市之書契，同其度量，壹其淳制，巡而攷之，犯禁者，舉而罰之。凡治質劑者，國中一旬，郊二旬，野三旬，都三月，邦國朞，期內聽，期外不聽。」

〔11〕《周禮‧地官司徒下》：「凡宅不毛者有里布，凡田不耕者出屋粟，凡民無職事者出夫家之征。」

〔12〕《史記》卷六十八《商君列傳》：「事末利及怠而貧者，舉以為收孥。」司馬貞《索隱》：「末謂工商也。蓋農桑為本，故上云『本業耕織』也。怠者，懈也。周禮謂之『疲民』。以言懈怠不事事之人而貧者，則糾舉而收錄其妻子，沒為官奴婢，蓋其法特重於古也。」

〔13〕《周禮・天官冢宰》:「大宰之職:(下略)以八柄詔王馭羣臣:一曰爵,以馭
　　其貴。二曰祿,以馭其富。三曰予,以馭其幸。四曰置,以馭其行。五曰生,
　　以馭其福。六曰奪,以馭其貧。七曰廢,以馭其罪。八曰誅,以馭其過。」

〔14〕見《通鑒綱目》卷一上。

〔15〕(明)陳子龍《安雅堂稿》卷四《史記序》:「子龍與徐子孚遠以暇日共為討
　　論,而存其理長者,又時以已意互相發明,庶幾為好古者談助云。書始成而
　　子龍宦遊越中,徐子方徵詣太學,而以書屬序焉。」此指其與徐孚邁撰《史
　　記測議》。陳玉澍稱「誠有如吾家忠裕所言者」,或即《史記測議》中的相關
　　評論。《史記測議》,筆者尚未得見,俟查。

〔16〕《韓非子・和氏第十三》:「商君教秦孝公以連什伍,設告坐之過,燔詩書而明
　　法令,塞私門之請而遂公家之勞,禁遊宦之民而顯耕戰之士。孝公行之,主
　　以尊安,國以富強,八年而薨,商君車裂於秦。」

〔17〕《史記》卷七十九《范睢列傳》:「夫公孫鞅之事孝公也,極身無貳慮,盡公而
　　不顧私。」

〔18〕《孟子・離婁上》:「故善戰者服上刑,連諸侯者次之,辟草萊任土地者次之。」

〔19〕《孟子・告子下》:「孟子曰:今之事君者,曰我能為君闢土地,充府庫,今之
　　所謂良臣,古之所謂民賊也。(下略)我能為君約與國,戰必克。今之所謂良
　　臣,古之所謂民賊也。」

〔20〕《三國志》卷三十二《蜀書二・先主傳》:「夏四月癸巳,先主殂於永安宮,時
　　年六十三。」裴松之《注》:「《諸葛亮集》載先主遺詔敕後主曰:「(下略)可
　　讀《漢書》、《禮記》,間暇歷觀諸子及《六韜》、《商君書》,益人意智。」

【集說】

蘇軾《商鞅論》

　　商鞅用於秦,變法定令。行之十年,秦民大悅,道不拾遺,山無盜賊,家
給人足。民勇於公戰,怯於私鬥。秦人富強,天子致胙於孝公,諸侯畢賀。蘇
子曰:此皆戰國之遊士邪說詭論,而司馬遷暗於大道,取以為史。吾以謂遷
有大罪二。其先黃老後六經,退處士而進奸雄,特其小小者耳。所謂大罪二,
則論商鞅、桑弘羊之功也。自漢以來,學者恥言商鞅、桑弘羊,而世主獨甘心
焉,皆陽諱其名而陰用其實,甚者則名實皆宗之,庶幾其成功。此司馬遷之
罪也。秦固天下之強國,而孝公亦有志之君也,修其政刑十年,不為聲色游

畋之所敗,雖微商鞅,有不富強乎?秦之所以富強者,孝公務本力穡之效,非鞅流血刻骨之功也。秦之所以見疾於民,如豺虎毒藥,一夫作難而子孫無遺種,則鞅實使之。至於桑弘羊,斗筲之才,穿窬之智,無足言者。而遷稱之曰「不加賦而上用足」。善乎司馬光之言曰:「天下安有此理?天地所生財貨百物,止有此數,不在官則在民。譬如雨澤,夏潦則秋旱。不加賦而上用足,不過設法陰奪民利,其害甚於加賦也。」二子之名在天下,如蛆蠅糞穢也,言之則污口舌,書之則污簡牘。二子之術,用於世者,滅國殘民,覆族亡軀者相踵也。而世主獨甘心焉,何哉?樂其言之便己也。夫堯、舜、禹,世主之父師也。諫臣拂士,世主之藥石也。恭敬慈儉,勤勞憂畏,世主之繩約也。今使世主臨父師而親藥石,履繩約,非其所樂也,故為商鞅、桑弘羊之術者,必先鄙堯笑舜而陋禹也。曰所貴賢主者專,以天下適己而已,此世主所以人人甘心而不寤也。世有食鍾乳、烏喙而縱酒色以求長年者,蓋始於何晏。晏少富貴,故服寒食散以濟其欲,無足怪者。彼其所為,足以殺身滅族者,日相繼也,得死於服寒食散,豈不幸哉!而吾獨何為傚之?世之服寒食散疽背嘔血者相踵也,用商鞅、桑弘羊之術破國亡家者皆是也,然而終不悟者,樂其言之便美,而亡其禍之慘烈也。

商鞅論二

　　天下未有不順民情而能為政者也,天下未有遽順民情而能變法者也,唯豪傑乃能不蔽於習。凡民無深識遠慮,耳習於所聞,目習於所見,身習於所業,心習於所安,其所習者雖不利而以為是也,其所不習者雖利而以為非也。一旦去其所習,強以所不習,則國之人相率訾謷,岌岌不可終日。久之而所不習者習,所習者不習,則亦群知上所變易者之利我,非屬我也,乃悅而安之,不復謀去而之他矣。商鞅之言曰:「凡民多可與樂成,不可與圖始。」[1]此深識治體之言,萬世不能易也。當變法之令之初行也,秦民之國都言不便者千數;及行之三年,民以為便;行之十年,民乃大悅,道不拾遺,山無盜賊,家給人足,鄉邑大治,秦遂富強甲天下。鄉使鞅於變法之初,遽求民悅,必不可得,而令且廢格不行,欲抹嬴秦之貧弱,胡可得也?

　　匪特鞅之變法為然也。試更以往事證之。孔子為魯司寇,攝相事,國人謗之曰:「麛裘而韠,投之無戾。韠之麛裘,投之無郵。」三月政成化行,民誦之曰:「袞衣章甫,實獲我所。章甫袞①衣,惠我無私。」鄉使孔子於攝相

之始，遽求魯民之悅也，則政不可行，而魯不治。子產之相鄭也，使都鄙有章，上下有服，田有封洫，盧井有伍。從政一年，民歌之曰：「取我衣冠而褚之，取我田疇而伍之，孰殺子產，吾其與之。」及三年，又誦之曰：「我有子弟，子產誨之。我有田疇，子產殖之。子產而死，誰其嗣之。」鄉使子產於從政之始，遽求鄭民之悅也，其政不可行，而鄭不治。〔2〕魏文帝太和十年，從秘書令李沖議置三長，定民戶籍，民始皆愁苦，豪強者尤不願。既而課調省十餘倍，上下安之。〔3〕鄉使魏主畏民愁苦，遽求魏民之悅，則戶籍不定，而魏不治。夫孔子聖人也，子產賢相也，孝文賢君也，且不能專順民情以為治，獨商鞅乎哉？

　　且中國之變法，其所從來遠矣。其在《易》曰：「神農氏沒，黃帝堯舜氏作，通其變，使民不倦，神而化之，使民宜之。易窮則變，變則通，通則久。」其下繫以九事。其弟七曰：「上古穴居而野處，後世聖人易之以宮室」；其弟八曰：「古之葬者，厚衣以之薪，葬之中野，不封不樹，後世聖人易之以棺槨」；其弟九曰：「上古結繩而治，後世聖人易以書契。」〔4〕當其變易之始，民必以穴居為逸，而以營構宮室為勞也；必以槁葬為儉，而謂棺槨封樹為費也；必以結繩為簡易，而謂書契為繁也。此無他，習為之也。久之，則民必惡穴居之卑濕，不如宮室之爽塏矣；藁葬之薄，不如封樹之厚矣；結繩之疏，不如書契之密矣。此無他，亦習為之也。此正商鞅所謂「可與樂成，不可與圖始」者也。後之窮而思變者，慎毋順民所習而憚於更始也哉！

【校記】

　　①「韠」、「襃」各二處，《孔從子・陳士義第十五》俱作「帗」、「衰」，《太平御覽》卷第六百二十四《治道部五》引《孔從子》同；《資治通鑑》卷五俱作「帗」、「裘」。詳見注。

【疏證】

　　〔1〕《商君書・更法第一》：「語曰：『愚者闇於成事，知者見於未萌。民不可與慮始，而可與樂成。』」

　　〔2〕《呂氏春秋・先識覽・樂成》：「孔子始用於魯。魯人鷖誦之曰：『麛裘而韠，投之無戾；韠而麛裘，投之無郵。』用三年，男子行乎塗右，女子行乎塗左，財物之遺者，民莫之舉。大智之用，固難踰也。子產始治鄭，使田有封洫，都鄙有服。民相與誦之曰：『我有田疇，而子產賦之。我有衣冠，而子產貯之。孰

殺子產，吾其與之。』後三年，民又誦之曰：『我有田疇，而子產殖之。我有子弟，而子產誨之。子產若死，其使誰嗣之？』使鄭簡、魯哀當民之誹訕也而因弗遂用，則國必無功矣，子產、孔子必無能矣。非徒不能也，雖罪施，於民可也。今世皆稱簡公、哀公為賢，稱子產、孔子為能，此二君者，達乎任人也。」

《孔叢子・陳士義第十五》：「子順相魏，改變寵之官以事賢才，奪無任之祿以賜有功。諸喪職秩者不悅，乃造謗言，文詻以告，且曰：『夫不害前政而有成，孰與變之而起謗哉？』子順曰：『民不可與慮始久矣。古之善為政者，其初不能無謗。子產相鄭，三年而後謗止。吾先君之相魯，三月而後謗止。今吾為政日新，雖不能及聖賢，庸知謗止獨無時乎？』文詻曰：『子產之謗嘗亦聞之，未識先君之謗何也。』子順曰：『先君初相魯，魯人謗誦曰：麛裘而韠，投之無戾；韠之麛裘，投之無郵。及三年，政成化既行，民又作誦曰：袞衣章甫，實獲我所；章甫袞衣，惠我無私。』文詻喜曰：『乃知先生亦不異乎聖賢矣。』」

《資治通鑑》卷五：「初，魏王聞子順賢，遣使者奉黃金束帛，聘以為相。子順謂使者曰：『若王能信用吾道，吾道固為治世也，雖蔬食飲水，吾猶為之。若徒欲制服吾身，委以重祿，吾猶一夫耳，魏王奚少於一夫？』使者固請，子順乃之魏；魏王郊迎以為相。子順改變寵之官以事賢才，奪無任之祿以賜有功。諸喪職秩者咸不悅，乃造謗言。文詻以告子順。子順曰：『民之不可與慮始久矣！古之善為政者，其初不能無謗。子產相鄭，三年而後謗止；吾先君之相魯，三月而後謗止。今吾為政日新，雖不能及賢，庸知謗乎！』文詻曰：『未識先君之謗何也？』子順曰：『先君相魯，人誦之曰：麛裘而韠，投之無戾；韠而麛裘，投之無郵。及三月，政化既成，民又誦曰：裘衣章甫，實獲我所；章甫裘衣，惠我無私。』文詻喜曰：『乃今知先生不異乎聖賢矣。』」

〔3〕《資治通鑑》卷一百三十六：「魏無鄉黨之法，唯立宗主督護；民多隱冒，三五十家始為一戶。內秘書令李沖上言：『宜準古法：五家立鄰長，五鄰立里長，五里立黨長，取鄉人強謹者為之。鄰長復一夫，里長二夫，黨長三夫；三載無過，則升一等。其民調，一夫一婦，帛一匹，粟二石。大率十匹為公調，二匹為調外費，三匹為百官俸。此外復有雜調。民年八十已上，聽一子不從役。孤獨、癃老、篤疾、貧窮不能自存者，三長內迭養食之。』書奏，詔百官通議。中書令鄭羲等皆以為不可。太尉丕曰：『臣謂此法若行，於公私有益。但方有事之月，校比戶口，民必勞怨。請過今秋，至冬乃遣使者，於事為宜。』沖曰：『民可使由之，不可使知之。若不因調時，民徒知立長校戶之勤，未見均徭省

賦之益，心必生怨。宜及課調之月，令知賦稅之均，既識其事，又得其利，行之差易。』群臣多言：『九品差調，為日已久，一旦改法，恐成擾亂。』文明太后曰：『立三長則課調有常準，苞蔭之戶可出，僥倖之人可止，何為不可！』甲戌，初立黨、里、鄰三長，定民戶籍。民始皆愁苦，豪強者尤不願。既而課調省費十餘倍，上下安之。」

〔4〕語見《周易·繫辭下》。

【集說】

（清）吳趼人《商鞅論》〔註5〕

王者治天下以道，霸者治天下以術，道與術均歸之於法，是故無法不足以為治。

春秋之世，齊桓崛起，管仲輔之，一變三代之道，以歸於法。惜乎管仲、齊桓相繼以死，而齊難作，後起無人。不然，由管仲之法，以復歸於王道之治，猶反手也。

戰國之世，秦孝公恃殽函之固，擁雍州之地，公孫鞅輔之，一變先王之道，內立法度，務耕織，修戰守之具，外連橫以鬥諸侯，唾手而取西河之外。當是時，諸侯恐懼，相與合縱以謀弱秦，而終不可得。至於始皇吞周室，並諸侯，廢封建，夷天下。為郡縣。是猶鞅之餘緒也。

鞅之有功於秦大矣，然卒不免做法自斃者，則精刻之為害也。使非為眾怨所歸，公子虔之徒何由而告反？魏更何為而內之秦？此徒事精刻而不知濟以仁慈之過也。雖然，吾猶有論焉。鞅之精刻，鞅之忠也。以忠而自斃，則不得不原之矣。吾何以見之？吾於今之沽恩者見之。今之沽恩者借朝廷之法，營一己之私，門生故吏盈天下，一旦得罪，猶不失所庇護。而猶訒訒然曰：「此明哲保身之道，忠厚待人之極也。」是則吾知其為不取於商君者矣。

商鞅論三

春秋戰國之世，卿大夫變法者三人，曰管夷吾、曰子產、曰商鞅，而商鞅之所處為獨難。管夷吾者，齊大夫管莊仲之子，而僖公、襄公之舊臣也。子產者，鄭大夫子國之子，而穆公之孫也。薦夷吾為相者鮑叔，齊之執政也。使

〔註5〕（清）吳趼人著，劉敬圻主編《吳趼人全集》（詩·戲曲·雜文），北方文藝出版社2019年版，第156頁。

子產為政者子皮，亦鄭之執政也。久仕父母之邦，而有大援，其政易行。若鞅為衛之庶孽，隻身入秦，其勢既孤子；因寺人景監得見，其所主者卑；以羈旅之臣而為左庶長，其進用也驟；三者皆國人所輕易，其所行者又震世駭俗之事，無愚智皆知其難也。明知其難而必欲行之，勢不得不出於法立誅必之一塗。雖積怨蓄禍、殺身夷族而有所不顧，以為忠則誠忠矣，以為拙則亦拙矣。夫孺子立於翠微，投物可至深澗；壯夫立於平地，投物不逮岑廔。溯洄之舟，二人楫之而行遲；溯遊之舸，一人楫之而行速。非孺子之力強於壯夫，而二人之力遜於一人也。自上而下之勢順，順則易為力；自下而上之勢逆，逆則難為功也。夫為政者，亦審乎上下順逆之勢而已矣。孟子曰：「為政不難，不得罪於巨室。巨室之所慕，一國慕之。」[1]孔子以司寇攝相事，魯國大治，道不拾遺，而公羊氏必曰「行乎季孫，三月不違彼」。季孫者，魯巨室也。此自上而下之理也。

商君之為政則不然，變法之初，不憂巨室之不慕，而惟恐民之不信。下徙木予金之令，以示信於民。民雖信矣，而公子虔、公孫賈、祝懽之徒之不悅如故也。商君不使之慕而使之畏，一劓、一黥、一殺，遂有閉戶八年而不出者，而車裂之禍遂伏於此矣。非昧於自上而下之理也乎？使商君明於自上而下之理，籠絡虔、賈諸人，優柔饜飫而深交之，以釋其憾而服其心，使趨新令，以為民導，不待嚴刑峻法而其政已遠行岐隴涇渭之間，國強富而身家亦泰，非計之兩得也哉！計不出此，秦之帝業成，而衛氏族矣。昔管子之變法也，制國中為二十一鄉，使公帥十一鄉，國子帥五鄉，高子帥五鄉。作內政以寄軍令，有中軍之鼓，有高子之鼓，有國子之鼓，尊二守而已，不與焉。子產為政之初，有事伯石，而先賂與之邑，以悅其心。畏伯石為亂，寵之使次已位。豐①卷欲攻子產，子皮逐卷，卷奔晉。子產請其田里，三年而復之，反其田里，及其入焉。夫管子、子產非不嚴於用法者，而其尊敬國、高，調停伯、豐②如此，蓋以國、高者齊之世卿，伯、豐③者鄭之貴戚，有不可遽用吾法者也。商君相秦，無貴無賤，一繩之以法，雖太子亦無所假借，忠雖至而涼德已甚。此仲、產所以有後於齊、鄭，而商鞅所以無遺種於秦也。

然此亦非盡鞅之咎也，孝公亦與有失焉。趙武靈王欲變胡服，習騎射，國人皆不欲，王不以為意也。獨憂王孫公子成之不從，而使王緤往告之。仍不從，王乃親詣其家喻之，成乃再拜稽首，服胡服而朝。於是乃下胡服之令。不殺一人而令行也，子輿氏所謂「巨室所慕，一國慕之」[1]者，武靈蓋知此

道矣。使孝公以武靈諭公子成者，諭太子虔、賈之徒，使皆稽首聽命，而後行商君變法之令，如此則商君不府怨於秦，而家族可保也。今專任商君之樹威，不恤貴戚之積怨，所以重商君之權者，即所以重商君之禍也。然則孝公又安能辭其咎哉！

孔子以求生為害仁，而以管敬仲之不死為仁，蓋傷定、哀時天下無霸，故有取於仲之霸功也。孔子嘗言「寬則得眾」，又言「不寬何觀」，而以不主於寬之子產為患者，蓋傷當時政寬民慢，而欲糾之以猛也。皆以救時也。救時，仁者之心也。先生被服儒術而有取於鞅，蓋亦救時之諭。然《漢書·古今人表》鞅列弟四等，甘龍、杜摯列第五等，則亦以鞅之變法為是，而以梗變法者為非矣。今有其人，彼泰西大東，詎足畏哉！受業唐德潛謹注。

【校記】

　①「豐」，原作「豐」，據《左傳·襄公三十年》改。

　②「豐」，原作「豐」。

　③「豐」，原作「豐」。

【疏證】

〔1〕《孟子·離婁上》：「孟子曰：『為政不難，不得罪於巨室。巨室之所慕，一國慕之；一國之所慕，天下慕之。故沛然德教，溢乎四海。』」

【集說】

（宋）司馬光《資治通鑑》卷二《周紀二》

臣光曰：夫信者，人君之大寶也。國保於民，民保於信。非信無以使民，非民無以守國。是故古之王者不欺四海，霸者不欺四鄰，善為國者不欺其民，善為家者不欺其親。不善者反之：欺其鄰國，欺其百姓，甚者欺其兄弟，欺其父子。上不信下，下不信上，上下離心，以至於敗。所利不能藥其所傷，所獲不能補其所亡，豈不哀哉！昔齊桓公不背曹沫之盟，晉文公不貪伐原之利，魏文侯不棄虞人之期，秦孝公不廢徙木之賞。此四君者，道非粹白，而商君尤稱刻薄，又處戰攻之世，天下趨於詐力，猶且不敢忘信以畜其民，況為四海治平之政者哉！

（宋）袁燮《絜齋集》卷七《商鞅論》

商鞅用於秦，變法定令，已而太子犯法，鞅曰：「法之不行，自上犯之。」

乃黥刑其師傅。夫太子，君嗣也。師傅為戮，辱莫甚焉。而鞅以峻法繩之，不少假借，知有公家而不知其身他日之利害。觀其跡，若不徇己。私者謂之忠臣，夫豈不可，而君子羞道之，何哉？鞅非能忠者也。跡若不徇己，徇己之尤者也。或曰：鞅辱及君嗣，不顧其身之利害焉，在其為徇己乎？曰：不然。鞅之舉動，無非己私。彼以為行法不自近，則令將不行，而無以濟己之欲，故假於公以成其私耳。鞅，刻薄人也。其朝夕所圖，富強之效也。而富強不可驟致，則遠道而圖之。先王之治民，惟懼其不親睦也。今使民有二男以上不分異者，倍其賦，以離散其歡欣和睦，此豈先王之意哉？有功者顯榮，無功者無所芬華，甚者宗室非軍功不得為屬籍。朝夕汲汲於功利，而理之是非可否不問也。步過六尺者有罰，棄灰於道者有刑，使民惴惴然手足不知所措。雖一時致富強之效，而秦之本根撥矣。鞅豈不知其悖理哉！以為法禁不嚴，則富強之效不可致；富強之效不可致，則無以滿君之欲而固己之寵也。夫以固己之私，而違道以邀功利，此非徇己之尤者乎？古者井田之法，自十夫有徑，等而上之為畛、為塗、為道、為路，至萬夫而止，所以通車徒，便往來，不得不若是詳也。鞅起而更之，並其千為一而謂之阡，並其百為一而謂之陌。阡陌之法行，則道路少而田益多，穀粟不勝其富，而井田雖廢不恤也。古者五家置一比長，等而上之為閭、為旅、為黨，皆置官焉。官雖多，廩祿雖費，而訓告其民者至悉也。鞅並鄉遂以為縣，五千戶始置一令，不及此者惟置長官，職既少而廩祿多歸於公上，雖變古法不顧也。嗟乎！古先聖王經理天下，事事物物各處其當，其思慮至悉，而鞅徑變之，以富強其國，以威制諸侯，以顯名於天下，以滿足其君之欲，以益固其位。鞅之徇己毋乃太甚哉！天下道二，曰公與私而已。公，天理也。私，人慾也。人慾熾於胷中，凡可以利己者無所不為，而天理何在哉！景監嬖幸，而鞅因之以進，說君以帝道而不合，則屢變其說，而卒以強國之策售其欺。鞅之急於進取如此。其後秦人怨之者眾，趙良勸其去位而不能從，則其施為舉錯何往而非己私耶！嗚呼！其行法於君也似不阿，其勤耕織也似知本，其令行禁止也似有功，然探其心術，則人慾紛亂而未嘗須臾寧息，君子豈以其跡而掩其心哉！道不拾遺，山無盜賊，人以是為鞅之功。鞅以峻法繩其民，特劫於威服爾，何功之云？心術一差，萬事顛沛，君子是以知利心之不可有也。鞅之設心，日夜惟己是利。及其出亡，至無所捨，車裂以徇，為千古笑，鞅亦何便於為己利哉！

趙武靈王胡服騎射論

　　古者中國有車戰而無步戰。步戰，狄人之所長也。古者中國有步射而無騎射。騎射，胡人之所長也。中國以步戰勝狄，自中行穆子始；中國以騎射勝胡，自趙武靈王始。二人皆不世出之人傑也，而後儒均以變古非議之。寧知穆子既與狄戰，不得不謀勝狄；既謀勝狄，不得不相度地形；地既險阨，不得不捨車用徒。趙既受胡侵侮，不得不謀報胡；謀報胡，不得不習騎射；欲精騎射，不得不衣短窄之胡服。大凡中國禦夷，必盡得夷之長技而後能制夷之死命。拘守古法不變，其不見蹶於夷者幸耳。藉令穆子違魏舒之言，不毀車崇卒，必不能大敗無終及群狄於太原〔1〕，晉之安危未可知也。藉令武靈王以公子成之言〔2〕，不變服騎射，必不能北滅中山，破林胡、樓煩，置雲中、鴈門、代郡，趙之安危未可知也。邊陲不安，夷氛日惡，要挾欺侮，何所不至，寧能以儒者稱古之舌，塞豺狼無厭之求乎？如中行穆子為國宣威，以雪群醜見侵之辱，是亦可以為人臣矣。趙武靈王闢疆拓土，以報先人鄗事之醜，是亦可以為人子矣。而鮑彪乃議「武靈欲得中山胡地，遂舉國而夷，不權輕重大小之差」〔3〕，其殆與中行穆子之「嬖人不肯即卒」而必欲車戰者，同一泥古而不知變也。

【疏證】

〔1〕《左傳‧昭公元年》：「晉中行穆子敗無終及群狄於大原，崇卒也。將戰，魏舒曰：『彼徒我車，所遇又阨，以什共車必克。困諸阨，又克。請皆卒，自我始。』乃毀車以為行，五乘為三伍。荀吳之嬖人，不肯即卒，斬以徇。為五陳以相離，兩於前，伍於後，專為右角，參為左角，偏為前拒，以誘之。翟人笑之，未陳而薄之，大敗之。」

〔2〕《史記》卷四十三《趙世家》：「十九年春正月，大朝信宮。召肥義與議天下，五日而畢。王北略中山之地，至於房子，遂之代，北至無窮，西至河，登黃華之上。召樓緩謀曰：『我先王因世之變，以長南藩之地，屬阻漳、滏之險，立長城，又取藺、郭狼，敗林人於荏，而功未遂。今中山在我腹心，北有燕，東有胡，西有林胡、樓煩、秦、韓之邊，而無彊兵之救，是亡社稷，奈何？夫有高世之名，必有遺俗之累。吾欲胡服。』樓緩曰：『善。』群臣皆不欲。於是肥義侍，王曰：『簡、襄主之烈，計胡、翟之利。為人臣者，寵有孝悌長幼順明之節，通有補民益主之業，此兩者臣之分也。今吾欲繼襄主之跡，開於胡、翟之鄉，而卒世不見也。為敵弱，用力少而功多，可以毋盡百姓之勞，而序往

古之勳。夫有高世之功者，負遺俗之累；有獨智之慮者，任驚民之怨。今吾將胡服騎射以教百姓，而世必議寡人，柰何？』肥義曰：『臣聞疑事無功，疑行無名。王既定負遺俗之慮，殆無顧天下之議矣。夫論至德者不和於俗，成大功者不謀於眾。昔者舜舞有苗，禹袒裸國，非以養欲而樂志也，務以論德而約功也。愚者闇成事，智者睹未形，則王何疑焉。』王曰：『吾不疑胡服也，吾恐天下笑我也。狂夫之樂，智者哀焉；愚者所笑，賢者察焉。世有順我者，胡服之功未可知也。雖驅世以笑我，胡地中山吾必有之。』於是遂胡服矣。使王緤告公子成曰：『寡人胡服，將以朝也，亦欲叔服之。家聽於親而國聽於君，古今之公行也。子不反親，臣不逆君，兄弟之通義也。今寡人作教易服而叔不服，吾恐天下議之也。制國有常，利民為本；從政有經，令行為上。明德先論於賤，而行政先信於貴。今胡服之意，非以養欲而樂志也；事有所止而功有所出，事成功立，然後善也。今寡人恐叔之逆從政之經，以輔叔之議。且寡人聞之，事利國者行無邪，因貴戚者名不累，故願慕公叔之義，以成胡服之功。使緤謁之叔，請服焉。』公子成再拜稽首曰：『臣固聞王之胡服也。臣不佞，寢疾，未能趨走以滋進也。王命之，臣敢對，因竭其愚忠。曰：臣聞中國者，蓋聰明徇智之所居也，萬物財用之所聚也，賢聖之所教也，仁義之所施也，詩書禮樂之所用也，異敏技能之所試也，遠方之所觀赴也，蠻夷之所義行也。今王捨此而襲遠方之服，變古之教，易古人道，逆人之心，而佛學者，離中國，故臣願王圖之也。』使者以報。王曰：『吾固聞叔之疾也，我將自往請之。』王遂往之公子成家，因自請之，曰：『夫服者，所以便用也；禮者，所以便事也。聖人觀鄉而順宜，因事而制禮，所以利其民而厚其國也。夫翦髮文身，錯臂左衽，甌越之民也。黑齒雕題，卻冠秫絀，大吳之國也。故禮服莫同，其便一也。鄉異而用變，事異而禮易。是以聖人果可以利其國，不一其用；果可以便其事，不同其禮。儒者一師而俗異，中國同禮而教離，況於山谷之便乎？故去就之變，智者不能一；遠近之服，賢聖不能同。窮鄉多異，曲學多辯。不知而不疑，異於己而不非者，公焉而眾求盡善也。今叔之所言者俗也，吾所言者所以制俗也。吾國東有河、薄洛之水，與齊、中山同之，無舟楫之用。自常山以至代、上黨，東有燕、東胡之境，而西有樓煩、秦、韓之邊，今無騎射之備。故寡人無舟楫之用，夾水居之民，將何以守河、薄洛之水；變服騎射，以備燕、三胡、秦、韓之邊。且昔者簡主不塞晉陽以及上黨，而襄主並戎取代以攘諸胡，此愚智所明也。先時中山負齊之彊兵，侵暴吾地，繫累吾民，引水圍鄗，微社稷之

神靈，則鄗幾於不守也。先王醜之，而怨未能報也。今騎射之備，近可以便上黨之形，而遠可以報中山之怨。而叔順中國之俗以逆簡、襄之意，惡變服之名以忘鄗事之醜，非寡人之所望也。』公子成再拜稽首曰：『臣愚，不達於王之義，敢道世俗之聞，臣之罪也。今王將繼簡、襄之意以順先王之志，臣敢不聽命乎！』再拜稽首。乃賜胡服。明日，服而朝。於是始出胡服令也。」

〔3〕《戰國策‧趙策》有《武靈王平晝間居》，與注〔2〕《史記》所載近同。末有鮑彪《注》：「趙記十九年，有無二趙諫詞。彪謂拓地開邊，非有國之所先也。不得已而有攘卻之事，嚴兵而已。兵嚴而士用命，雖不胡服其無成功。如其不然，雖易服變古，何救於敗哉？孟子曰：行一不義而得天下，不為也。武靈之志，欲得中山胡地而已，遂舉國而夷。甚矣其，不權於輕重大小之差也！且其所稱反古之說，皆鈞金一輿羽之類，古所謂以辯言亂舊政者也，何足取哉！而史無譏，故備論之。」

【集說】

（清）陳作霖《可園文存》卷三《趙武靈王魏孝文帝合論》

將謂法不當變乎，則玩愒因循，積習終不能移易，未有不日即於亡者也。將謂法必當變乎，則掃除更張，並其舊有之善而失之，而禍亦不可勝言。夷考戰國之時，七雄並峙，趙亦與韓、魏等耳。武靈王奮志自強，因其北邊匈奴而胡服騎射，東西馳蕩，天下莫敢與爭鋒。元魏起自代北，奄有中原。雖王公大臣不知禮義，孝文帝遷都洛邑，化氈裘為冠帶，彬彬子弟，質有其文，其效可謂著矣。當兩君創議之初，父兄百官皆不欲，反覆開導，始無異言。苟非有卓識定力，安能奏功若此之速耶！雖然，忠孝慈愛，中國之教也；堅忍樸誠，北方之俗也。皆其不可變者也。武靈王惟不知此，而恃其英斷，傳位幼子，權臣怙勢，干犯名義，致成探轂之災；孝文帝惟不知此，而浮慕詩書，嘩囂相尚，羽林列校，鄙為粗官，不再傳而國以削弱。豈非由變法之太甚，以致此哉！然而力排眾議，有志竟成，日染耳濡，民無紛擾，較諸新莽、熙豐之變法，已相懸天壤矣。兩君亦人傑也哉！

項羽論

昔人論項王失計，在「不居關中而都彭城」〔1〕，惲子居謂「項王之失計，不在都彭城，而在不救雍、塞、翟三王而東擊齊」〔2〕。予謂此皆後之失計。究其最初之失，在破秦存趙之後，逗留河北不進，後沛公入關兩月。此楚、漢得

失成敗所由分也。何也？當劉、項之初起也，天下苦秦久矣。有能為天下誅
虎狼秦者，天下歸之如流水焉。故項王所能服諸侯者，目其勝鉅鹿，降章邯
也；沛公所目能服諸侯者，目其入咸陽，降子嬰也。假令沛公得兼鉅鹿之功，
則項王不能與沛公爭，豈唯不敢覬關中，雖欲王梁楚九郡不可得也。假令項
王兼有咸陽之功，則沛公不能與項王爭，豈唯不敢望關中，雖欲王巴蜀漢中
不可得也。然而沛公能與項王爭者，項王為之。當項王大破章邯，鉅鹿下，殺
蘇角，燒涉間，虜王離，諸侯將皆屬項王為上將軍，事在秦二世三年之十二
月。其時沛公方與彭越並攻昌邑未下也。當是時，楚軍無不以一當百，項王
聲威赫如雷霆，秦兵已股栗膽破，不堪復戰。為項王計，宜乘全勝之勢，盡銳
急攻，飆馳霆擊，使秦人不及察夷而補卒。彼章邯償軍之將，不降則走，不走
則死。邯死，秦人豈復有抗顏行者。亟率諸侯兵渡孟津，下河南，叩函關而攻
秦。計沛公兵未至宛，項王已破咸陽，縛子嬰矣。嬰縛而秦亡，天下之大勢皆
歸於項王，而沛公不能與之爭矣。計不出此，顧頓軍漳南，歷端月、二月、三
月，未出偏師目攻秦棘原之軍。至夏四月，始進擊章邯。至五月，又閉營自
守。至六月，始引兵渡三戶，屢破秦於漳南及汙水之濱。至七月，邯始目軍
降，與盟洹水南殷墟上。而沛公是時已下南陽，封其守齮矣。歷觀書史名將
戰陳之事，未有大捷之後，頓兵半載，容敵養銳而自老其師者。此又卿子冠
軍[3]所不為也。雖然，沛公之下南陽也目七月，其入咸陽也目十月，而瑕邱
申陽之下河南迎楚也目七月。河南為秦三川郡，三川降楚，而秦之函關無藩
蔽矣。計洹水拒關約千二百餘里，自關至咸陽約四百餘里。項王設於洹水盟
邯之後，亟長驅而西即，準古行軍之制，日行三十里，八月可至函關，九月可
入咸陽。時沛公尚在嶢關之東，尚未抵藍田，則關中非沛公之關中，而項羽
之關中也。沛公不得背約而與之競，懷王又安得背約而屬之它哉！計不及此，
既失之章邯未降之先，復失之章邯既降之後。沛公方疾戰於武關、嶢關之地，
項王自逍遙於洹水、汙水之間。歷八九十三月，接兵休甲不動，直至十一月，
始擁兵四十萬略地河南，而沛公已於前一月平秦，還軍霸上目待約矣，則關
中固沛公之關中也。羽且不得背約而王之，章邯諸人安得不勞而有之哉！夫
目項王之勇，非有所畏於秦而不敢進也；目項王之暴，非有所憚於沛公而讓
目功也。而竟甘居沛公之後，不急赴秦之約者，豈有它哉！鉅鹿勝而驕志萌，
章邯降而惰氣甚，而又輕蔑沛公，度未能遽定關中，此其所目舛也。不然，
當四月沛公攻穎川時，趙別將司馬卬且欲渡河入關，與沛公爭矣。曾是羽之

志識出司馬卬之下哉？然沛公所忌，不在卬而在羽。昌邑未拔，而西過高陽；開封未拔，而西戰白馬；南陽未拔，而西向關中。其彶彶徥徥者，蓋怵項羽之我先馬焉。沛公謂項羽曰：「臣與將軍戮力而攻秦，將軍戰河北，臣戰河南，不自意能先入關。」此自沛公情實之論，而豈謬為謙下之說以悅羽哉？然則羽之失計概可知矣。羽不失計，則秦兵久散，無由坑降卒於新安；羽不失計，則如約王秦，無由怨懷王而放弒；羽不失計，則關中為已遺種之地，必不燔其宮而居其民，必不裂為三而封秦將，尚何有都彭城與不救三秦之足為羽咎哉？吾是以戀河北之地，捐關西之功，拱手而授赤帝子以天下，徒負不義之名於千萬世也。

《史記・秦楚之際月表》：「秦二世三年十二月，項羽大破秦軍鉅鹿下，諸侯將皆屬項羽。端月，虜秦將王離。二月，攻破章邯，章邯卻。」案：《月表》有誤。破秦軍即是破章邯，與虜王離者皆一時事，《項羽本紀》所記甚明。又《張耳陳餘傳》云：「項羽數絕章邯甬道，王離軍乏食，項羽悉引兵渡河，遂破章邯。」《集解》引徐廣曰：「三年十二月也。」《漢書・高帝紀》：「秦三年十二月，羽大破秦軍鉅鹿下，虜王離，走章邯」，則離虜邯卻不在端月、二月甚明。張氏照攷定《月表》於端月、二月下削去舊文，最為有識。《項羽本紀》云：「章邯軍棘原，項羽軍漳南，相持未戰」，正以端月、二月、三月言之。《月表》又云：「四月，楚急攻章邯。章邯恐，使長史欣歸秦請兵，趙高讓之。五月，趙高欲誅欣。欣恐，亡走告章邯」，是四月、五月仍是相持未戰。所謂「急攻」者，實未見其急也。《漢書・高帝紀》「項羽率諸侯兵西欲入關」在十一月，《月表》於「項羽將諸侯兵四十萬略地至河南」繫之十月，「坑降卒於新安」在十一月，此亦《月表》之誤。四月，司馬卬已定河內。七月，瑕邱申陽下河南，降楚。羽軍由河內渡河而南，無秦軍抗禦，可以長驅大進。新安近在洛陽之西，由孟津渡河，不三日可抵新安，知略地河南與新安坑降卒皆十一月事也。計羽破章邯後，逗留河北共十月。

【疏證】

〔1〕《史記》卷九十二《淮陰侯列傳》：「項王雖霸天下而臣諸侯，不居關中而都彭城。」

〔2〕（清）惲敬《大雲山房文稿》初集卷一《西楚都彭城論》：「此則項王之失計也，故曰在不救雍、塞、翟三王而東擊齊，不在都彭城也。」

〔3〕《史記》卷三十一《項籍傳》：「宋義所遇齊使者高陵君顯見楚懷王曰：『宋義論

武信君必敗，數日果敗。軍未戰先見敗徵，可謂知兵矣。」王召宋義與計事而說之，因以為上將軍；羽為魯公，為次將，范增為末將。諸別將皆屬，號卿子冠軍。」

《史記·陳涉世家》書後

《索隱》謂「勝立數月，無後，亦稱系家者，以所遣王侯將相滅秦，為首事故也」，又言「歷年不永，功業蔑如，可降為列傳」。嗚乎！是何足以知作史者之深心哉！太史公隱以陳隱王亡秦之功上擬孔子，故列《陳涉世家》於《孔子世家》之後，而《自序》作陳涉之家意，則以涉之發跡比諸孔子之作《春秋》[1]。湯、武之除桀、紂何則？孔子繼周公而傳堯、舜、湯、武之道者也。秦人坑術士，焚詩書百家言，是廢滅堯、舜、湯、武與周、孔之道者也。陳涉首起義師，亡秦以興漢，漢興而儒術復盛，是有大功於堯、舜、湯、武與周、孔之道者也。錢竹汀謂《史》但言秦之亡起於涉，非以涉比湯、武[2]，是亦未窺太史公之旨者。大抵論人之德者，內究其心；論人之功者，外觀其事。涉之心非湯、武之心也，涉之事則湯、武之事也。太史公亦第論其事而已。當嬴氏恣為殘虐，重役暴斂，黷武繁刑，族與棄市者數不可考，而隱宮徒刑之人多至七十餘萬；蒙氏北逐匈奴，暴骨於長城下者三十萬；尉屠睢南攻百越，伏屍流血數十萬，乃更發適戍五十萬人以備之。荼毒生靈，於斯而極。癸辛雖虐，禍不逮此。海內愁怨，竝思亡秦，較之偕亡祝喪[3]，殆有甚焉。然而智如徐福，渡海東逝；賢如耳、餘，隱於監門；勇如梁籍，亡命會稽；舉劫於威虐，相顧莫敢先發。涉以一耕傭，奮起隴上，豪傑雲興，秦遂夷滅。由是言之，滎陽、戲亭之軍，與鳴條、牧野之師，功績詎有異哉！張、陳謂涉「出萬死之計，為天下除殘」[4]，已明以湯、武之誅殘賊比之，而始於太史公也。而況尊用聖裔，以孔鮒為博士，魯諸生與孔氏禮器胥歸之，此即太牢祀聖、紹嘉封侯之先聲也，此即詔愍崩廢、廣厲學官之嚆矢也，功在後世，尊為世家，不亦宜乎！太史公既於《自序》見意，復於《儒林傳·序》暢述其旨。首敘孔子論次詩書，次及秦季焚書，次及陳涉為王，諸儒委質，次及漢興諸儒修經習禮，其大悟已昭若發蒙。而司馬貞不悟，猶云「宜降為列傳」，何其謬哉！

考《漢書》，高帝十二年十二月詔曰：「秦始皇帝、楚隱王、魏安釐王、齊愍王、趙悼襄王皆絕無後，予守冢各十家，秦始皇帝二十家。」[5]顏師古以楚隱王為陳涉，是也。漢高帝已以陳王冠魏、齊、趙三王之上，魏、齊、趙稱

世家，陳王稱列傳，不可也。《索隱》既云陳涉宜降為列傳，因以《高祖紀》之楚隱王為楚幽王，實大繆也。《史記·高祖紀》欲敘沛公起兵，先書陳勝起兵，至陳而王；《項羽紀》敘項梁起吳，先書陳涉等起大澤中，以見非涉首發難，劉、項不敢繼起。此皆特筆，讀者多忽之。

【疏證】

〔1〕《史記》卷一百三十《太史公自序》：「桀、紂失其道而湯、武作，周失其道而《春秋》作。秦失其政，而陳涉發跡，諸侯作難，風起雲蒸，卒亡秦族。天下之端，自涉發難。作《陳涉世家》第十八。」

〔2〕（宋）王應麟《困學紀聞》卷八《孟子》：「弱而不可輕者，民也。古先王曰敬民，曰畏民。石守道謂『湯以七十里亡夏，文王以百里亡商，陳勝以匹夫亡秦，民可不畏乎？故曰民為貴。』太史公以陳涉與湯武並言，涉豈能為湯武哉？蓋楚漢間豪傑之餘論也。」錢大昕之論，出處不詳，俟考。

〔3〕《尚書·湯誓》：「有眾率怠，弗協，曰：『時日曷喪，予及汝偕亡。』」

〔4〕《史記》卷八十九《張耳陳餘列傳》：「陳涉問此兩人，兩人對曰：『夫秦為無道，破人國家，滅人社稷，絕人後世，罷百姓之力，盡百姓之財。將軍瞋目張膽，出萬死不顧一生之計，為天下除殘也。』」

〔5〕《漢書》卷一下《高帝紀下》：「十二月，詔曰：『秦皇帝、楚隱王、魏安釐王、齊愍王、趙悼襄王皆絕亡後。其與秦始皇帝守冢二十家，楚、魏、齊各十家，趙及魏公子亡忌各五家，令視其冢，復，亡與它事。』」

【集說】

（唐）劉知幾《史通·內篇·世家第五》

自有王者，便置諸侯，列以五等，疏為萬國。當周之東遷，王室大壞，於是禮樂征伐自諸侯出。迄乎秦世，分為七雄。司馬遷之記諸國也，其編次之體，與本紀不殊。蓋欲抑彼諸侯，異乎天子，故假以他稱，名為世家。

案：世家之為義也，豈不以開國承家，世代相續？至如陳勝起自群盜，稱王六月而死，子孫不嗣，社稷靡聞，無世可傳，無家可宅，而以世家為稱，豈當然乎？夫史之篇目，皆遷所創，豈以自我作故，而名實無準。

（宋）魏了翁《重校鶴山先生大全文集》卷一百九十《師友雅言》

退必合諸友講學，與權從容啟曰：「先友羅堅甫曾云：『班固去司馬遷未久也，已不知《史記》書旨，如《項羽本紀》在高帝前，《陳涉世家》在孔子

後，皆有深意。蓋遷以秦焚滅典籍，使羲、黃至孔子之道幾於墜地；涉與羽先後倡為亡秦之謀，可謂大有功於斯道，故敘《陳涉世家》云：『桀紂失其道而湯武作，周失其道而春秋作，秦失其政而陳涉發跡，諸侯作難，風起雲蒸，卒亡秦族。天下之端，自涉發難，作《陳涉世家》。』而敘《項羽本紀》則云：『秦亡其道，豪桀並擾。項梁業之，子羽接之。殺慶救趙，諸侯立之。誅嬰背懷，天下非之。作《項羽本紀》。』蓋奮於鉏挺以亡秦者，起於陳涉，項羽次之，高祖又次之，故漢初以字行者，惟稱陳涉、項羽、劉季、張子房，此外未有以字行者，皆以滅秦而捄天下於塗炭故也。』」

（宋）章如愚《山堂考索》前集卷十二《正史門》

世家之始於周，何也？封建之道成於周也。首吳，以著王跡之興起於太伯之遜也；次齊，以著王業之成基於尚父之謀也；次魯、次燕，以著王室之所由固而嘉周召靖管蔡之難也。秦無封建之議，故其臣不得列於世家。孔子、陳涉世家之作，史遷之特筆也。自春秋以來，夫子維持王道之志不遂，不極乎涉不止也。

（明）陸深《儼山外集》卷二十四《史通會要上‧義例第四》

夫史之有世家也，豈不以開國承家，世代相續如古諸侯乎？古之諸侯皆即位建元，有世可傳，有家可宅。周之東遷，王制大壞，五伯七雄至於楚漢，其事異矣。司馬遷之記諸國也，編次之體與本紀殊，蓋欲抑彼諸侯，異乎天子，故假以他名爾。至如陳涉世家，可謂自相矛盾者。

（清）彭而述《讀史亭詩文集》文集卷十八《讀陳涉世家》

事之成敗，豈不在得人哉！陳涉之初王也，曰「素愛人，士卒多為用」者；及其敗也，以殺故人，「故人皆引去，由是無親陳王」者。此成敗之所由分歟。當其時，楚將項燕為秦王翦所擒，世人或以為亡，故勝等舉事，借之為名曰張楚，則首發大難者楚也。未幾，項梁因之立楚之懷王孫心，復以陳為楚，是為真楚矣。涉之借燕為名，猶偽梁之因孫舉事，乃真也。故項籍起而收之，滅秦者仍楚，涉固早見哉！宜其世家之也。客曰：「六月耳，何世家之為？」曰：「因楚也。涉不世家，則項羽不本紀矣。」總一惡秦也，否則何世家、本紀之有？

（清）趙翼《陔餘叢考》卷五《漢書》

《史記》通記古今人物，與專記一代之史不同，故立陳涉世家、項羽本

紀，蓋已編作列朝之事也。然尊羽為紀，冠於本朝帝王之上，究屬非體；陳涉王數月而敗，身死無子，亦難列為世家。班書陳、項俱改為列傳，誠萬世不易之體例。

淮陰侯論

史稱淮陰侯欲反關中者，誤也。漢初反者眾矣，皆擁兵眾，據城邑，在外而反，未有無一民尺土之司，居中而反者也。淮陰侯始拒蒯通之說，不忍反也；繼謁高帝於陳，不欲反也；迨至廢為淮陰侯，居於輦下，雖欲反不能反矣。而《史》、《漢》顧言其反者，何也？則上變告信者之說誤之也。吾嘗三復《本傳》與《陳豨傳》，而知其可疑者多矣。

夫陳豨，高帝之信幸臣也。欲反高帝，而與高帝信幸臣謀之，不慮其轉告高帝以赤己族乎？可疑者一。挈手步庭之時，既辟左右矣，仰天而歎之密語，誰實聞之？可疑者二。淮陰以列侯奉朝請，長安一匹夫耳，胡乃云「從中起，天下可圖」？可疑者三。高帝雖親征，必留重兵宿衛，諸官徒奴有幾，安能發以襲呂后、太子？呂后、太子非高帝所愛，雖殺之，何損於高帝？可疑者四。既與家臣謀詐詔，當重任私人以為心腹指臂，胡為於此時欲殺舍人，自孤其黨？可疑者五。部署已定，即宜急發以攻不備，胡為更待二千里外陳豨之報，不慮淹久敗露？可疑者六。豨果與信早有成謀，胡為居代數歲，待周昌之奏，覆案豨客者之連引，始萌異志？可疑者七。豨既有異志，胡為不通使於淮陰侯，而通使於王黃、曼丘臣？可疑者八。淮陰既與豨信使往來，何以不知豨之未敗而為酇侯所紿？可疑者九。就縛之後，何以不付有司推鞫，遽斬之長樂鍾室？可疑者十。反覆尋繹，間隙百出，而知其出於舍人弟之誣罔無疑也。

夫彭越，固漢之藎臣，未嘗反也。其始則懼罪之太僕告之，其繼則呂后令舍人告之，而《高祖本紀》乃言「梁王彭越謀反，廢遷蜀。復欲反，遂夷三族」，非即據太僕舍人之言為爰書乎？然則史之差謬不可信者多矣。然《史記·淮陰侯傳》雖詳載與豨謀反之言，而《陳豨傳·贊》言「周昌疑之，疵瑕頗起，懼禍及身，邪人進說，遂陷無道」，不言為淮陰所誤。然則導豨反者別有邪人，而非淮陰之罪也。此則可參觀而決其不反者矣。

【疏證】

〔1〕《史記》卷八《高祖本紀》：「（十一年）春，淮陰侯韓信謀反關中，夷三族。」

【集說】

（唐）胡曾《詠史詩》卷二《雲夢》

漢祖聽讒不可防，偽遊韓信果罹殃。十年辛苦平天下，何事生擒入帝鄉。

（宋）葛立方《韻語陽秋》卷七

漢史載韓信教陳豨反，有挈手步庭之議，且曰：「我為汝從中起。」漢十年，豨果反，高祖自將兵出。張文潛曰：「方是時，蕭相國居中，而信欲以烏合不教之兵從中起，以圖帝業，雖使甚愚必知無成，信豈肯出此哉？」故其詩曰：「何待陳侯乃中起，不思蕭相在咸陽」；又一詩云：「平生蕭相真知己，何事還同女子謀」，則又責蕭相不為信辨其枉也。余觀班史，呂后與蕭相國謀，詐令人從帝所來，稱豨已破，羣臣皆賀。相國紿信曰：「雖病，強入賀。」信入，呂后使武士縛信，斬之。則斬信者，相國計也。縱使其枉，相國其肯為辨之哉？信死則劉氏安，不死則劉氏危，相國豈肯以平日相善之故而誤社稷大計乎、文潛後有一絕云：「登壇一日冠羣雄，鍾室倉皇念蒯通。能用能誅誰計策，嗟君終自愧蕭公。」

（宋）陳耆卿《篔窗集》卷一《韓信論》

帝之取天下，雖不可一日無信，亦不能一日不疑信。惟其不可一日無，故不能一日不疑也。人謂帝之疑信，始於齊王之封，而終於固陵之會。以予觀之，奚特此時哉！自其請兵三萬，籌筴了了，帝見其處天下事若几上肉，心雖喜之，亦甚畏之矣。一下魏代，即收其精兵詣滎陽，惟恐其兵之多。此一疑也。下趙燕，則晨自稱漢使，即其臥奪之印符，惟恐其權之固耳。此二疑也。至於請為假王，而繼以真王之命，則其疑遂成。至於固陵不會，則其疑遂深。前二事帝猶能制信，後二事則帝不能制信，而反為信所制。封齊割地之時，帝之心已勃勃乎不可遏矣，特勢未可耳。故項羽一死，即奪齊而與之楚；變告一上，即奪楚而侯之淮陰。蓋將以奔走之，馳逐之，使不得一日無事以嬉。當是時，帝既疑信，而信亦不堪其困，雖欲不反不可得也，雖欲不誅亦不可得也。嗚呼！信不反帝於羣雄角逐之時，而反帝於天下既定之日，壯辟蒯通，老從陳豨，固可罪，亦可哀矣。向使帝也稍錄舊恩，略鋤新忿，推誠而復王之，未至有末年無聊之舉也。蓋惟疑之甚，故去之亟，信不去，帝不得高枕而臥。嘻！其甚哉！

（宋）陳仁子《牧萊脞語》卷九《韓信彭越論》

韓信也，彭越也，黥布也，陳豨也，四人者俱功臣也。布、豨之反有跡，而信、越之反未明。一時上書告變者，吾意未必皆真也。況蒯通之說不行，信亦非真反者。漢高非甚忍人，何獨遽忘舊德耶？雖曰固陵之會，二人不免失之要君而夷族之禍，帝亦幾失之寡恩。及觀之史，往往二人之死，多出於呂后之謀，非盡高帝之心也，特高帝亦不無可責也。帝之與諸人蹙秦蹶項非一日也，事成之後，豈不能曲而全之者。破其疑而釋其愛，其於勞庶可酬也。至乃輕聽而信之，是以二子不得自全於當世。夫當信之誅也，帝徵豨未歸也，呂后紿信入賀，令武士縛斬於長樂鍾室。是誅信者，呂后也，非高帝也。

（宋）胡寅《致堂讀史管見》卷一「韓信反夷三族」

司馬氏曰：韓信之功大矣。觀其拒蒯徹之說，迎高祖於陳，豈有反心哉！良由失職，怏怏耳。盧綰里閈舊恩，猶南面稱王，信乃以列侯奉朝請。世言高祖負信則有之。雖然，信亦有以自取也。下齊不報而自王，固陵有期而不至，是乘時徼利，懷市井之心，高祖欲取之久矣，顧力未能耳。及天下既定，則信復何恃哉！愚以謂功過當相準，信功齒三傑，不可忘也。迎陳之禮，可以贖自王之釁；拒徹之意，可以免失期之罪。未有反計，則當侯以次國。逆謀既露，猶當宥其子孫。如是，則漢祖於記信之功、討信之罪各盡其道而無負矣。

（明）胡居仁《胡文敬公集》卷二《高祖殺韓信》

先儒論漢祖殺韓信事，責漢者皆以漢取天下多信之功，不當忘其功而殺之。又以信初無反意，乃因失職怏怏，又漢以詐擒之，故起信反側不安之心。又以為信逆謀雖露，猶可以功贖罪，宥其子孫。迎陳之禮，可以贖自王之釁；拒徹之忠，可以贖失期之罪。而漢夷其族，太過也。責信者以信滅齊不報而自王，以起漢祖之罵。躡足之封，固高祖之不得已也。約共攻楚，信乃越期不至，必割地許之乃以兵會，又起漢祖之疑。取信之心，萌於此矣。又以為使信學道謙讓，不伐功矜能，庶幾勳可比於周召、太公，後世血食。天下已定，乃謀畔逆，夷滅宗族，不亦宜乎！所論雖當，不過就事論事，未有推究其本原者。夫天下之事，莫不有理。天下之理，悉備於身。必理明心正身脩，然後舉而措之天下，則王道可興，伊周之勳不足期矣。君臣一德，上下同道，保全終始，不足言矣。信乃一才智之士，以利祿之心挾孫吳之法，雖其謀策之善

過於孫吳，然不過欲成功名，取富貴。漢祖亦以其才智之高，能成己之功，故用之以取天下。是君臣之間，舉以功利智謀，投機苟合，未嘗誠意相孚。而其成王業，既以功利相從，則君忘臣之能，恐其奪吾之利；臣挾其功而欲分上之利，自然君臣相猜，嫌隙日深，非君殺其臣，則臣弒其君。故功利之不能保終，理勢然也。《綱目》書「後殺淮陰侯韓信，夷三族」，則漢固失待臣之道。而信自取滅亡，隱然可見矣。噫！後之君子可不鑒乎此，而盡力於聖！

（清）黃恩彤《鑒評別錄》卷三《漢紀一》

觀呂后之力勸帝誅彭越，則知韓信之誅，後實主之。觀後之教令彭越舍人告越謀反，廷尉即奏請族之，則知韓信舍人弟告信謀反，亦未必非後教之。而陳豨通謀，半出獄吏之文致也。

（清）熊璟崇《海崖文錄‧王國用疏雪李善長冤》

嘗觀韓信，當楚漢相持未決，武涉勸之反不反，蒯通勸之反不反。至天下已定，乃潛蓄異志而謀不軌，此雖愚者斷斷不為。其謂與陳豨密謀者，既挈其手，辟左右與之步趨於廷矣，則又誰從屬垣聽之乎？司馬遷本朝臣子，明知其誣罔而紀載不敢顯然牴牾，姑以傳疑之事為莫須有之獄，後之論信者有恕詞焉。

陸賈論

漢陸賈不獨能為使臣已也。漢室文明之治，實自賈啟之；儒術之盛，實自賈開之。蓋亦孔、孟之功臣，而未可以說士輕之也。天下可以無說士，而不可以一日無儒生。無儒生而堯、禹、湯、文、武、孔、孟之道不傳，不傳則天下不可得而治，豈不危哉！自仲尼沒而微言絕，七十子喪而大義乖，戰國游說之士以縱橫捭闔之術，博取金玉錦繡之富，處士橫議，邪說盛行於天下，而仁義充塞，子輿氏慨然憂之，以息邪詎詖為己任。子輿氏既沒，而仁義之道復晦而不著。重以嬴秦暴虐，盡燔詩書百家之言，以愚黔首，海內搢紳先生悉箝口不敢復言詩書，習刑名者乃敢薄堯、舜而非湯、武。高祖以武功得天下，於六經之微言大旨亦未之講也。賈於干戈甫定之際，獨在帝前，時時稱說詩書，是漢之說詩書者始於賈也。賈之言曰：「湯、武逆取順守，文武並用，長久之術。」是湯、武之道至賈而復明也。且曰：「向使秦併天下，行仁義，法先聖，陛下安得而有之？」[1]是以先聖仁義之道輔其君也。夫孔子所雅言者詩書，所憲章者文、武，孟子閑先聖，侍後學，非仁義之道不陳王前。

賈於聖學湮晦之際，獨志孔、孟之志，而言孔、孟之言，其有功於孟豈，在廣川董氏下哉！以嫚罵士、溲儒冠之高祖，而能過魯以太牢祠孔子，非賈詩書仁義說牖其衷歟？顧獨怪班固以《陸賈》二十三篇列於儒家，以《楚漢春秋》九篇列之《春秋》二十三家，而《儒林傳》承史遷之舊，乃但列田生、伏生、申培公、轅固生之倫，而於稱說詩書、誦法先聖之陸賈獨不與焉，為不可解也。至於使南越，服尉佗，說陳平，安劉氏，此功之大者，人人能言之，是以不言其功而言其德。

【疏證】

〔１〕見《史記》卷九十七《陸賈列傳》。

【集說】

（清）盧錫晉《尚志館文述》卷一《陸賈論》

古之人蓋有閔人之病而醫之者，舉其人於藥肆，指其參苓芪連術瀉丹砂蟲蛇之森然羅列者，而謂之曰：是有可以已若患，坐臥於此，將必有幸焉。若人者盲焉不知其取捨也。扁鵲過而笑之曰：若之術異於吾所聞。吾惟按脈以投方。某患在皮膚官骸，某藥其君也。某患在腠理腹心脊腸之間，某藥與症宜也。於是投之不二劑，而蹶然以起，問之曰：向也盲焉，而今蹶焉者，何也？曰：無他也。其察之也微，故其治之也專。其攻之也一，故其去之也疾。今夫人臣之進言於君，蓋亦有類乎此者矣。方漢之初興，儒服而請謁者蒙嫚罵之恥，介胄而佐命者被夷族之誅。又父子相疑，儲位幾危而後安；詩書殘闕，文學易世而粗定。由此觀之，高帝之所患者蓋不少也。彼陸賈者，一時之儒宗也。其博綜於古今之故實，而能折衷其要，以垂法於後世，又遠過於絳灌輩也。不以此時取高帝之病，一為切除之，乃欲廣稱泛引，求工於文字之末務，以悅其君，亦已疎矣。漢儒之最著者，莫如賈誼、董仲舒。誼陳治安，多至數千言，然其所指者八九事而已；仲舒獻策，蓋亦各得其要領；皆未有泛濫而無歸者。然且其君不能盡從焉，則賈之說必無濟矣。此新語所以稱善於高帝，而卒莫之行也。且帝以開創之才，有從諫如流之美，假令專以治之，則去其患者必疾，而因以修禮樂，明制度，則亡秦之弊可以盡除，三代之盛宜亦可以復追。賈獨何為而不出於此？故愚謂賈之君可為湯武，其學識可為尵散，而直乃不若賈、董，彼狃見高帝之陰忌，功如鄿侯猶不免於械繫，是故深戒夫批鱗逆耳之險，而託為括囊將順之文。其意以為苟行吾言，

吾與有功焉，而不然者，亦足以固吾之寵貴。雖嘗折服南粵，乘銳氣於一時，及至身貴名顯，而所以自危者必甚。觀其退處分金於諸子，曰：「從事於謙飲服食」，而不知以儉樸率鄉人，則其平日之所志者，不亦可見也哉！白圭譏惠子，以為其言雖美，顧如支市丘之鼎以烹雞，大而無所用也。吾於陸子之書亦云。

樊噲請伐匈奴論

儒者論古事於中外交涉之際，率多韙戰訾和，愚以為非達論也。斧鉞敦槃，理無偏廢。專閫張旜，皆為邊才。管仲之平戎，婁敬之和親，未可與繆醜之挾敵竝訑也，韓侂冑之伐女真，趙葵趙範之伐蒙古，未可與岳王之報國齊觀也。應戰應和，勢無一定，其道不外孫子所謂「知己知彼」而已。漢惠帝時，匈奴冒頓遺書，褻嫚呂后，呂后怒議發兵擊之，樊噲言願得十萬眾橫行匈奴，季布責其面諛可斬，呂后善其言，令報書遜謝，遺以車馬。自後世觀之，似噲猶有鬚眉丈夫氣，布之說不免藉口息事，失重損國威也。

愚謂噲之言勇則勇矣，與兵家所謂「知己知彼」者實未合焉。夫惠帝非有冒頓雄勇之畧也，漢臣如樊噲及絳、灌等非匈奴右賢王敵也。當是時，匈奴最強盛，東滅東胡，西走月氏，北服渾庾、屈射、丁今、鬲昆、薪犁之國，南並白羊、樓煩、河南王，悉收故秦所奪地，有控弦之士三十餘萬，其材武不在鮮卑檀石槐下。以惠帝之仁柔孱弱，受制母后，其能與之敵乎？冒頓之臣右賢王，滅夷月氏，下樓蘭、烏孫、呼揭及其旁二十六國皆入匈奴，此胡人之長於用兵者。漢臣如淮陰侯、黥布庶可敵之。若以樊噲與之相見，未見其操勝算也。乃樊噲計不及此，慨然請兵十萬伐之，推其意，謂「蠢茲醜類，藐我朝廷，苟不鍛矛礪刃，大興問罪之師，無以伸華夏之威，而寒犬羊之膽」，其意非不忠且壯也。然不知敵之所長，不知己之所短，貿貿然勤師動眾，深入沙漠，饋運不繼，主客勞逸，饑飽之勢懸殊，其不為李貳師、浞野侯之全軍覆沒者幾何。或謂武帝時，漢兵出塞屢矣，封狼居胥，禪姑衍，所殺虜凡八九萬，匈奴畏憚遠遁，幕南無王庭，邊陲由此綏靖，安在噲之說必不可行也？不知孝惠之才不逮武帝，噲之才不如衛、霍，而冒頓之才則遠過軍臣、伊稚斜、烏維諸單于，有未可援後例前者也。

雖然，噲之說失矣，布之說亦未為得也。噲是時為漢上將軍，討虜宣國威，是其職守。語雖近誇，情自忠奮。布乃斥其可斬，而謂「匈奴惡言不足

怒」，下沮人臣仇恥之氣，上銷人主愧辱之情。未有上下不知恥而可以為國者，如布者乃真可斬也。且國家禦虜籌邊，自有長計，外之宜審敵勢，知夷情，用間諜，察險夷，內之宜求良將，練士卒，廣屯田，謹斥堠。布皆不計及，唯欲以斬噲了事。噲斬後，無敢言擊虜者矣。嗚呼！言戰言和，無非憒憒。漢之不大創於匈奴也幸哉！

【集說】

（宋）晁補之《鷄肋集》卷第二十四《上皇帝論北事書》

而臣獨計以謂非勝之難，所以入虜者實難。以樊噲之驍悍，自意得十萬之眾，足以橫行於匈奴。而或者曰樊噲可斬。夫使好奇之人不度是非，不量利害，高論而忼慨，其言固甚可喜，然空語無施於實事，則陛下尚誰取之。

（清）劉統勳《評鑑闡要》卷一

樊噲猶有丈夫氣，而季布曰可斬，是藉口息事，不顧損威失重者之長技。然則如之何而後可？曰度力。力勝則徵之，力不勝則自守尚可。報書遜謝，有是理哉？然彼已與審食其為亂，冒頓果至，彼亦從之耳。獨其時之羣臣靦顏不愧，而猶以布言為是焉，不亦大可笑乎？

漢元帝棄珠崖論

漢元帝初元三年春，珠崖山有縣反，上博謀羣臣，待詔賈捐之建議棄其郡，丞相于定國是其議，而元帝從之，珠崖由是罷。[1] 班固謂其義「深切著明」[2]，揚雄謂「珠崖之絕，捐之之力，否則鱗介①易我冠裳」[3]。玉樹嘗反覆潛思，捐之之議亦何迂謬不合之甚也！

捐之謂「堯、舜、禹三聖之德，地方遠不過千里。武丁、成王，地東不過江、黃，西不過氐、羌，南不過蠻荊，北不過朔方。是以頌聲並作」。夫殷周所以多頌聲者，豈惟是幅員褊狹云乎哉？如捐之議，南當以長沙為徼，荊州以南如桂林、鬱林、蒼梧、南海、交趾、合浦、九真、日南諸郡，凡取之蠻而界於蠻者，叛亂不靖，即版章可割。吾恐土壤愈促，而頌聲愈寂也。昔者高陽御世，北至幽陵，南至交趾，莫不砥屬；陶唐氏有天下，宅羲叔於南交；商湯時，甌鄧、損子、九菌以交犀、翠羽、菌鶴、短狗為獻[4]。然則雕題儋耳之域，黎獠歧人之居，中古率俾久矣。安見前聖輿圖之隘，不類後世郡國之廣也乎？此其不合一也。

又云：「秦興兵遠攻，貪外虛內，務欲廣地，不慮其害，而天下潰畔。」斯言也，與淮南王、主父偃、嚴安上書引亡秦之悟略同，此班書所以彙述而共贊也。不知淮南、主父、安為武帝言之則當，捐之為元帝言之則乖。武帝與始皇相似，元帝與始皇相反。秦皇雄武，其弊也狂而喜事；元帝恭儉，其弊也懦而畏事。以始皇箴元帝，非對病之藥也。此其不合二也。

又云：「孝武皇帝北卻匈奴萬里，更起營塞，制南海以為九郡，天下斷獄萬數，盜賊並起，軍旅數發，父死子傷。」夫古之戎狄，未有強於匈奴者也。自三代迄於炎漢，武功未有如孝武者也。藉非衛、霍犁庭，幕南空虛，漢之匈奴，其不為晉之劉石、宋之女真者幾何。雖致海內虛耗，實為子孫除百世之患。漢之臣子生長清晏，身享燕譽，耳不聞胡馬之鳴，耳②不睹甘泉之烽，當永念孝武力徵經營之功，思有以保之。捐之不明此義，襃孝文，重貶孝武〔5〕，其與衣帛食粟而忘農父紅女之勤者，何以異乎！此其不合三也。

又云：「南方萬里之蠻，顒顒獨居一海之中。」夫漢珠崖郡治瞫都，《茂陵書》云「去長安七千三百二十四里」〔6〕，《舊唐書·地理志》謂「七千四百六十里」，未有謂為萬里者也。《本傳》言「廣袤可千里」〔7〕，劉昫、樂史言「東西南北方千里」〔8〕，《方輿紀要》言「東西九百里，南北一千一百四十里」，唐代曾於其地置崖、瓊、儋、振、萬安五州，共領二十二縣，漢珠崖郡亦領十六縣，可謂大郡。捐之以為顒顒而小之，何耶？此其不合四也。

又云：「駱越之人，父子同川而浴，相習以鼻飲，與禽獸無異，何足郡縣？」又云：「其民猶魚鱉，何足貪！」夫元帝議擊珠崖，非貪外夷未闢之土，欲保先人世守之地也。珠崖自武帝元封元年置郡，至此已六十有四歲矣。此六十四歲中，太守、都尉、令、長、丞、薄之所治者，皆禽獸與魚鱉耶？東漢光武時，馬援破交趾，撫定珠崖，建城郭，置井邑，合浦郡因有珠崖縣矣。何以又取禽獸龜鱉之地而縣之耶？《漢志》言「珠崖男耕農，種禾稻、麻紵，女子蠶桑織績」〔9〕，此豈禽獸龜鱉之所能為耶？又豈不足郡縣者耶？然則珠崖之人非禽獸龜鱉，實禽獸龜鱉於捐之之心耳。此其不合五也。

然而捐之之議亦有合者。其言「齊楚民眾連年流離，枕席於道路」，此即初元二年詔所謂「歲比災害，民有菜色，慘怛於心」者也；謂「勞師遠攻，亡士無③功」，此即于定國所謂「前日興兵擊之，士卒及轉輸死者萬人」也。然則御史大夫陳萬年謂宜擊者，其說洵不可行矣。

擊之不可，棄之又不可，將何以處畔者耶？今夫治亂猶療疾也。療疾者

必察疾之所由生，知其所由生而飲之藥，不待再診而痛疽立愈。不察其所由生而憒憒，藥之縱可冀幸目前之效，捨方藥未旬月，病輒復作。不得已，別易一醫，醫謂是必不可療，療之徒耗主人之貲，不如舁病者而棄之於野。主人本有惜費之見，又值困乏之際，而病者又非其所甚愛惜之人，乃謂此和、緩也，持論甚善，遂急投呻吟者於榛莽之中，而不知前此之婁藥婁癒，旋癒旋病者，醫之庸也。謂病不可療，宜棄之野者，醫之至庸者也。珠崖之事，何以異是？《漢志》言「珠崖初為郡縣，吏卒中國人多侵陵之，故率數歲一反」，此疾之所由生也。誅鋤貪酷吏，簡良二千石往鎮撫之，赦宥前釁，與之更始，選其酋豪，使為少吏，質其子弟，俾官輦轂，外示榮寵，內杜邪謀，不用兵而亂可定。此察其所由生而飲之藥也。朝堂不審，反輒加兵，兵至亂定，定而復叛，叛更擊之以兵，此與憒憒用藥何異？若捐之之策，則棄病者於野之術也，于定國、孝元帝則譽殺人之醫為和、緩者也。

　　何以言不用兵而亂可定也？漢安帝永初四年，羌胡反，殘破并、涼，大將軍鄧騭欲棄涼州。虞詡謂棄之非計，宜令四府九卿，各辟彼州數人，其牧守命長子弟除為冗官。四府從其計，西州以安，未嘗加兵也。〔10〕順帝永和中，日南、象林群蠻並反，四府擬發江淮甲卒致討。李固駁之，謂宜精選牧守，以化殊俗。乃以張喬刺史交州，祝良太守九真。喬至，開示慰誘，並皆降散。良單車入賊壘，降者數萬，為良築起府寺。由是領表無虞，亦未嘗用兵也。〔11〕如虞詡、李固得不謂漢之良醫乎哉？

　　然而捐之之議非本心也。捐之數短石顯，以顯信任於帝，乃與周興共奏薦顯。彼本一譎詭險詐小人無恥者耳。時帝兩詔憫災，語甚切至，捐之因謂宜棄珠崖，專恤關東，此亦迎合市寵之術，與薦顯無異者也。然而于定國賢者也，亦韙其議，何耶？時上方以關東連年被災，流民飢寒，條責定國，定國上書謝罪，適承元帝之問，故亦以「關東困乏，民難搖動」為辭，以免咎而守位。蓋是時定國年已七十矣。嗚乎！大臣阿比以避罪，小臣欺罔以邀寵利，國事未有不敗者。有國者其審於聽言，無輕棄祖宗之土壤哉！

【校記】

　① 鱗介，揚雄《法言》作「介鱗」。

　② 耳，疑為「目」之訛。

　③ 無，《漢書》卷六十四下《賈捐之傳》作「毋」。

【疏證】

〔1〕《漢書》卷六十四下《賈捐之傳》：「賈捐之字君房，賈誼之曾孫也。元帝初即位，上疏言得失，召待詔金馬門。初，武帝征南越，元封元年立儋耳、珠厓郡，皆在南方海中洲居，廣袤可千里，合十六縣，戶二萬三千餘。其民暴惡，自以阻絕，數犯吏禁，吏亦酷之，率數年一反，殺吏，漢輒發兵擊定之。自初為郡至昭帝始元元年，二十餘年間，凡六反叛。至其五年，罷儋耳郡並屬珠厓。至宣帝神爵三年，珠厓三縣復反。反後七年，甘露元年，九縣反，輒發兵擊定之。元帝初元元年，珠厓又反，發兵擊之。諸縣更叛，連年不定。上與有司議大發軍，捐之建議，以為不當擊。上使侍中、駙馬都尉、樂昌侯王商詰問捐之曰：『珠厓內屬為郡久矣，今背畔逆節，而云不當擊，長蠻夷之亂，虧先帝功德，經義何以處之？』捐之對曰：『（下略）願遂棄珠厓，專用恤關東為憂。』對奏，上以問丞相御史。御史大夫陳萬年以為當擊；丞相于定國以為：『前日興兵擊之連年，護軍都尉、校尉及丞凡十一人，還者二人，卒士及轉輸死者萬人以上，費用三萬萬餘，尚未能盡降。今關東困乏，民難搖動，捐之議是。』上乃從之。遂下詔曰：『珠厓虜殺吏民，背畔為逆，今廷議者或言可擊，或言可守，或欲棄之，其指各殊。朕日夜惟思議者之言，羞威不行，則欲誅之；孤疑辟難，則守屯田；通於時變，則憂萬民。夫萬民之飢餓，與遠蠻之不討，危孰大焉？且宗廟之祭，凶年不備，況乎辟不嫌之辱哉！今關東大困，倉庫空虛，無以相贍，又以動兵，非特勞民，凶年隨之。其罷珠厓郡。民有慕義欲內屬，便處之；不欲，勿強。』珠厓由是罷。」

〔2〕《漢書》卷六十四下《嚴朱吾丘主父徐嚴終王賈傳下·贊》：「究觀淮南、捐之、主父、嚴安之義，深切著明，故備論其語。」

〔3〕漢·揚雄《法言·孝至第十三》：「朱崖之絕，捐之之力也。否則，介鱗易我衣裳。」

〔4〕《逸周書·官人解第五十八》：「正南，甌鄧、桂國、損子、產里、百濮、九菌，請令以珠璣、玳瑁、象齒、文犀、翠羽、菌鶴、短狗為獻。」

〔5〕《漢書》卷六十四下《賈捐之傳》：「賴聖漢初興，為百姓請命，平定天下。至孝文皇帝，閔中國未安，偃武行文，則斷獄數百，民賦四十，丁男三年而一事。時有獻千里馬者，詔曰：『鸞旗在前，屬車在後，吉行日五十里，師行三十里，朕乘千里之馬，獨先安之？』於是還馬，與道里費，而下詔曰：『朕不受獻也，其令四方毋求來獻。』當此之時，逸遊之樂絕，奇麗之賂塞，鄭、衛之倡微矣。

夫後宮盛色則賢者隱處，佞人用事則諍臣杜口，而文帝不行，故諡為孝文，廟稱太宗。至孝武皇帝元狩六年，太倉之粟紅腐而不可食，都內之錢貫朽而不可校。乃探平城之事，錄冒頓以來數為邊害，厲兵馬，因富民以攘服之。西連諸國至於安息，東過碣石以玄菟、樂浪為郡，北卻匈奴萬里，更起營塞，制南海以為八郡，則天下斷獄萬數，民賦數百，造鹽、鐵、酒榷之利以佐用度，猶不能足。當此之時，寇賊並起，軍旅數發，父戰死於前，子鬥傷於後，女子乘亭障，孤兒號於道，老母寡婦飲泣巷哭，遙設虛祭，想魂乎萬里之外。淮南王盜寫虎符，陰聘名士，關東公孫勇等詐為使者，是皆廓地泰大，征伐不休之故也。」

〔6〕《漢書》卷六《武帝紀》：「遂定越地，目為南海、蒼梧、鬱林、合浦、交阯、九真、日南、珠厓、儋耳郡。」顏師古《注》：「臣瓚曰：『《茂陵書》：珠厓郡治瞫都，去長安七千三百二十四里。』」

〔7〕即《賈捐之傳》。參注〔1〕。

〔8〕《漢書》卷二十八下《地理志下》：「自合浦徐聞南入海，得大州，東西南北方千里，武帝元封元年略以為儋耳、珠厓郡。」劉昫、樂史之說不詳，俟考。

〔9〕見《漢書》卷二十八下《地理志下》。

〔10〕見《後漢書》卷五十八《虞詡傳》。

〔11〕見《後漢書》卷八十六《南蠻西南夷列傳》。

陳湯甘延壽論

　　吾讀《漢書·甘延壽陳湯傳》，而知匡衡之誣罔姦邪與石顯同也。陳湯、甘延壽者，發兵斬郅支單于者也。匡衡、石顯者，建議貶抑湯延壽者也。欲論湯、延壽之功，當先論郅支之罪；欲駁衡、顯貶抑二人之語，當推其所以貶抑二人之心。

　　郅支甫遣侍子，旋即背叛，既辱漢使，復詭求內附，反覆狙詐，有可誅之罪一。初殺乃始，繼殺穀吉，漢求其屍，抗不奉詔，且謬稱居隄願歸，以相戲喟，驕恣惛慢，有可誅之罪二。殺康居貴人人民數百，解截支體，投之都賴，殘賊酷烈，有可誅之罪三。既擄康居，復侵陵烏孫、大宛及安息、月氏，與漢爭城郭，諸國凌暴鴟張，有可誅之罪四。〔1〕不誅之則夷患日棘，邊陲蕩搖，雖得衡、顯千百輩坐議於廷，無能為也。誅之則國恥湔除，華威遐震，雖容衡、顯等數十人尸位於朝，亦無傷也。然則湯延壽雖有矯制興師之罪，而

實有綏邊寧國之功。律以《春秋》，許鄭仲反，《經》襃魯結專命之義，有未可深文巧詆者矣。

石顯庸妄不足責，若衡固儼然巨儒，洞明輕術者也。向者谷吉遠使，衡援《春秋》之義以阻遏其往〔2〕。今者郅支懸首，寧不能援《春秋》之義以論定其功，而乃與顯共議，以為「延壽、湯擅興師矯制，幸得不誅。如復加爵土，則後奉使者爭欲乘危徼幸，生事於蠻夷，為國招難，漸不可開」。〔3〕是猶豫憂溝洫溺人，而謂濬溝洫從利民者不足賞；預防菫荋殺人，而謂用菫荋以除疾者不足重也。雖三尺童稚，當亦笑其說之迂矣。且衡誠憂為國招難，則何不別著其事，載之令甲，謂「國家憤郅支橫行，故厚延壽、湯爵賞，後之使臣不得援舊為例。如違此制，有功亦誅」，是亦足杜其漸矣。何必重貶抑二人偉烈，以寒勞臣之心而短其氣哉！

然此議非衡之本心也。《衡本傳》言「元帝時，中書令石顯用事。衡畏顯，不敢失其意。司隸校尉王尊劾衡阿諛曲從，附下罔上。」〔4〕然則貶抑二人之議，亦石顯之意，衡曲從阿附，惴惴而不敢失焉者也。顯如曰湯延壽可封，衡亦將曰可封；顯如曰湯延壽可殺，衡亦將曰可殺。而要之皆非其本心也。今夫郅支殺辱漢使，漢之仇而亦衡之讐也。顯以姊妻延壽，延壽不娶，顯之辱而非衡之辱也。乃顯以恨延壽者，憎及於湯，衡即以沮湯、延壽者，陰娛夫顯。是止知以顯之辱為辱，而不知以漢之讐為仇，亦何忠於顯而薄於漢也，漢亦不幸而有此相矣。國家不患無敵忾效命之虎臣，而患有懷貳忌能之權相。後世有梟桀果毅如湯與延壽，而阻阨於權奸，不得大展其才志，致夷氛日惡，國勢日微者，可勝慨哉！然而衡不足咎也！元帝內嘉延壽、湯功，而重違衡、顯之議，上無剛健之德，下肆欺罔之私，此漢之所以不競也夫。

【疏證】

〔1〕《漢書》卷七十《陳湯傳》：「先是，宣帝時匈奴乖亂，五單于爭立，呼韓邪單于與郅支單于俱遣子入侍，漢兩受之。後呼韓邪單于身入稱臣朝見，郅支以為呼韓邪破弱降漢，不能自還，即西收右地。會漢發兵送呼韓邪單于，郅支由是遂西破呼偈、堅昆、丁令，兼三國而都之。怨漢擁護呼韓邪而不助己，困辱漢使者江乃始等。初元四年，遣使奉獻，因求侍子，願為內附。漢議遣衛司馬谷吉送之。御史大夫貢禹、博士匡衡以為《春秋》之義「許夷狄者不壹而足」，今郅支單于鄉化未醇，所在絕遠，宜令使者送其子至塞而還。吉上書言：『中國與夷狄有羈縻不絕之義，今既養全其子十年，德澤甚厚，空絕而不送，近從

塞還，示棄捐不畜，使無鄉從之心。棄前恩，立後怨，不便。議者見前江乃始無應敵之數，知勇俱困，以致恥辱，即豫為臣憂。臣幸得建彊漢之節，承明聖之詔，宣諭厚恩，不宜敢桀。若懷禽獸，加無道於臣，則單于長嬰大罪，必遁逃遠舍，不敢近邊。沒一使以安百姓，國之計，臣之願也。願送至庭。』上以示朝者，禹復爭，以為吉往必為國取悔生事，不可許。右將軍馮奉世以為可遣，上許焉。既至，郅支單于怒，竟殺吉等。自知負漢，又聞呼韓邪益彊，遂西奔康居。康居王以女妻郅支，郅支亦以女予康居王。康居甚尊敬郅支，欲倚其威以脅諸國。郅支數借兵擊烏孫，深入至赤穀城，殺略民人，驅畜產，烏孫不敢追，西邊空虛，不居者且千里。郅支單于自以大國，威名尊重，又乘勝驕，不為康居王禮，怒殺康居王女及貴人、人民數百，或支解投都賴水中。發民作城，日作五百人，二歲乃已。又遣使責闔蘇、大宛諸國歲遺，不敢不予。漢遣使三輩至康居求谷吉等死，郅支困辱使者，不肯奉詔，而因都護上書言：『居困厄，願歸計彊漢，遣子入侍。』其驕嫚如此。」

〔2〕參注〔1〕。

〔3〕《漢書》卷七十《陳湯傳》：「初，中書令石顯嘗欲以姊妻延壽，延壽不取。及丞相、御史亦惡其矯制，皆不與湯。湯素貪，所鹵獲財物入塞多不法。司隸校尉移書道上，繫吏士按驗之。湯上疏言：『臣與吏士共誅郅支單于，幸得禽滅，萬里振旅，宜有使者迎勞道路。今司隸反逆收繫按驗，是為郅支報讎也！』上立出吏士，令縣道具酒食以過軍。既至，論功，石顯、匡衡以為『延壽、湯擅興師矯制，幸得不誅，如復加爵土，則後奉使者爭欲乘危徼幸，生事於蠻夷，為國招難，漸不可開。』元帝內嘉延壽、湯功，而重違衡、顯之議，議久不決。」

〔4〕《漢書》卷八十一《匡衡傳》：「初，元帝時，中書令石顯用事，自前相韋玄成及衡皆畏顯，不敢失其意。至成帝初即位，衡乃與御史大夫甄譚共奏顯，追條其舊惡，並及黨與。於是司隸校尉王尊劾奏：『衡、譚居大臣位，知顯等專權勢，作威福，為海內患害，不以時白奏行罰，而阿諛曲從，附下罔上，無大臣輔政之義。既奏顯等，不自陳不忠之罪，而反揚著先帝任用傾覆之徒，罪至不道。』有詔勿劾。衡慚懼，上疏謝罪。因稱病乞骸骨，上丞相樂安侯印綬。」

【集說】

（宋）張耒《張右史文集》卷五十五《陳湯論》

余觀漢公卿論陳湯矯制斬郅支之賞，其守常不通者則曰：「是不當賞，且

開後奉使者乘危徼幸生事夷狄。」一奇其功,憤其為庸臣所詘者,則稱譽贊說:「大功不錄小過,大美不疵細瑕。宜加尊寵,以勸有功。」此劉向之論也。夫奮不顧身,決計出奇,以孤軍取單于之頸,梟之槁街,自漢擊匈奴以來,未有能如此者,而欲以一切矯制生事,謂之有罪而赦之,不使有尺寸之賞,此天下皆知其不近人情而人不服也。然湯之還,使朝廷遂厚賞之,一不問其矯制,如受命討伐而有功者,則亦不可。何則?人臣不待命而有功以要我,則亦為國者之所病也。故劉向之論善矣,而未盡也。元帝遂從而賞之,愈於不賞可也。所以為說,則終亦未有以服惡矯制者之論,惜乎無有以是說告之者矣。所惡夫賞矯制而開後患者,謂其功可以相踵而比肩者也。陰山之北,凡幾單于?自漢擊匈奴以來,得單于者幾人?終漢之世,獨一陳湯得單于耳。其不可以常徼幸而立功者又寡少,如此則裂地而封湯,乃著之令曰:「有能矯制斬單于如陳湯者,無罪而封侯。」吾意漢雖欲再賞一人而未可得,何遽有邀功生事之憂哉?故上足以尊明湯之有功,褒顯之而無疑,下不畏未來生事邀功之論,天下之善計也。古之為法者,行法而不失人情,當夫事實,而亦不使之不可繼,凡若此也。昔者韓患秦之無厭也,下令曰:「有能得秦王者,寡人與之國。」大夫皆諫曰:「不可賞,不可以若是其重也。」韓王笑曰:「得秦王而寡人與之國,是賞有再乎?且得秦王矣,寡人其憂無國哉?」是賞湯之說也。

（清）周錫溥《安愚齋集》卷三《匡衡論》

漢時匡衡經術與劉向並稱,以予觀之,衡直經之罪人耳,惡得與向比?攷衡之進用,由樂陵侯史高,而高之進衡,則惑長安令楊興之邪說,以傾蕭望之也。高外戚恩澤,無他能,其表里中官,無足怪。獨惜衡經術士,而為刑人用耳。元帝仁柔之主,有可與為善之資,徒以宦者宏恭、石顯濡忍牽掣,昭、宣之業遂衰。衡居位最久,竟帝時無一言及顯。嗣皇更化,顯去中書,始以一劾謝天下。終身依倚,一朝反噬,雖微王尊言,豈能逃萬世之議哉!士之立朝,非必悻悻自持,要在因時制變,於國家有濟,而身亦無所苟。衡之經術,為國家耶?昏椓內訌之禍,當涕泣陳之;以為身耶?雍渠同載,不以為恥,又可褰裳以就之耶?且夫梟鸞不接翼而棲,君子小人不並域而處。衡於望之、堪、向類也,顯則異類也。東漢陽球之誅,王甫曹節抆淚曰:「我曹自可相食,何宜令犬舐其汁乎?」惡閹猶惜其類,況天下之士哉!顯既酖望之獄,堪、向自知天下姍已,召貢禹而貴之。當是時,禹不私舉主之恩,元成、

衡不為持祿之計，直其獄於天子，顯即不斥，孤立必懼，忠臣直士之禍不若是烈也。顧皆附顯，使上無所取信，故其毒益肆，三人以是驟遷。禹前死，而元成、衡相繼相矣。

大凡小人之逞饕恣螯，必有陰以為利而嗾成之者，不可獨罪顯也。向因詆顯見黜，由顯誣之以朋黨。夫向黨堪、猛，而衡黨顯，其邪正必有能辨之者。又衡為相，時王氏已有黃霧四塞之異，言其事者，前一王章，後惟一向而已。使向師衡故智，箝口已久，何敢言大臣所不敢言，君子是以惡衡而韙向。今之論者亦知惡衡，而經術猶與向並稱，則亦過矣。何則？衡上疏明適庶，閒定陶之寵，以顯擁祐太子故也；正南北郊，則韋元成、貢禹前議而王商、師丹等五十人贊之者也。教成帝明妃匹慎威儀，雖醇醲無疵，亦經生家數。豈有忠肝披瀝，法戒著明如向者哉！至於此外，尤多紕繆。經者，人之蓍龜藥石也。然卜必於所疑，而治疾必於其受患之處。六經之旨，用非不博，吾取其足以決吾疑而去吾患者耳。非夫疑與患之所在，而雜然陳之，則無以異於猰狗。初元日食地震之變，所謂日月外暈，其賊在內，向指謂恭、顯是也。衡乃教帝推二南之化，以厚風俗，大而無當，適益其仁柔耳。數陳便宜，大率類此。陳湯誅郅支還，衡承顯旨，抑其功，反謂「《月令》掩骼埋胔，郅支首不當懸」，豈不令人失笑乎？經是而術非，適使天下迂經而賤士，抑士自賤耳，經何與焉！然而衡之故迂其說者，則在蔽顯之奸，以疑誤人主耳，故曰經之罪人也。余觀漢經術士，董、賈而外，無逾於向。其言準古鑒今，無不驗者，卒以切直不用，其用者則皆賊經以賊國家者也。二百年來，賊經之禍，至張禹、孔光極矣，而衡亦豈得從末減也哉！

孔光論

甚哉，亂世高位之不易居也！必有浩然充塞之氣，負強矯不變之勇，舉身家安危禍福之故，視之若浮雲之過太空，而後處危疑震撼之際，他人畏鰓縮朒，如鼠之晝伏而不敢出者，斯人獨行止語默，自由而不為巨猾大奸所束縛。如其義不集而氣衰，氣不足而畏懼乘之，必致阿諛淟涊，盡汩沒其廉恥，牿亡其天良，以為苟免自全之計，而國家之顛覆破滅相隨屬蜀矣。史稱孔光稱莽「功德比周公」[1]。夫周公何人也，固稱成王為孺子王，而己居攝踐祚，南面而朝諸侯者也。自光創為此說以媚莽，未幾而陳崇、張竦奏稱莽功德，謂宜恢國如周公，而莽遂採周公、伊尹之官，自號宰衡

矣。未幾而泉陵侯劉慶上言，宜令安漢公攝行天子，如周公故事。太后下詔，令安漢公居攝踐祚，亦曰如周公故事。而莽遂稱攝皇帝，漢皇帝稱孺子矣，皆光功德比周公之一言啟之。人但知莽坐未央宮前殿，即真天子位，由於哀、章之金匱，而不知此言即孔光之金匱也。人但知莽謀即真令天下，奏事毋言攝，由於劉京等之奏符命，而不知此言即孔光之符命也。人但知符命之奏始於前輝光謝囂之陳白石丹書，而不知此言即孔光之白石丹書也。人但知上書請益封者有太保舜及吏民八千餘人，而不知八千餘人之書不及孔光之一言也。人但知上書頌莽功德者有四十八萬七千餘人，而不知四十八萬七千餘人之書不敵孔光之片語也。是亦可謂勸進之最巧、推戴之最早者矣。雖以孫建為爪牙，平晏主機事，豐①、邯主擊斷，王舜、王邑為腹心〔2〕，要皆不若光之為新室元勳也。故光歿，莽以其兄子為大司馬封侯，昆弟子為卿大夫四五人，所以酬報其功者，亦非建、晏、豐②、邯、舜、邑諸人所敢望也。然於莽為勳之元者，於漢為罪之首。夫以光為孔子十四世孫，為海內老師巨儒，再為丞相、御史大夫，一為大司徒、太師、太傅〔3〕，位尊望重，無與倫比。何首先媚莽，盡汨其廉恥，亡其天良。若是豈忠於漢，不若忠於莽耶？豈莽之所以榮寵光者逾於漢耶？吾不解其具何肺腸而為此也。

推其初心，不過畏莽之勢焉耳。史稱「諸哀帝外戚及大臣居位素所不悅者，莽皆傅致其罪，為奏，令邯持與光。光素畏，不敢不上」〔4〕。畏之一字，正其受病之根源也。彼雖世傳《尚書》〔5〕，洞明經術，所研究亦廑章句訓詁，而未嘗從事於孟子養氣之學。年齡衰憊，意氣愈餒，故一遇權奸即震懾跧伏，甘為之下，積畏生謟。雖以周公稱莽，而亦不自知其言之過矣，謂之一言喪邦可也。昔成帝疑王氏專權致天變，以問張禹。禹自見年老，子孫弱，恐為王氏所怨，不敢言其過惡。諸王子弟聞禹言喜悅，遂相親就。〔6〕一則媚由畏生，一則親由恐致，二者正相類。漢室之亡，實亡於張禹之恐與孔光之畏，謂之一字喪邦可也。士君子伏處蓬蓽，欲他日任人家國事為社稷臣，焉可不集義養氣〔7〕以植其獨立不懼之基也哉！

【校記】

①「豐」，原作「豊」，據《漢書》改。

②「豐」，原作「豊」。

【疏證】

〔1〕《漢書》卷七十七《孫寶傳》：「哀帝崩，王莽白王太后徵寶以為光祿大夫，與王舜等俱迎中山王。平帝立，寶為大司農。會越巂郡上黃龍游江中，太師孔光、大司徒馬宮等咸稱莽功德比周公，宜告祠宗廟。」

〔2〕《漢書》卷九十九上《王莽傳》：「王舜、王邑為腹心，甄豐、甄邯主擊斷，平晏領機事，劉歆典文章，孫建為爪牙。」

〔3〕《漢書》卷八十一《孔光傳》：「光凡為御史大夫、丞相各再，一為大司徒、太傅、太師，歷三世，居公輔位前後十七年。」

〔4〕《漢書》卷九十九上《王莽傳》：「莽以大司徒孔光名儒，相三主，太后所敬，天下信之，於是盛尊事光，引光女婿甄邯為侍中奉車都尉。諸哀帝外戚及大臣居位素所不說者，莽皆傅致其罪，為請奏，令邯持與光。光素畏慎，不敢不上之，莽白太后，輒可其奏。」

〔5〕《漢書》卷八十一《孔光傳》：「孔光字子夏，孔子十四世之孫也。孔子生伯魚鯉，鯉生子思伋，伋生子上帛，帛生子家求，求生子真箕，箕生子高穿。穿生順，順為魏相。順生鮒，鮒為陳涉博士，死陳下。鮒弟子襄為孝惠博士、長沙太博。襄生忠，忠生武及安國，武生延年。延年生霸，字次儒。霸生光焉。安國、延年皆以治《尚書》為武帝博士。安國至臨淮太守。霸亦治《尚書》，事太傅夏侯勝，昭帝末年為博士，宣帝時為太中大夫，以選授皇太子經，遷詹事、高密相。」

〔6〕《漢書》卷八十一《張禹傳》：「禹雖家居，以特進為天子師，國家每有大政，必與定議。永始、元延之間，日蝕、地震尤數，吏民多上書言災異之應，譏切王氏專政所致。上懼變異數見，意頗然之，而未有以明見，乃車駕至禹弟，辟左右，親問禹以天變，因用吏民所言王氏事示禹。禹自見年老，子孫弱，又與曲陽侯不平，恐為所怨。禹則謂上曰：『春秋二百四十二年間，日蝕三十餘，地震五，或為諸侯自殺，或夷狄侵中國，災變之異深遠難見，故聖人罕言命，不語怪神。性與天道，自子贛之屬不得聞，何況淺見鄙儒之所言！陛下宜修政事以善應之，與下同其福喜，此經義意也。新學小生，亂道誤人，宜無信用，以經術斷之。』上雅信愛禹，由此不疑王氏。後曲陽侯根及諸王子弟聞知禹言，皆喜說，遂親就禹。」

〔7〕《孟子·公孫丑上》：「『敢問夫子惡乎長？』曰：『我知言，我善養吾浩然之氣。』『敢問何謂浩然之氣？』曰：『難言也。其為氣也至大至剛，以直養而無

害，則塞於天地之間。其為氣也配義與道，無是餒也。是集義所生者，非義襲而取之也。行有不慊於心則餒矣。』」

【集說】

（宋）陳亮《蘇門六君子文粹》卷十《宛丘文粹一·孔光論》

昔者聖人所以惡夫鄉原者，何也？夫天下之道，君子小人而已。使是二者灼然無有殽亂於其間，不啻若白黑之易明，則人誰不欲用君子而黜小人哉！惟其有冒於其間，則使君子小人之別不明，而後有欲得君子而得小人，欲取善而得惡者。敗世生亂，往往出此。且亂君子小人之別者，非鄉原其誰哉！於君子小人之間，包小人之實而冒君子之利者，鄉原也。予嘗觀漢成、哀之間，舉賢孔光。嗟夫！光，鄉原之雄也。王嘉之忠蓋竭節，事君不欺，與夫董賢之嬖幸敗政，漢之婦人孺子皆知之也。哀帝怒王嘉，思有以殺之，光從而奏曰：「嘉迷國不道。」哀帝欲重董賢，使見光，光從而厚禮之。身為三公，不敢以賓客見君之弄臣。是二者，賢者之所為歟？奸者之所為歟？以為賢歟，則畏君之威而殺賢人明知君子之及禍而身擠之說君之意而諂奉嬖幸之賊人者不廢為賢也則天下亦少矣。以謂奸歟，則世之賢之者何也？蓋其居之似忠信，行之似廉潔，知足以欺人，奸足以容身，彌逢其惡，使人窺之也難，故常冒天下之美名，而獲君子之利。使光能力救王嘉之禍，而深折董賢之盛，哀帝未必不少悟，事未必不少止。相哀帝之昏愚，而椓喪漢氏者，非光歟？智如王嘉，猶賢孔光，鄉原之足以欺世也如此，此聖人知所以深絕之也。予觀西漢之俗，其公卿大夫與世之學者不恥賤事，用心不侈，其跡或若鄙，而人多可用之才，趨事赴功，往往有成。晉人之俗，高簡浮虛，公卿大夫皆足以美觀望，使人尊之，而臨事無實，赴功無成。譬如冠冕黼黻以被土偶，望之若可畏，屋壞梁傾，爛為塗泥，是果何益哉！或問其故，張子曰：「天下之俗，尚實責功，則人心不侈，不羞賤事；天下尚名，則人自尊大而無實材。六國分裂，諸侯並爭，愚者思保家免禍，賢者思趨時立功，以取富貴人心，豈容高談於其間哉！是以舉世尚實。子不見六國馳說之士乎？度量時君，如弄嬰孩；窺察成敗，如觀目前。皆有奇才異能，後世莫及。何則？尚實之至，實技乃出。日鍛月鍊，異能乃見。秦世舞文，人心自危。劉項並爭，智者交馳，勇者効力，辨者奮舌，至於西漢，六國尚實之餘習也。故西漢之俗多人才。東漢之衰，下傲其上，憤世嫉邪，名譽可尊，相誇成風，黨與交興，士不考實，以名

相矜。當此之時，舉世尚名。三國短世，餘習不絕。雄如曹操，猶問許劭。晉武治平，士無勤勞。故天下之人求為美觀，而不究行事。譬如敗梁污壁，而被以綺繡，臨事輒敗，不亦宜乎！此則東漢尚名之餘習也。」或曰：先王有作，則於名實何取焉？張子曰：「先王隆實而名從之，名不孤行，實著乃興。先王崇之，以激世勵俗，故曰名譽以崇之，未有無實而有名者也。」或曰：「不幸而失，則何如？」張子曰：「寧失於實，無失於名。漢以實強，晉以名衰。豈不明哉！」

（清）賀貽孫《水田居文集》卷二《孔光論》〔註6〕

孔子曰：「鄙夫可與事君也與哉？其未得也，患得之；既得之，患失之。苟患失之，無所不至矣！」嗚呼！人臣而無所不至，其禍豈忍言哉！然吾謂鄙夫非皆生而鄙也。夫固有恪其諒直，羞為鄙夫所為。及其後也，仕路漸熟，世味漸深，忽然棄其生平者矣。而後知後世之鄙夫，異於夫子所謂鄙夫也。夫子所謂鄙夫者，患得在未得之時，而後世之鄙夫，患得在既得復失之後。夫子所謂鄙夫者，患失在既得之時，而後世之鄙夫，患失在既失復得之後。患於未得既得之時，其情常患於既得復失、既失復得之後，其志變常者可知，而變者不可測也。

昔漢孔光以經明行修，進為尚書、御史大夫，當成帝時，定陶王私事趙後昭儀及帝舅王根，欲求為後，光獨言中山王為帝親弟，以盤庚殷之及王為例以喻矣。又嘗言淳于長小妻廼始六人在大逆事未發前更嫁，夫婦義絕，不宜連坐矣。及哀帝初，光為丞相，封博山侯。定陶傅大後欲稱尊號，光獨建言以為不可。又嘗奏傅遷為姦邪，且慮傅太后多權謀，干預政事，宜改築宮，勿與帝近矣。是其恪共諒直，固羞為鄙夫所為者。使光以此時遽死，豈非西漢之名臣哉！

亡何而以忤傅太后罷相免侯，杜門不出，於是榮辱炎冷之態廹於外，而患得於既得復失之後焉。亡何而復召為丞相、博山侯，於是羶附蠅營之情動於中，而患失於既失復得之後焉。乃遂下車伏謁以媚董賢，稱頌功德以讒玉莽，蓋其持錄固位，依阿苟容，有張禹所不屑為者，而光為之。推光始願，豈及此哉！神昏於齒，截而氣衰，於閒廢世情類如是也。史稱光事成、哀，凡有所言，輒削其草，恐彰君過，以沽忠名。此時光之行□過人遠矣，豈料其後回

〔註6〕《清代詩文集彙編》第21冊，上海古籍出版社2010年版，第436～437頁。

意事莽。凡莽所欲誅擊者，即為草以太后意諷光上之。凡莽所睚眥者，無不中傷。光之嘉言，不復見於世，而其□詞險說，因已彰彰矣。然則光特幸而以七十終耳。設光不死於元始五年，而死於居攝，則凡所以贊莽篡弒，污青史而玷士林者，又當何如哉！蓋夫子所謂無所不至者。雖不指篡弒，而篡弒固所死然矣。嗚呼！鄙夫之禍遂至是哉！

又《張禹論》

大凡亂人國家者，非天下之凶人，而天下之庸人也。凶人之亂人國家也，人得而知之，人得而防之。若夫庸人者，其識淺，其氣卑，其富貴之念熱而身家之慮摯，浮沉俯仰，與世推移，人不得而知之，人不得而防之。豈惟不得而防之，且將從而輕之而狎之，輕之則以為無足畏，狎之則以為有可親。噫！是人也幸而見用於盛世，不過將順取容而已。不幸生逢挽季，權奸篡逆之臣出，而與之共事，利其寬厚之名，足以服眾；悅其貪鄙之性，足以市私。彼將頑頓□詻，惟權奸之所為而從之，然後其禍烈矣。

漢成帝時，委政王氏，災異迭興，吏民上書，皆咎王氏。雖帝亦疑之，獨尊信張禹，欲決於禹之一言。乃駕幸禹第，屏左右而問焉。此漢與王氏廢興之大機也。禹則對以天變深遠難見，新學小生亂道誤人，宜無聽用。於是上然禹言，不復疑王氏，而漢祚已暗移矣。推禹始願，豈意及此？不過以年老子孫弱，又以請平陵肥牛亭自為塚地，恐為王根所忌，故曲意樹德，欲自圖其子孫無窮之利，而不知其為劉氏子孫釀無窮之害也。

夫人能輕其身，而後能重吾君而重天下。禹既視子孫為重，則視漢祚為輕；視肥牛亭為重，則視漢天下為輕。然則禹以肥牛亭咫尺之地，鬻漢天下與王氏，而以漢之宗祀博已之宗祀也。嗚呼！庸人之禍，乃至此哉！古今庸人識淺氣卑，以之為凶人則不足，以之贊凶人亂天下則有餘，故雖不能自為篡逆，而篡逆之臣皆欲得之以為助。庸人與凶人之禍，固相需而成者也。彼魏之華歆，劉宋之褚淵、王儉，五代之馮道，皆庸人也，而皆足以移人國祚。後之為國者，其無以庸人為不足畏而忽之哉！

趙苞論

漢趙苞事〔1〕，絕與申鳴相類。申鳴為楚惠王左司馬，以兵討白公之亂。白公劫其父，使人謂申鳴曰：「子與我，則與子分楚國。不與我，則殺乃父。」申鳴流涕而應之曰：「始則父之子，今則君之臣也。」援枹鼓之，遂殺白公，

其父死焉。王歸賞之,申鳴曰:「受君之祿,避君之難,非忠臣也。正君之法,以殺其父,非孝子也。行不兩全,名不兩立。悲夫!」遂自刎而死。韓嬰紀其事,而引詩以繫其後,曰:「進退維谷。」[2]誠嘉之也,誠憫之也。以此例苞,苞可嘉,亦可憫矣。而論者乃以苞之進戰為非,律苞以棄母之罪。

　　吾謂苞之進戰,盡臣節也,遵母命也。盡臣節,忠也。遵母命,孝也。行兩全而名兩立,吾未見其可議也。議苞者非惟不知苞,亦且未知苞母。母之言曰:「人各有命,豈得相顧以虧忠義?」其捨生取義之志已決。苞不進戰,母必自殺,以絕其子反顧之情。苞即生還,其母亦必自殺,以明遇虜不辱之節。苞欲全母之命,無以成母之忠,未見其為孝。無以成母之忠,亦未必能全母之命,適成其不忠。是行兩虧而名兩敗也,智者不為也。苞知其然也,因母不求生,亟以一戰成母之志,痛母死由己,復以一死贖己之愆。苞母之殺身以成仁,與王陵母同。苞之殺身以殉母,則王陵所不及也。凡議苞者,皆未援申鳴之事以相比例也。然則苞與鳴者無罪乎?曰:「鳴之罪,在不先實其父於軍,致為白公所劫。苞之罪,在郡邇疆虜不嚴兵以備邊,母在中途不出師以護衛。」

【疏證】

〔1〕《後漢書》卷八十一《獨行列傳・趙苞傳》:「趙苞字威豪,甘陵東武城人。今貝州武城縣。從兄忠,為中常侍,苞深恥其門族有宦官名埶,不與忠交通。初仕州郡,舉孝廉,再遷廣陵令。視事三年,政教清明,郡表其狀,遷遼西太守。抗厲威嚴,名振邊俗。以到官明年,遣使迎母及妻子,垂當到郡,道經柳城,值鮮卑萬餘人入塞寇鈔,苞母及妻子遂為所劫質,載以擊郡。苞率步騎二萬,與賊對陣。賊出母以示苞,苞悲號謂母曰:『為子無狀,欲以微祿俸養朝夕,不圖為母作禍。昔為母子,今為王臣,義不得顧私恩,毀忠節,唯當萬死,無以塞罪。』母遙謂曰:『威豪,人各有命,何得相顧,以虧忠義!昔王陵母對漢使伏劍,以固其志,爾其勉之。』苞即時進戰,賊悉摧破,其母妻皆為所害。苞殯殮母畢,自上歸葬。靈帝遣策弔慰,封鄃侯。苞葬訖,謂鄉人曰:『食祿而避難,非忠也;殺母以全義,非孝也。如是,有何面目立於天下!』遂歐血而死。」

〔2〕《韓詩外傳》卷十:「楚有士曰申鳴,治園以養父母,孝聞於楚。王召之,申鳴辭不往。其父曰:『王欲用汝,何謂辭之?』申鳴曰:『何舍為孝子,乃為王忠臣乎?』其父曰:『使汝有祿於國,有位於廷,汝樂而我不憂矣。我欲汝之仕

也。』申鳴曰：『喏。』遂之朝受命，楚王以為左司馬。其年遇白公之亂，殺令尹子西、司馬子期，申鳴因以兵圍之。白公謂石乞曰：『申鳴，天下之勇士也，今將兵，為之奈何？』石乞曰：『吾聞申鳴孝子也，劫其父以兵。』使人謂申鳴曰：『子與我，則與子分楚國，不與我，則殺乃父。』申鳴流涕而應之曰：『始則父之子，今則君之臣，已不得為孝子矣，安得不為忠臣乎？』援枹鼓之，遂殺白公，其父亦死焉。王歸賞之，申鳴曰：『受君之祿，避君之難，非忠臣也。正君之法，以殺其父，又非孝子也。行不兩全，名不兩立，悲夫！若此而生，亦何以示天下之士哉！』遂自刎而死。詩曰：『進退惟谷。』」又見劉向《說苑》卷四《立節》。

〔3〕《史記》卷五十六《陳丞相世家》：「王陵者，故沛人，始為縣豪，高祖微時，兄事陵。陵少文，任氣，好直言。及高祖起沛，入至咸陽，陵亦自聚黨數千人，居南陽，不肯從沛公。及漢王之還攻項籍，陵乃以兵屬漢。項羽取陵母置軍中，陵使至，則東鄉坐陵母，欲以招陵。陵母既私送使者，泣曰：『為老妾語陵，謹事漢王。漢王，長者也，無以老妾故，持二心。妾以死送使者。』遂伏劍而死。項王怒，烹陵母。陵卒從漢王定天下。」

【集說】

（宋）真德秀《讀書記》卷二十五

趙苞為邊守，虜奪其母，招之以城降，苞遽戰而殺其母，非也。以君之城降，而求生其母，固非也。然亦當求所以生母之方，奈何遽戰乎？不得已，身降之可也。王陵母在楚，而使質以招陵，陵降可也，徐庶得之矣。

（明）方孝孺《遜志齋集》卷五《雜著·趙苞》

趙苞為遼西守，鮮卑劫質其母而攻其城。苞曰：「昔為母子，今為王臣，義不得顧私恩。」力戰破之，母遂遇害。余曰：苞善守官矣，然而未知義也。千金與盈尺之璧孰重？人必曰璧重。函璧之櫝與千金孰重？人必曰千金重。璧固重於千金矣，以櫝而敵千金，不可也。君固有重於親者，親亦有重於君者。使守一城而君在焉，城存則君存，城亡則君亡。寇雖劫母以脅降吾，盡死以存君可也。苞之所守者，漢之君恃此以為存亡乎？抑土地而已乎？如土地而已，土地者，璧櫝之類也，固不宜以此易母而不救也。況善於謀者，未必失君之土地於彼。鮮卑者眾多而可以計取，性貪而可以利誘。其質母而攻城也，所欲得者貨財耳，能出數十萬賂之，而以母為請，彼樂得吾之利，未必不

從者也。苟利未足盈其心，則求而避之。彼雖得吾城，吾徐以計攻之，未有不勝者也。不此之圖，而使母死於寇手，雖可以存天下，君子猶不忍也，況一城乎！義者，合乎道而宜乎人心之謂也，不可以固而不知變也。棄母以全城與全母而棄郡，其非義則一，然不若棄母之愈甚也。權其輕重，使合乎宜，上不失親，下不失職，惟達於義者能之。惜乎苞之不足以及此也！

（明）陳絳《金罍子》上篇卷十一

或問趙苞曰：「慘矣，殺其母，授刃於賊耳。」或曰：「苞何施而可以存母？」曰：「是無策矣。」程子言之曰：「不得已，城歸之君，身歸之母。」曰：「棄其守土乎？」曰：「母子，天性也。昔者舜蓋敝屣，棄堯之天下，而身從父矣。抑不曰在君為君乎？」曰：「在君為君，事有大於殺其父母也。墟王國，屋帝社也。今以大漢棄一趙苞，君之毛髮也，於母則軀命也。」曰：「苞母也賢，固嘗申伏劍之命矣。」曰：「雖母命之，庸能解人子之心乎？」予既申程子之意為此言，後讀二泉邵先生《學史》，乃曰〔註7〕：「身可降，城不可降。然必有所託而圖為不可破者，而後可以言不降也。苟身降而城隨之，其與幾何？為苞計者，守而不必遽戰，母庶其全乎。或曰：『徐庶何如？』曰：『庶無專城，其為去也，異於苞矣。』」是邵先生猶慮夫苞以身降而城亦不免，未若守而不遽戰之，足以兩全也。然守而不戰，何道可以全母？賊有求而挾質焉，一不得所欲，而肯置其母去乎？復讀《空同子》〔註8〕：「或問趙苞、徐庶之事，曰：苞傷勇哉！不戰而死可也。不戰而死，猶足以存母。」吁！不戰而死，母庶其全矣。不與之戰，以乎其心，一死以明吾至心之無所解也，而盜亦有道，得無感而動乎？不然，彼悵悵焉挾其空質，而負不義於天下，亦安所歸也？吁！苞一死也，與其戰而殉母於死，孰若死於不戰以贖母之生。知不出此而於彼，則亦未嘗觀於會通之故也。昔盜欲有犯樂羊子妻者，乃先劫其姑，妻聞，操刀而出。盜曰：「釋汝刀從我者，可全。不從我者，則殺汝姑。」妻仰天而歎，舉刀刎頸而死，盜亦不殺其姑。盜之不殺其姑，以羊子妻之自殺也。君子曰：若羌之挾武威大守母也，使太守不戰而死，羌亦豈遽殺其母哉？惜也，苞之為母而不如樂羊子妻之於其姑也。晉周虓領梓潼太守。寧康初，符堅將楊安入寇，虓固守涪城，遣步騎送母妻從漢中。將抵江陵，為堅將朱彤邀而獲之，

〔註7〕見（明）邵寶《學史》卷六《未》。
〔註8〕見（明）李夢陽《空同子》。

虓遂降於安。堅欲以為尚書郎，虓曰：「老母見獲，失節於此。母子獲全，秦之惠也。雖公侯之貴，不以為榮。」堅乃止。自是每入見，堅輒箕踞而坐，呼之為氐賊。堅黨以虓不遜，屢請除之，堅待之彌厚。後與堅兄子苞謀襲堅，事泄，不殺也，竟以病卒太原。然則趙苞如虓亦可也。

（明）江用世《史評小品》卷十二《趙苞》

王陵可為也，徐庶可為也，獨趙苞不可為也。天下豈無射其妻而應弦以死者哉？母則不然矣。城存君存，城亡君亡，母何肯計耶？惟城亡而君未必亡，則宜有所以處母者。賂而脫之可也，求而避之以為復攻之計可也。見不出此，而坐視其母之糜爛於賊，苞心何忍乎！然而苞不足責也。分羹一語，高皇教之矣。試當高之時，而良之計失，其為不仁毋論。即使良之計得，以父僥倖，是何言歟？苞猶受命於君，高受命於誰哉？故人君慎所以倡之者。

（清）吳肅公《街南文集》卷二《趙苞》

趙苞之事，論者眾矣，皆未為義之極也。程子曰：「不得已，而城歸之君，身歸之母。」吳子曰：果爾，是兩全也。何不得已之有？且何道而使城歸之君乎？邵二泉曰：「身可降，城不可降。必有所託焉圖為不可破者，而後可。為苞計者，守而不遽戰，母其全乎？」吳子曰：是猶程子之說也。賊所欲者，城耳。苞降而城守，賊意未厭也。逞其咆哮，則母子俱僇耳，且又安所託而圖為不可破乎？若守而不戰，賊挾母以攻我，且僇母以挑我，未可知也。空同子曰：「不戰而死可也。不戰以平其心，死以明吾心之無解也，而盜亦有道，或感而動焉。」吳子曰：是揖讓以馴虎狼，而怨艾以感盜賊也。我死則城誰與守？是喪吾身，仍喪地也。或母痛吾死而身隕，三失之也。又曰：「昔盜欲犯樂羊子之妻，而先劫其姑，妻操刀自刎，盜捨其姑。惜苞之為母，而不如樂羊之妻於其姑也。」噫！之說也，其謬尤甚。樂羊妻之被劫，以色也。身死而色隕，盜絕望矣。苞死而城土在也，府庫在也，其足以彌寇志乎？凡此諸說，皆欲為兩全者。求兩全必至於兩傷。君子以徐庶為得之。或曰：「庶無城守，其去易耳。」夫狃於城守，斯紛紛之說所為戾也。堯以天下與舜，舜竊負而逃，而敝屣天下，堯之託不以易吾父也。善乎方正學之言曰：「君有重於親者，親亦有重於君者。守一城而君在焉，城存則君存，城亡則君亡。寇劫吾母，吾盡死以存君可也。苞所守者，漢之君不以此為存亡也。棄母以全城與全母而棄郡，均之非義，不若棄母之尤甚。達於義者，不可以固而不知變也。」噫！此可以斷苞已。苞為不知變，而尚論者又失於拘牽，安在於精義乎？史云苞到

官，遣使迎母妻，值鮮卑入塞，鈔劫之以擊郡。然則賊所欲者，財帛耳，豈土地哉？夫寧獨無以厚啗之乎？即曰為城守也，晉周虓者非歟？虓為梓潼太守，符堅邀其母妻而獲之，虓遂降堅，堅以為尚書郎。虓曰：「老母見獲，失節於此。母子獲全，秦之惠也。雖公侯之貴，不以為榮。」堅乃止。君子未有以虓為非義，而以失守封疆罪之也。此又可以斷苞已。抑虓每見堅，箕踞呼為氐賊。復謀襲堅，堅不殺。幸堅賢耳。萬一遷怒吾母，奈何？是不如弗降之為愈也。然則虓猶有未盡者。蓋未有集義養氣之學，而徒以忠孝自矢，此仁至而義盡之難也。苞之歐血而死，亦幾於楚棄疾矣。

（清）魏裔介《兼濟堂文集》卷十四《漢趙苞論》

東漢趙苞之事，世未有定論也。程子曰：「以君城降賊，而求生其母，固不可矣。然亦當求所以生母之方，奈何不顧而遽戰乎？必不得已，身往降之可也。徐庶於此，蓋得之矣。」方正學則謂「苞善守官矣，然而未知義也。鮮卑眾多而可以計取，性貪而可以利誘，不此之圖而使母死於寇，雖可以存天下，君子猶不忍也，況一城乎！義者，合乎道而宜乎人心之謂也，不可以固而不知變也。上不失親，次不失職，惟達於義者能之」。乃李卓吾《藏書》則又置趙苞於殺母逆賊之列。是三說者，將何從焉？

魏子曰：徐庶之事與苞不同。徐庶當曹、劉分爭之際，君臣之分未定，而曹劫質庶母，故庶不得不去，且與昭烈有知心之雅，其去也，昭烈蓋許之矣。今苞乃守土之官，義當與城存亡。若降賊，則已為不忠之臣矣。不忠之臣即不孝之子，辱其家聲，有忝祖父，況漢法至嚴，苞之宗族豈無伯叔兄弟，連坐受累，雖母子俱存何益？且其母賢母也，遙謂苞曰：「人各有命，何得相顧，以虧忠義？爾其勉之。」見理亦甚分明，豈肯苟生哉？由是言之，苞以身降，忠孝俱虧，斷斷不可。程子之論非也。卓吾以苞為殺母之賊，則又太過。苞於鋒刃交接之時，倉卒無計，葬母之後，嘔血而死。情甚可憐，豈可以殺母律之哉？惟方正學之論頗為合宜。但當日苞曾否以賂求鮮卑，或鮮卑必欲得城，不但欲得賂，史臣皆未詳載。而以義權之，則正學之說為不悖於理而可行也。《綱目》書「鮮卑寇遼西，太守趙苞破之」。《發明》曰：「趙苞急於王事，遂至不能全其母，故雖嘔血而死，《綱目》亦畧而不書，所以權輕重而示訓也。」嗚呼微矣！觀紫陽之書法，則於趙苞之事非深許之，而亦未嘗深罪之。後世尚論者，當憐苞所遇之窮，而其心則無他，庶乎其為定論。余恐守土者降人而罹於重法，有虧忠孝，趙苞以義士而蒙惡聲也，故不可以不辯。

卷　二

《後漢書・杜密傳》書後

　　史稱密去官還家，每謁守令，多所陳託。同郡劉勝亦自蜀告歸，閉門掃軌，無所干及。太守王昱贊勝清高士以激密，密自陳糾違之功，而以勝為隱情惜己，自同寒蟬。王伯厚曰〔2〕：「為杜密之居鄉，猶效陳孟公、杜季良也。為劉勝之居鄉，猶效張伯松、龍伯高也。」閻潛邱曰：「高忠憲言〔3〕：『居朝堂之上則憂其民，居江湖之遠則憂其君，此士大夫實念也。居朝堂之上，無事不為吾君。處江湖之遠，隨事必為吾民。此士大夫實事也。』此蓋答朱平涵居鄉書。竊謂今之居鄉為劉勝易，為杜密難。」一以密為不可為，一以密為不易為。二說將何從？予謂士君子居鄉，欲於此二者審擇所處，宜內省諸心，外察諸吏。其與人言也，宜視乎其人，偏主一說，鈞不能無弊。我之心誠無事不為利人起，見而宮於吾邑者，又實能大利吾邑之人也，吾為杜密可也。我之心設未能盡除利己之見，而官於吾邑者，又非能愛利吾邑之人也，則吾為劉勝宜也。其人而為犇競之士也，是必趨勢利而輕廉恥，假宮府以炫垠庶者也，吾以劉勝規之可也。其人而為清介之士也，是必重視一己之名節，漠視一世之利病者也，吾以杜密勉之可也。杜密近狂，劉勝近狷，皆非中道，唯澹臺氏非公事不至偃室為適中。〔4〕然今之交通官府者，何一不假託公事？其語諸人者邑之公，其陳諸官者己之私也。官以公事屬諸其人者，情之泛；以私事屬諸其人者，情之切也。官非言遊，德非子羽，雖公事猶不可至室。劉勝之閉門掃軌，所以愧無行之小人，非以諷有為之君子。君子而欲為杜密良難，小人而欲為劉勝亦豈易哉！

【疏證】

〔1〕《後漢書》卷六十七《黨錮列傳·杜密傳》:「杜密字周甫,潁川陽城人也。為人沈質,少有厲俗志。為司徒胡廣所辟,稍遷代郡太守。徵,三遷太山太守、北海相。其宦官子弟為令長有奸惡者,輒捕案之。行春到高密縣,見鄭玄為鄉佐,知其異器,即召署郡職,遂遣就學。後密去官還家,每謁守令,多所陳託。同郡劉勝,亦自蜀郡告歸鄉里,閉門掃軌,無所干及。太守王昱謂密曰:『劉季陵清高士,公卿多舉之者。』密知昱激己,對曰:『劉勝位為大夫,見禮上賓,而知善不薦,聞惡無言,隱情惜己,自同寒蟬,此罪人也。今志義力行之賢而密達之,違道失節之士而密糾之,使明府賞刑得中,令問休揚,不亦萬分之一乎?』昱慚服,待之彌厚。後桓帝徵拜尚書令,遷河南尹,轉太僕。黨事既起,免歸本郡,與李膺俱坐,而名行相次,故時人亦稱『李杜』焉。後太傅陳蕃輔政,復為太僕。明年,坐黨事被徵,自殺。」

〔2〕見王應麟《困學紀聞》卷十三《考史》。

〔3〕見(明)高攀龍《高子遺書》卷八上《答朱平涵》。

〔4〕《論語·子路第十三》:「子曰:『不得中行而與之,必也狂狷乎!狂者進取,狷者有所不為也。』」又《雍也第六》:「子游為武城宰。子曰:『女得人焉耳乎?』曰:『有澹臺滅明者,行不由徑。非公事,未嘗至於偃之室也。』」

【集說】

(明)張萱《西園聞見錄》卷二十一《投閒》

陸公平泉曰:「《漢書》杜密、劉勝兩人皆去官,歸鄉里。密每謁守令,多所陳說。劉勝閉門掃軌,無所干及。太守王昱一日謂密曰:『劉季陵清高士,公卿多舉之者。』密知昱激己,對曰:『劉勝位為大夫,見禮上賓,而知賢不薦,聞惡無言,隱情匿己,自同寒蟬,此罪人也。』今者尚義力行之賢而密達之,違道失節之士而密糾之,使明府賞罰得中,令聞休暢,不亦萬分之一乎?雖然,余謂為劉勝易,為杜密難。使密所陳託一出於公,而足以取信則可,不然則寧為劉季陵者之不至失己也。此魯男子所謂以我之不可,學柳下惠之可。」

《後漢書·梁鴻傳》書後

史稱蕭宗天性愷悌,厭苛切,事寬厚,除慘獄,體忠恕〔1〕,不應以文字罪人。其捕鴻也,當有構之者乎?鴻詩云「疾吾俗兮作讒」,又云「口囂囂兮余訕」〔2〕,痛心萎菲,已見乎辭。本傳不言,無可考耳。夫蕭宗仄席幽人〔3〕,

禮均徵鳳〔4〕，以鴻學行，幸生其世，獨糟讒罹禍，易姓匿名，潛挈妻孥，遁居齊吳，逝舊遐征，詩多憤鬱。王勃云：「竄梁鴻於海曲，豈乏明時」，所以傷之者至矣。

　　然范氏列鴻於逸民，未為當也。夫逸民者，隨遇而安，無求於世者也。彼心怛志菲，委結莫究，無盤潤逍遙之樂，冀尚賢於異地，思舍車而即浮，有求容當世之思。且傳中諸人，或掛冠於污朝，或辭榮於明主，或謝王公之聘，或辭州郡之征，終鴻之身，未有斯事，方之諸賢，是為不倫。范氏因皇甫謐《高士傳》為鴻立傳，遂仍其舊耳。本傳所載詩三章，皆可誦。且博覽無不通，著書十餘篇，足以繼武篤、隆，比肩恭、毅〔5〕，列之文苑，或無媿焉。

【疏證】

〔1〕《後漢書》卷二《肅宗孝章帝紀》：「論曰：魏文帝稱『明帝察察，章帝長者』。章帝素知人厭明帝苛切，事從寬厚。感陳寵之義，除慘獄之科。深元元之愛，著胎養之令。奉承明德太后，盡心孝道。割裂名都，以崇建周親。平徭簡賦，而人賴其慶。又體之以忠恕，文之以禮樂。故乃蕃輔克諧，群后德讓。謂之長者，不亦宜乎！在位十三年，郡國所上符瑞，合於圖書者數百千所。烏呼懋哉！」

〔2〕《後漢書》卷八十三《逸民列傳‧梁鴻傳》：「因東出關，過京師，作《五噫之歌》曰：『陟彼北芒兮，噫！顧覽帝京兮，噫！宮室崔嵬兮，噫！人之劬勞兮，噫！遼遼未央兮，噫！』肅宗聞而非之，求鴻不得。乃易姓運期，名耀，字侯光，與妻子居齊魯之閒。有頃，又去適吳。將行，作詩曰：『逝舊邦兮遐征，將遙集兮東南。心惙怛兮傷悴，志菲菲兮升降。欲乘策兮縱邁，疾吾俗兮作讒。競舉枉兮措直，咸先佞兮唌唌。固靡慚兮獨建，冀異州兮尚賢。聊逍搖兮遨嬉，纘仲尼兮周流。倘云睹兮我悅，遂舍車兮即浮。舍其車而就舟船。過季札兮延陵，求魯連兮海隅。雖不察兮光貌，幸神靈兮與休。惟季春兮華阜，麥含含兮方秀。哀茂時兮逾邁，愍芳香兮日臭。悼吾心兮不獲，長委結兮焉究！口囂囂兮余訕，嗟恇恇兮誰留？』」

〔3〕《後漢書》卷三《肅宗孝章帝紀》：「夏五月辛亥，詔曰：『「朕思遲直士，側席異聞。其先至者，各以發憤吐懣，略聞子大夫之志矣，皆欲置於左右，顧問省納。建武詔書又曰，堯試臣以職，不直以言語筆札。今外官多曠，並可以補任。』」

〔4〕《後漢書》卷八十三《逸民列傳》：「光武側席幽人，求之若不及，旌帛蒲車之
所徵賁，相望於岩中矣。若薛方、逄萌聘而不肯至，肅宗亦禮鄭均而徵高鳳，
以成其節。」

〔5〕《後漢書》卷八十上《文苑列傳上》依次為杜篤、王隆、夏恭、傅毅。

《後漢書·酷吏傳》書後

傳共七人，唯王吉最為慘毒，余皆志奮鷹鸇，手翦奸慝，但期稱職，不
虞後災。秉憲疾邪，是其天性。雖云嚴切，亦未有舞文巧詆之奸，與虎冠、屠
伯〔1〕之酷也。

陽球當虹霓煇揚，天地氣閉，撫髀發憤，義形辭色。一為司隸，遂族賊
奄，磔屍城闉〔2〕，實足洩憤，怨於四海，慰蕃、武於九泉。郎中審忠上書有
云：「王甫父子應時斬鹹①，路人士女如除父母之讎。」〔3〕史乃云「雖厭快眾
憤，亦云酷矣」〔4〕，不亦俱乎？李章誅起塢繕兵之豪，斬囚守據郡之賊，翦鋤
逆亂，安輯吏人。命之曰酷，竊所未喻。董宣弭江夏劇賊之禍，禽湖陽驂乘之
奴，彊項殿廷，無慚風烈。樊曄牧揚州，課耕種，守天水，著政能。周紆廉潔
感明主，公正服貴戚。黃昌除前守弊政，理百姓煩冤。考其政績，俱有可稱，
擬之蒼鷹〔5〕、乳虎〔6〕，為不倫矣。

夫子產治鄭，不為水懦；孔明相蜀，亦尚威棱。政無定軌，民有殊俗。寬
猛綫競，各有攸宜。必欲比隆三古，概屏刑戮，凡有奸宄，化以德禮，是虞舜
不宜有四裔之罰，宣尼不必行兩觀之誅也。俗吏以廢事為寬，以縱惡為惠。
一庭之上，胥吏作威；百武之外，見聞莫逮。刑政不修，獄訟滋繁。豪黨併
兼，呡怨嗞怨。求如諸人之令行禁止，豈可得哉！

王吉少好讀書，喜立聲譽。紂之不善，不如是甚。彼為常侍王甫養子，
群怨所鍾，稱惡損真，史亦有焉。觀於奏達桓嫠，章顯劉閎，燀之邑祀，久而
弗替〔7〕，非循良慕義，焉能解此。又《桓典傳》云：「舉孝廉為郎。會國相王
吉以罪被誅，章懷《注》云：「沛相。」考《王吉傳》云：「年二十餘，為沛相。」《陽球傳》
云：「收甫子沛相吉。」《王甫傳》云：「沛相吉皆死獄中。」以罪被誅之說正合，其為一人無
疑。故人親戚莫敢至者。典獨棄官收斂歸葬，服喪三年，負土成墳，為立祠堂，
盡禮而去。」〔8〕夫以驄馬御史，忠義炳著於吉，眷眷若此，豈以舉孝廉之私
恩哉，必其政績有大過人者。本傳云：「曉達政事，能斷疑獄」，此其善之不可
盡掩者矣。今之守吏有能如東漢酷吏者乎？雖為之執鞭，所忻慕焉。

【校記】

① 斬馘，《後漢書》作「馘截」。

【疏證】

〔1〕《後漢書》卷七十七《酷吏列傳》：「致溫舒有虎冠之吏，延年受屠伯之名，豈
　　　虛也哉！」

〔2〕《後漢書》卷七十七《酷吏列傳·陽球傳》：「時中常侍王甫、曹節等奸虐弄
　　　權，扇動外內，球嘗拊髀發憤曰：『若陽球作司隸，此曹子安得容乎？』光和
　　　二年，遷為司隸校尉。王甫休沐里舍，球詣闕謝恩，奏收甫及中常侍淳于登、
　　　袁赦、封易、中黃門劉毅、小黃門龐訓、朱禹、齊盛等，及子弟為守令者，姦
　　　猾縱恣，罪合滅族。太尉段熲諂附佞倖，宜並誅戮。於是悉收甫、熲等送洛陽
　　　獄，及甫子永樂少府萌、沛相吉。球自臨考甫等，五毒備極。萌謂球曰：『父
　　　子既當伏誅，少以楚毒假借老父。』球曰：『若罪惡無狀，死不滅責，乃欲求
　　　假借邪？』萌乃罵曰：『爾前奉事吾父子如奴，奴敢反汝主乎！今日困吾，行
　　　自及也！』球使以土窒萌口，箠朴交至，父子悉死杖下。熲亦自殺。乃僵磔甫
　　　屍於夏城門，大署榜曰『賊臣王甫』。盡沒入財產，妻子皆徙比景。」

〔3〕《後漢書》卷七十八《宦者列傳·曹節傳》：「光和二年，司隸校尉陽球奏誅王
　　　甫及子長樂少府萌、沛相吉，皆死獄中。時連有災異，郎中梁人審忠以為朱瑀
　　　等罪惡所感，乃上書曰：『臣聞理國得賢則安，失賢則危，故舜有臣五人而天
　　　下理，湯舉伊尹不仁者遠。陛下即位之初，未能萬機，皇太后念在撫育，權時
　　　攝政，故中常侍蘇康、管霸應時誅殄。太傅陳蕃、大將軍竇武考其黨與，志清
　　　朝政。華容侯朱瑀知事覺露，禍及其身，遂興造逆謀，作亂王室，撞蹋省闥，
　　　執奪璽綬，迫脅陛下，聚會群臣，離間骨肉母子之恩，遂誅蕃、武及尹勳等。
　　　因共割裂城社，自相封賞。父子兄弟被蒙尊榮，素所親厚佈在州郡，或登九列，
　　　或據三司。不惟祿重位尊之責，而苟營私門，多蓄財貨，繕修第舍，連里竟巷。
　　　盜取御水以作魚釣，車馬服玩擬於天家。群公卿士杜口吞聲，莫敢有言。州牧
　　　郡守承順風旨，辟召選舉，釋賢取愚。故蟲蝗為之生，夷寇為之起。天意憤盈，
　　　積十餘年。故頻歲日食於上，地震於下，所以譴戒人主，欲令覺悟，誅鋤無狀。
　　　昔高宗以雊雉之變，故獲中興之功。高宗祭，有雉升鼎耳而雊，近者神祇啟悟
　　　陛下，發赫斯之怒，故王甫父子應時馘截，路人士女莫不稱善，若除父母之仇。
　　　誠怪陛下復忍孽臣之類，不悉殄滅。昔秦信趙高，以危其國；吳使刑人，身遘
　　　其禍。虞公抱寶牽馬，魯昭見逐乾侯，以不用宮之奇、子家駒以至滅辱。今以

不忍之恩，赦夷族之罪，奸謀一成，悔亦何及！臣為郎十五年，皆耳目聞見，瑀之所為，誠皇天所不復赦。願陛下留漏刻之聽，裁省臣表，埽滅醜類，以答天怒。與瑀考驗，有不如言，願受湯鑊之誅，妻子並徙，以絕妄言之路。』章寢不報。」

〔4〕《後漢書》卷七十七《酷吏列傳》：「自中興以後，科網稍密，吏人之嚴害者，方於前世省矣。而閹人親婭，侵虐天下。至使陽球磔王甫之屍，張儉剖曹節之墓。若此之類，雖厭快眾憤，亦云酷矣！」

〔5〕《史記》卷一百二十二《酷吏列傳·郅都傳》：「是時民樸，畏罪自重，而都獨先嚴酷，致行法不避貴戚，列侯宗室見都側目而視，號曰『蒼鷹』。」

〔6〕《史記》卷一百二十二《酷吏列傳·義縱傳》：「寧成家居，上欲以為郡守。御史大夫弘曰：『臣居山東為小吏時，寧成為濟南都尉，其治如狼牧羊。成不可使治民。』上乃拜成為關都尉。歲餘，關東吏隸郡國出入關者，號曰『寧見乳虎，無值寧成之怒』。」

〔7〕《後漢書》卷八十四《列女傳》：「沛劉長卿妻者，同郡桓鸞之女也。鸞已見前傳。生一男五歲而長卿卒，妻防遠嫌疑，不肯歸寧。兒年十五，晚又夭歿。妻慮不免，乃豫刑其耳以自誓。宗婦相與愍之，共謂曰：『若家殊無它意；假令有之，猶可因姑姊妹以表其誠，何貴義輕身之甚哉！』對曰：『昔我先君五更，學為儒宗，尊為帝師。五更已來，歷代不替，男以忠孝顯，女以貞順稱。《詩》云：『無忝爾祖，聿修厥德。』是以豫自刑翦，以明我情。』沛相王吉上奏高行，顯其門閭，號曰『行義桓嫠』，縣邑有祀必膰焉。」

〔8〕見《後漢書》卷三十七《桓典傳》。

《後漢書·方術·李郃傳》書後

　　東漢以太尉、司徒、司空為三公，《循吏》、《酷吏》、《宦者》、《儒林》、《文苑》、《獨行》、《方術》、《逸民》八傳共百數十人，唯三人位至三公，《循吏》則沛國劉矩、東萊劉寵，《方術》則漢中李郃。三公而循吏，不失為褒；三公而方術，則貶之甚矣。郃以元初四年夏五月丁丑為司空，以永寧元年冬十月己巳免；以延光四年夏四月丁酉為司徒，永建元年春正月辛巳免。安、順兩《紀》所載與本傳合。子固亦官至太尉，為漢名臣，固與杜喬同傳。郃乃與楊由、李南輩並列，豈不以其仰觀使星，知采風二使臨漢中哉！〔1〕

　　夫郃雖善河洛風星，未嘗以此自衒，如方術士之所為。其時尚為縣候吏，

後位登台輔，不聞復有推步之事，致失大臣之體。且大臣亦非不當知天文者。夫燮理陰陽，三公之職。《韓詩外傳》曰：「陰陽不和，四時不節，星辰失度，災變非常，則責之三公。」〔2〕然則天道雖遠，三公所宜明曉，未可以推考星度為郃疚也。

　　郃之為司徒也，以吏民疾病仍有災異策免三公，上應三臺天變，豈無先見。苟能預知咎徵，何不表請避位，豈能辭列侯之封者，不肯辭司徒之職乎？論其術數之學，似亦未逮諸人之精深也。郃為郡戶曹，力諫太守勿與竇憲交通。〔3〕為司空，數陳得失；〔4〕為司徒，與陶範、趙直潛圖大計，以安社稷，錄功封涉都侯，辭讓不受。〔5〕此見於本傳者也。當順帝初立，誅滅諸閹。議郎陳禪目為閻太后與帝無母子恩，宜徙別館，絕朝見。議者皆呂目為宜。郃用其吏周舉言，獨上疏爭之，帝乃朝於北宮，太后以安。〔6〕此見於他傳者也。偉節閹議，無慚槐鼎。方之子堅，非有犁牛騂角之殊；延及德公，實有詒謀繩武之美。父子祖孫並為一傳，此亦汝陽袁氏、華陰陽氏之例也。乃重冥冥之小數，忽昭昭之大德，遂使碩輔名臣下儕方技術士，譬之美錦與敗絮同笥而藏，蘇合與康糗共釜而炊，不亦雜粗矣乎！夫以公沙穆之政績，可入《循吏》；唐檀之學術，可入《文苑》；廖扶之至孝，折像之好施，可入《獨行》。〔7〕置之方術，尚有可訾，況以郃之德位俱隆哉！

【疏證】

〔1〕《後漢書》卷八十二上《方術列傳上·李郃傳》：「和帝即位，分遣使者，皆微服單行，各至州縣，觀采風謠。使者二人當到益部，投郃候舍。時夏夕露坐，郃因仰觀，問曰：『二君發京師時，寧知朝廷遣二使邪？』二人默然，驚相視曰：『不聞也。』問何以知之。郃指星示云：『有二使星向益州分野，故知之耳。』」

〔2〕《韓詩外傳》卷八：「三公者何？曰司馬，司空，司徒也。司馬主天，司空主土，司徒主人。故陰陽不和，四時不節，星辰失度，災變非常，則責司馬。山陵崩竭，川谷不流，五穀不植，草木不茂，則責之司空。君臣不正，人道不和，國多盜賊，下怨其上，則責之司徒。故三公典其職，優其分，舉其辯，明其德，此三公之任也。詩曰：『濟濟多士，文王以寧。』又曰：『明照有周，式序在位。』言各稱職也。」

〔3〕《李郃傳》：「後三年，其使者一人拜漢中太守，郃猶為吏，太守奇其隱德，召署戶曹史。時大將軍竇憲納妻，天下郡國皆有禮慶，郡亦遣使。郃進諫曰：『竇

將軍椒房之親，不修禮德，而專權驕恣，危亡之禍可翹足而待，願明府一心王室，勿與交通。』太守固遣之，部不能止，請求自行，許之。部遂所在留遲，以觀其變。行至扶風，而憲就國自殺，支黨悉伏其誅，凡交通憲者，皆為免官，唯漢中太守不豫焉。」

〔4〕《李部傳》：「部歲中舉孝廉，五遷尚書令，又拜太常。元初四年，代袁敞為司空，數陳得失，有忠臣節。在位四年，坐請託事免。」

〔5〕《李部傳》：「安帝崩，北鄉侯立，復為司徒。及北鄉侯病，部陰與少府河南陶範、步兵校尉趙直謀立順帝，會孫程等事先成，故部功不顯。明年，坐吏民疾病，仍有災異，賜策免。將作大匠翟酺上部『潛圖大計，以安社稷』，於是錄陰謀之功，封部涉都侯，辭讓不受。年八十餘，卒於家。門人上黨馮胄獨制服，心喪三年，時人異之。」

〔6〕《後漢書》卷六十一《周舉傳》：「延光四年，辟司徒李部府。時宦者孫程等既立順帝，誅滅諸閻，議郎陳禪以為閻太后與帝無母子恩，宜徙別館，絕朝見。群臣議者咸以為宜。舉謂部曰：『昔鄭武姜謀殺嚴公，嚴公誓之黃泉；秦始皇怨母失行，久而隔絕，後感穎考叔、茅焦之言，循復子道。書傳美之。今諸閻新誅，太后幽在離宮，若悲愁生疾，一日不虞，主上將何以令於天下？如從禪議，後世歸咎明公。宜密表朝廷，令奉太后，率屬群臣，朝覲如舊，以厭天心，以答人望。』部即上疏陳之。明年正月，帝乃朝於東宮，太后由此以安。」

〔7〕公沙穆、唐檀，傳見《後漢書》卷八十二下《方術列傳下上》；廖扶、折像，傳見《後漢書》卷八十二上《方術列傳上》。

《後漢書・文苑・邊讓傳》書後

史稱讓於初平中棄官還家，恃才氣，不屈曹操，多輕侮之言。建安中，鄉人搆讓於操，操告郡就殺之。〔1〕以吾考之，讓之侮操，操之殺讓，皆初平中事耳。操於初平三年領兗州，興平元年失兗州，興平二年復得兗州，建安元年入洛入許離兗州。袁紹討操之檄，敘操殺讓，在表領兗州之後，呂布奪地之前，則其事當在初平三四年明矣。李善引《魏志》〔2〕與裴松之引《曹瞞傳》〔3〕皆云「在兗州，陳留邊讓言議頗侵太祖，殺讓，族其家。」言在兗，則其為初平之年可據也。

吾始而疑讓之侮操見殺，與孔融同也。吾既而知讓之侮操見殺，與孔融異也。融戲侮操時，操已成尾大不掉之勢，而有窺覦神器之心，仁人烈士不

能起兵討操。如昭烈之在徐州，不能密謀圖操。如金褘①之結耿紀、韋晃〔4〕，而徒以口舌侵侮，以昭示志之不降。此固忠憤之發於不自禁者，雖於巨奸無毫毛之損，而後世議者多敬而愍之。若讓之侮操，操方為兗州刺史，未遷漢帝於許，未萌僭逆之志。讓挾何憤而輕侮之，不過恃其辨博能屬文耳，何足與孔太中較短長哉！

　　夫古者，文與道非有二也。《論語・學而篇》之「學文」，鄭氏以為「道藝」。《大雅・江漢》之「文人」，毛公以為「文德之人」。《逸周書・諡法解》以「道德博厚為文」。韋昭注《周語》，以文為「德之總名」〔5〕。故古之文人，皆能範身以德義，箝口若瘖啞，略無矜炫文藻之思。若《後漢・文苑》諸子，率若盆成括之小有才而未聞大道〔6〕，以之經世則不足，以之殺身則有餘，而《文苑》與《儒林》遂不得不判為二傳。讓之恃才輕侮，蓋與張昇之任情不羈，趙壹之恃才倨傲，禰衡之尚氣慢物，劉梁、侯瑾之矯世破羣，同一文人佻薄之習，而不可與入於道也。蔡邕乃以元、愷、顏、冉許之〔7〕，自古焉有恃才之元、愷、顏、冉也哉！陳琳為本初作檄，稱「直言正色，論不阿諂」，此係情實之論。然士君子窮而在下，不幸躬逢亂世，自有括囊孫言、明哲保身之道。讓如能逆料操之兇殘不軌，當遠避勿與言議。即與言，亦可掩其圭稜，如鄭太之詭辭以悅董卓可也〔8〕。虎豹之阱也以文皮，孔禽之籠也以絢羽。才藻者，本殺身之具，況又不善韜慧而雄張之，其何恃以免於棼泯之世。吾甚惜夫讓之不能為管寧、王烈避匿以自全〔9〕，而罹身首縣梟之誅，妻孥灰滅之咎也。然使侮操於逆跡大著之後，惡操之逆者不能不愍讓之忠，則亦如魯國男子皭皭焉與琨玉秋霜比質矣〔10〕。本傳敘操之殺讓於建安中，蓋有揜瑕飾美之意云。

【校記】

① 金褘，《三國志》卷一《魏書一・武帝紀》裴松之《注》、《後漢書》卷九《孝獻帝紀》李賢《注》，引《三輔決錄注》俱作「金褘」。

【疏證】

〔1〕《後漢書》卷八十下《文苑列傳下・邊讓傳》：「初平中，王室大亂，讓去官還家。恃才氣，不屈曹操，多輕侮之言。建安中，其鄉人有構讓於操，操告郡就殺之。」

〔2〕《文選》卷四十四陳孔璋《為袁紹檄豫州》：「故九江太守邊讓，英才俊偉，天

下知名，直言正色，論不阿諂，身首被梟懸之誅，妻孥受灰滅之咎。」李善《注》：「《魏志》曰：『太祖在兗州，陳留邊讓言議頗侵太祖。太祖殺讓，族其家。』」

〔3〕《三國志》卷一《魏書一·武帝紀》，裴松之《注》：「《曹瞞傳》：『（下略）及在兗州，陳留邊讓言議頗侵太祖，太祖殺讓，族其家。』」

〔4〕《武帝紀》：「二十三年春正月，漢太醫令吉本與少府耿紀、司直韋晃等反，攻許，燒丞相長史王必營，必與潁川典農中郎將嚴匡討斬之。」裴松之《注》：「《三輔決錄注》曰：『時有京兆金禕字德禕，自以世為漢臣，自日磾討莽何羅，忠誠顯著，名節累葉。睹漢祚將移，謂可季興，乃喟然發憤，遂與耿紀、韋晃、吉本、本子邈、邈弟穆等結謀。』」

〔5〕《國語·周語下》：「夫敬，文之恭也。」韋昭《注》：「文者，德之捴名也。」

〔6〕《孟子·盡心下》：「盆成括仕於齊。孟子曰：『死矣盆成括！』盆成括見殺，門人問曰：『夫子何以知其將見殺？』曰：『其為人也，小有才，未聞君子之大道也，則足以殺其軀而已矣。』」

〔7〕《邊讓傳》：「議郎蔡邕深敬之，以為讓宜處高任，乃薦於何進曰：『《下略》竊見令史陳留邊讓，天授逸才，聰明賢智。髫齓夙孤，不盡家訓。及就學廬，便受大典，初涉諸經，見本知義，授者不能對其問，章句不能逮其意。心通性達，口辯辭長。非禮不動，非法不言。若處狐疑之論，定嫌審之分，經典交至，撿括參合，眾夫寂焉，莫之能奪也。使讓生在唐、虞，則元、凱之次，運值仲尼，則顏、冉之亞，豈徒俗之凡偶近器而已者哉！』」

〔8〕《後漢書》卷七十《鄭太傳》：「進尋見害，卓果作亂。公業等與侍中伍瓊、卓長史何顒共說卓，以袁紹為勃海太守，以發山東之謀。及義兵起，卓乃會公卿議，大發卒討之，群僚莫敢忤旨。公業恐其眾多益橫，凶強難制，獨曰：『夫政在德，不在眾也。』卓不悅，曰：『如卿此言，兵為無用邪？』公業懼，乃詭詞更對曰：『非謂無用，以為山東不足加大兵耳。如有不信，試為明公略陳其要。今山東合謀，州郡連結，人庶相動，非不強盛。然光武以來，中國無警，百姓優逸，忘戰日久。仲尼有言：『不教人戰，是謂棄之。』其眾雖多，不能為害。一也。明公出自西州，少為國將，閑習軍事，數踐戰場，名振當世，人懷懾服。二也。袁本初公卿子弟，生處京師。張孟卓東平長者，坐不窺堂。孔公緒名冑。清談高論，噓枯吹生。並無軍旅之才，執銳之幹，臨鋒決敵，非公之儔。三也。山東之士，素乏精悍。未有孟賁之勇，慶忌之捷，聊城之守，良、

平之謀，可任以偏師，責以成功。四也。就有其人，而尊卑無序，王爵不加，
若恃眾怙力，將各潟峙，以觀成敗，不肯同心共膽，與齊進退。五也。關西諸
郡，頗習兵事，自頃以來，數與羌戰，婦女猶戴戟操矛，挾弓負矢，況其壯勇
之士，以當妄戰之人乎！其勝可必。六也。且天下強勇，百姓所畏者，有并、
涼之人，及匈奴、屠各、湟中義從、西羌八種，義從而明公擁之，以為爪牙，
譬驅虎兕以赴犬羊。七也。又明公將帥，皆中表腹心，周旋日久，恩信淳著，
忠誠可任，智謀可恃。以膠固之眾，膠亦固也。當解合之執，猶以烈風掃彼枯
葉。八也。夫戰有三亡，以亂攻理者亡，以邪攻正者亡，以逆攻順者亡。今明
公秉國平正，討滅宦豎，忠義克立。以此三德，持彼三亡，奉辭伐罪，誰敢御
之！九也。東州鄭玄學該古今，北海邴原清高直亮，皆儒生所仰，群士楷式。
彼諸將若詢其計劃，足知強弱。且燕、趙、齊、梁非不盛也，終滅於秦；吳、
楚七國非不眾也，卒敗滎陽。況今德政赫赫，股肱惟良，彼豈贊成其謀，造亂
長寇哉？其不然。十也。若其所陳少有可採，無事徵兵以驚天下，使患役之民
相聚為非，棄德恃眾，自虧威重。」卓乃悅，以公業為將軍，使統諸軍討擊關
東。」

〔9〕《三國志》卷十一《魏書十一・管寧傳》：「天下大亂，聞公孫度令行於海外，
　　遂與原及平原王烈等至於遼東。度虛館以候之。既往見度，乃廬於山谷。時避
　　難者多居郡南，而寧居北，示無遷志，後漸來從之。」

〔10〕《後漢書》卷七十《孔融傳》「論曰：昔諫大夫鄭昌有言：『山有猛獸者，藜藿
　　為之不採。』是以孔父正色，不容弒虐之謀；平仲立朝，有紓盜齊之望。若
　　夫文舉之高志直情，其足以動義概而忤雄心。故使移鼎之跡，事隔於人存；
　　代終之規，啟機於身後也。夫嚴氣正性，覆折而已。豈有員圜委屈，可以每
　　其生哉！懍懍焉，皓皓焉，其與琨玉秋霜比質可也。」

荀彧論

　　范氏謂荀彧「紓民倉卒，殺身成仁」〔1〕；袁宏謂荀彧「始救生人，終明風
概」〔2〕；裴松之謂彧「亡身殉節，志行義立」〔3〕；司馬溫公謂彧「功同管仲」
〔4〕；蘇子瞻謂彧「道似伯夷」〔5〕；本朝李文貞公謂彧「阻董昭以致殺身，亦
自可取」〔6〕；何義門謂彧「以爭九錫建國自殺，不可擠之附曹之列」〔7〕；錢竹
汀謂彧「第以身殉，非鍾繇、華歆伍」〔8〕。愚謂此皆為彧愚者也。
　　彧始為操奮武司馬，繼為操鎮東司馬，佐操以成大業。軍國之事，皆與

其謀。官渡之捷，冀州之平，操亦盛稱其功，表奏漢廷，而又進荀攸、鍾繇、郭嘉、陳群、杜襲、司馬懿、戲志才等。原於操以廣樹腹心，其為魏之元勳，漢之孟賊，無可疑者。其譽彧而為彧者，祇以彧拒董昭國公九錫之議耳。彧之言曰：「曹公本起義兵，以匡振漢朝，雖勳庸崇著，猶秉忠貞之節。君子愛人以德，不宜如此。」夫操之非忠貞也，無智愚皆知之，豈有彧之文明映心、靈鑒洞照而反不知者？操之弒皇后而及皇子，彧所不及見者無論也。挾天子以令諸侯，彧不知其非者無論也。若操殺臺崇、馮碩、董承、孔融、趙彥等，急除異己以張凶威；一入洛陽，自領司隸校尉，錄尚書事；一入許都，自為司空，百官總己以聽；平冀部而自領州牧，罷三公而自為丞相，凡帝宮宿衛兵侍皆曹氏黨舊戚姻，綴旒其君，威福自擅；此皆彧之所及見，而明知其非者也。吾不知彧所謂「秉忠貞之節」者，果何所見而云然也。且彧謂操之言曰：「高祖保關中，光武據河內，皆深根固本以制天下。兗州，天下之要地，而將軍之關河。」厥後官渡相持，彧又引劉、項成皋之事為喻。假令操果忠貞為懷，不應贊以高、光之事。彧果愛操以德，不應為此誃逆之言。以彧之言，證彧之言，而知其說之非出於本心也明矣。然則彧何為而有此言也？將毋如孟子所謂平旦之氣之未嘗盡泯者乎？抑如趙敬襄所謂遲加九錫欲取果於熟乎？曰：皆非也。此正彧之善於媚操也。

夫董昭議加九錫，距曹操讓還三縣僅二歲耳。操之言曰：「孤欲為國家討賊立功，使題墓道曰漢故征西將軍曹侯之墓，此其志也。後領兗州，破黃巾，沮袁術，摧袁紹，定劉表，遂平天下，身為宰相，人臣之貴已極。彧見孤盛，妄相忖度，每用耿耿。齊桓、晉文所以垂稱至今日者，以其兵勢廣大，猶能奉事周室也。封兼四縣，何德堪之，今讓還三縣，且以分損謗議。」操言如此，彧耳聞之，而心儀之也久矣。操恐人之疑，詭為忠貞之說以欺世。彧知操之偽，詭為忠貞之說以媚操。操因一時詭說，致彧之附和，遂緩殊禮之加，此操之智所不及料。彧因一時詭說，致操之猜恨，遂成不身之禍，此又彧之智所不及料也。夫以操機智所不能解其意者，千百載後，如袁宏、范蔚宗、裴松之、司馬光、蘇軾之倫，又何從而測其心哉！彧之卒也，獻帝哀悼，祖日為之廢醮樂，諡曰敬侯。度彧必有論為恭順，既不使操疑其貳，而又能使漢帝信其忠者。此真小人之尤，其奸譎不在曹操下也。諸譽彧之論，楊龜山〔9〕、朱文公〔10〕、胡致堂〔9〕、丁南湖〔9〕、尹起莘〔9〕等已極辨其非，予不復論。第即其所以得譽者，推見其隱而論之。

【校記】

① 哀，原作「袁」。《後漢書》卷七十《荀彧傳》：「至濡須，彧疾留壽春。操饋之
　食，發視，乃空器也，於是飲藥而卒，時年五十。帝哀惜之，祖日為之廢讌樂，
　諡曰敬侯。」據改。

【疏證】

〔1〕《後漢書》卷七十《荀彧傳》：「論曰：自遷帝西京，山東騰沸，天下之命倒縣
　矣。荀君乃越河、冀，閒關以從曹氏。察其定舉措，立言策，崇明王略，以急
　國艱，豈云因亂假義，以就違正之謀乎？誠仁為己任，期紓民於倉卒也。及阻
　董昭之議，以致非命，豈數也夫！世言荀君者，通塞或過矣。常以為中賢以下，
　道無求備，智算有所研疏，原始未必要末。斯理之不可全詰者也。夫以衛賜之
　賢，一說而斃兩國。彼非薄於仁而欲之，蓋有全必有喪也，斯又功之不兼者也。
　方時運之屯邅，非雄才無以濟其溺，功高執強，則皇器自移矣。此又時之不可
　並也。蓋取其歸正而已，亦殺身以成仁之義也。」

〔2〕《文選》卷四十七袁彥伯《三國名臣序贊》：「英英文若，靈鑒洞照。應變知微，
　探賾賞要。日月在躬，隱之彌曜。文明映心，鑽之愈妙。滄海橫流，玉石同碎。
　達人兼善，廢己存愛。謀解時紛，功濟宇內。始救生人，終明風概。」

〔3〕《三國志》卷十《魏書十·荀彧荀攸賈詡傳》：「評曰：荀彧清秀通雅，有王佐
　之風，然機鑒先識，未能充其志也。」裴松之《注》：「世之論者，多譏彧協規
　魏氏，以傾漢祚；君臣易位，實彧之由。雖晚節立異，無救運移；功既違義，
　識亦疚焉。陳氏此評，蓋亦同乎世識。臣松之以為斯言之作，誠未得其遠大者
　也。彧豈不知魏武之志氣，非衰漢之貞臣哉？良以於時王道既微，橫流已極，
　雄豪虎視，人懷異心，不有撥亂之資，仗順之略，則漢室之亡忽諸，黔首之類
　殄矣。夫欲翼贊時英，一匡屯運，非斯人之與而誰與哉？是故經綸急病，若救
　身首，用能動於嶮中，至於大亨，蒼生蒙舟航之接，劉宗延二紀之祚，豈非荀
　生之本圖，仁恕之遠致乎？及至霸業既隆，翦漢跡著，然後亡身殉節，以申素
　情，全大正於當年，布誠心於百代，可謂任重道遠，志行義立。謂之未充，其
　殆誣歟！」

〔4〕《資治通鑒》卷六十六《漢紀五十八》：「臣光曰：孔子之言仁也重矣，自子
　路、冉求、公西赤門人之高第，令尹子文、陳文子諸侯之賢大夫，皆不足以當
　之，而獨稱管仲之仁，豈非以其輔佐齊桓，大濟生民乎！齊桓之行若狗彘，管
　仲不羞而相之，其志蓋以非桓公則生民不可得而濟也，漢末大亂，群生塗炭，

自非高世之才不能濟也。然則荀彧捨魏武將誰事哉！齊桓之時，周室雖衰，未若建安之初也。建安之初，四海蕩覆，尺土一民，皆非漢有。荀彧佐魏武而興之，舉賢用能，訓卒厲兵，決機發策，征伐四克，遂能以弱為強，化亂為治，十分天下而有其八，其功豈在管仲之後乎！管仲不死子糾而荀彧死漢室，其仁復居管仲之先矣！而杜牧乃以為『彧之勸魏武取兗州則比之高、光，官渡不令還許則比之楚、漢，及事就功畢，乃欲邀名於漢代，譬之教盜穴牆發匱而不與同挈，得不為盜乎？』臣以為孔子稱『文勝質則史』，凡為史者記人之言，必有以文之。然則比魏武於高、光、楚、漢者，史氏之文也，豈皆彧口所言邪！用是貶彧，非其罪矣。且使魏武為帝，則彧為佐命元功，與蕭何同賞矣；彧不利此而利於殺身以邀名，豈人情乎！」

〔5〕蘇軾《志林・論古》：「漢末大亂，豪傑並起，荀文若聖人之徒也，以為非曹操莫與定海內，故起而佐之。所以與操謀者，皆王者之事也。文若豈教操反者哉！以仁義救天下，天下既平，神器自至，將不得已而受之，不至不取也，此文王之道，文若之心也。及操謀九錫，則文若死之。故吾嘗以文若為聖人之徒者，以其才似張子房，而道似伯夷也。」（宋）黃震《黃氏日鈔》卷六十二《讀文集・志林》：「蘇子謂武王非聖人，孔子所不敢言也，謂孔氏之家法，孟軻始亂之，儒者所不忍言也。謂荀文若為聖人之徒，自昔立議論者無此言也。於武王、孟子何損，於荀文若何益，獨可為蘇子惜耳！」

〔6〕（清）李光地《榕村語錄錄》卷二十二：「朱子謂陳羣為賊佐命，詞嚴而義正。荀攸自應入此例。彧雖為操謀主，至與操謀篡，必無其事。彧之侍中原是漢官，未嘗仕操。操建國稱魏，則彧死而後操為之。彧阻董昭以致殺身一節，亦自可取。若其婚於宦官，則彧方二歲，其父為之耳。彧之罪當從末減。」

〔7〕王應麟《困學紀聞》卷十三《考史》：「晉傅玄曰：『魏武好法術，而天下貴刑名；魏文慕通達，而天下賤守節。』然則放曠之風，魏文實倡之。程子謂：『東漢之士，知名節而不知節之以禮，遂至苦節。苦節既極，故魏、晉之士變而為曠蕩。』愚謂東都之季，彧附曹，群忘漢，荃蕙化為茅矣，苦節之士安在哉？傅玄之言得之。」何焯《注》：「彧以爭九錫建國自殺，豈可擠之附曹之列？南宋人有持論過峻而反使亂臣賊子法無可加者，此類是也。然其病皆生於讀書不詳考本末。」

〔8〕錢大昕之說，出處未詳，俟考。

〔9〕（宋）楊時《龜山集》卷十《語錄・荀彧》：厲王流彘，周、召二公共和為政，

延及宣王，卒有中興之功。天下之存亡，豈不以其人哉！當桓、靈之衰，其禍
未甚於流彘也。董卓之亂，天之未厭漢德，豈有異於共和之時乎？而議者謂曹
公非取天下於漢，其說非也。方曹公以強忍之姿，因亂假義，挾主威以令諸侯，
其包藏禍心，天下庸人知之矣。而荀彧間關河冀，擇其所歸，卒從曹氏，志欲
扶義奮謀，以舒倒懸之急。跡其行事，可謂勇智兼人矣。乃獨不知曹氏之無君
乎？其拒董昭之議，何也？夫豈誠有忠貞之節歟？抑以晚節蓋之歟？由前則
不智，由後則不忠。不智不忠，而求免於亂臣，宜乎其難矣！嗚呼！荀彧安得
無罪歟！觀其臨大謀，操弄強敵於股掌之間，輔成曹氏霸業，至其威加海內，
下陵上逼，乃欲潛杜其不軌，是猶狂瀾潰堤以成滔天之勢，而後徐以一葦障
之，尚可得乎？而范曄猶謂彧有殺身成仁之美，吾不知其說也。

〔10〕（宋）朱熹《晦庵先生朱文公文集》卷三十：「蘇氏之學雖與王氏若有不同者，
　　　然其不知道而自以為是，則均焉。（下略）至乃謂湯、武篡弒，而盛稱荀彧，
　　　以為聖人之徒。凡若此類，皆逞其私邪，無復忌憚，不在王氏之下。」

【集說】

方東樹《考槃集文錄》卷一《荀彧論》〔註1〕

《易・鼎》之二曰：「鼎有實，我仇有疾，不我能即，吉」。夫子釋之曰：
「鼎有實，慎所之也」。嗟乎！此先聖後聖所以傳心，而獨得言外之意與？人
情闒茸無能，固不知有所謂實之說矣。及其才足干時，而汲汲然思一試於用，
而以名世焉。此其意宜無惡於天下，而卒之身喪名辱，為天下後世戮笑，非
其才之未美，而其識之不精也。聖人吾不復論之矣，三代而後，惟諸葛孔明
為能不悖於義耳。子房、景略，其於伊尹之志抑有聞矣，然猶能我仇不即，彼
文若者豈可同年而並語哉！司馬溫公夷齊桓於狗彘，先荀彧於管仲，可謂謬
妄失實，悖於是非之談矣。其言曰：「彧佐魏武，以亂為治，征伐四克，十分
天下而有其八。」夫當魏武之世，胥匡之治果能及管仲之烈乎？征伐四克，
果皆出民於水火乎？且天下固漢之天下也，而又誰有其八乎？是魏武終其身
不肯篡漢，而溫公固代為篡之與？操欲取徐州，彧實稱高光以例其事。而溫
公以為，史氏之文，是猶以獨掌翳日，而欺天下以無明。且溫公以彧捨魏武
無事，而有興漢之功。若是，則彧又何以死為也。許其死漢為仁，則不得以事

〔註1〕方東樹《方東樹集》，嚴雲綬、施立業、江小角主編《桐城派名家文集》第1
　　冊，安徽教育出版社2014年版，第193～194頁。

魏為是。或曰：「或固未嘗臣魏也，其所帶侍中尚書令，政漢官耳。彼惟不肯臣魏，故以一死明節。夫君子見微知著，以或之明，而不能審魏武之行之所極，何以為智者？藉使管仲於九合之日，仰藥以死，其得為忠於糾乎？此又不通之論也。嗟乎！由或而類之，則為杜欽，谷永；由或而降之，則為揚雄，劉歆；由或而極之，則為王偉，張均，張埙。夫本以輔世安民之學，而卒與亂臣賊子同科，豈非講之不明，而守之不固哉！是故君子必自重其身，以待大有為之君之致敬盡禮也。其尊得樂義，不如是不足與有焉。行一不義，殺一不辜，而得天下不為也。若謂亂離之世，非一道所能定，而因以苟且，藉手為教盜穴牆之謀，則亦為盜而已。君子亦惟於貪權藉勢之私克之，庶知所自立乎！

自記云：荀文若、方望、張定邊不為無才，而皆昧於正。以視伊、望、子房、武侯何如？千載下自有定論，非以成敗論英雄也。而李太白亦不可恕矣。

余廷燦《荀彧論》〔註2〕

「荀彧之死也，非死於操也。彧父緄畏憚宦官，為彧婆中常侍唐衡女。史稱彧少有才名，故得免於譏議。咄哉！緄之為彧謀也！史之為彧諱也！夫譏議之得免與不得免固其小焉者。傳曰：人各有耦。又曰：子之能仕，父教之忠。夫東漢宦豎橫流，禍在衣冠，危在社稷。一時賢人君子疇不浼焉若棄糞土，蟄焉若莝蜂蠆。緄啟邪心，乃至姻婭閹寺，以為奧援憑依，大倫失正，開家隳型，是以黨婚而父教子貳也。且緄之教其子託身於衡，即何異緄之教其子委身於操哉！何則？操亦贅閹遺醜耳。穎川荀氏累世名德，彧既負雋望，又列漢臣，何忽甘心為操子房，指麾謀畫，而崎嶇河冀，間關周旋，以贊其業，盛其威，曾是一無所顧藉者？蓋淄澠之合，入焉則化；干鏌之利，頓焉則靡。其所由來者漸矣。及後操業將成，謀備九襲，進爵漢公，彧乃始畏恤人言，與董昭異議，思持正進規，詭託名義以自晚蓋，而不知中鈎而遊，久隨竿近遠，聊一鼓鬣怒鬐，徒速其死，勢固然耳。飲藥壽春，卒飽毒手。嗟乎！殺彧者操，而致彧殺者非操也。當緄之教其子，託身於衡以為遺之安者，即所以遺之死也。操特為其刀俎耳，君子於操又何責焉！」

（清）賀貽孫《水田居文集》卷二《荀彧論》〔註3〕

荀彧勸操奉迎漢帝，為操謀主者幾二十年。及董昭議尊操為魏公，加九

〔註2〕余廷燦《存吾文稿》，《清代詩文集彙編》第365冊，第410頁。
〔註3〕《清代詩文集彙編》第21冊，上海古籍出版社2010年版，第451～452頁。

錫，乃以忠貞退讓為言，不已晚乎？君子曰：傷哉，彧之志苦而遇屯也！董卓之亂，群奸竊發，明叛天子。獨一曹操猶知收人望以濟己事，故捨袁歸曹，首建奉迎之策。迨入洛陽，劫帝遷許，不謀之彧，而問董昭。操之厚昭薄彧，非一日矣。蓋劫遷之後，矯竊威福，政由曹氏者，董昭濟奸之罪，然猶得剪除凶逆。延建安二十五年之祀者，苟彧首謀奉迎之功也。及操挾屢勝之威，復七州之地，握刀必割，騎虎難下，勳高勢強，神器暗移。彧當此時，無如操何矣。彼非不知操有內志，而漫以忠貞退讓之言進也，特以操方好名而喜功，姑以是言微動其隱而陰緩其事，以為曠日持久，群雄悉芟，然後雍容謙遜，坐而受之。讓之愈固，得之愈安。所以為操，而四百苟延，一線尚繫，所以為漢。噫！彧之心苦矣。及九錫既加，漢祚漸促，雖欲不飲藥，不可得矣。傷哉！且夫群臣翊戴之謀，與彧退讓之志，其冰炭豈待此時哉？蓋必有規諷於先者矣。操之始稱冀州牧也，僉謂冀地廣大，天下易服，可遵古制。彧獨謂宜先定河內，修復寢廟，南伐楚郢，責王貢之不供，天下大定，乃議古制。其沮之之意固已深矣。夫安知操從其言，不即疑其心乎？又安知他日之增封邑，授正司，非餌彧為九錫之舉？而彧之固辭屢讓，非觸其私而中其忌乎？然則空器之發，由來漸矣。後世張承業欲止沙陀稱帝，乃勸存勖先滅朱氏，報列聖之深讎，擇唐後而立之，南取吳，西取蜀，天下一家，雖大祖、大宗復生，誰能居王上者？蓋亦遠其期以緩之也。嗟夫！賢者不幸失身亂賊，而隱忍權宜以爭其主，旦夕之命，爭之不得，以死繼之。甚矣，其志苦而遇屯也！論者不察，指彧為教操盜漢，豈非冤哉？

諸葛誕論上

漢後帝建興二十年夏四月，據《魏書‧高貴鄉公紀》及《諸葛誕傳》，當作五月。《綱目》大書「魏揚①州都督諸葛誕起兵討司馬昭。」愚以為昭之當討明矣，然誕非討昭者也。曩者，魏揚州都督毋邱儉與揚州刺史文欽嘗起兵討司馬師矣，移書郡國，數其罪狀，誕未有一檄罪狀司馬昭也。儉、欽又上表魏朝，歷數司馬師十有一罪，謂宜加大辟，以彰奸慝。誕有表，止委罪樂綝，未有一字罪狀司馬昭也。然則誕當日何曾有討昭之語哉！非惟無討昭之語，亦實無討昭之心。本傳言「誕既與玄②、颺等至親，又王凌、毋邱儉累見夷滅，懼不自安」；又言「求臨淮築城以備寇，內欲保有淮南」；又言「二年五月，徵為司空。誕被詔書，愈恐，遂反」。然則誕特為自全之計耳，曷嘗憂當途之失政，

憤典午之專橫，而欲靳元兇以安國命哉！

　　且儉、誕傳檄討師，可以箝師之口。誕若傳檄討昭，無以服昭之心。誕嘗斬儉、欽之使，又露佈天下，聲儉、欽凶逆之罪。夫既以儉、欽之討師為凶逆，己若討昭則亦凶逆也。既目儉、欽為凶逆，必稱司馬氏為忠順。前既以為忠順而助之，後復以為凶逆而討之，其辭必遁，烏足以服昭之心哉！誕討昭無辭，而昭討誕反有辭矣。誕表有言：「若聖朝明臣，臣即魏臣。若不明臣，臣即吳臣。」挾敵懷貳，叛背顯然，此其可討者一也。儉起兵時，遣子宗四人入吳，而未嘗稱臣於吳也。誕遣長史吳綱將小子靚至吳請救，隨受吳官，是與昭為敵者，非魏之揚州都督，實吳之青州牧也；非魏之征東大將軍，實吳之驃騎將軍也。既是吳官，為魏敵，此其可討者二也。《高貴鄉公紀》不載討儉、欽之詔，而討誕之詔則皆載之，一則曰諸葛誕造為凶亂，再則曰諸葛誕造構逆亂。延祚之意，非亦以誕之起兵未可與儉、欽同日語哉！而《綱目》顧予其討賊，何也？以《魏末傳》載誕歷聲責賈充「不當以魏室輸人。若洛中有難，當死之」數語，忠義凜然，故書起兵書討以予之。誕果能為此言，何難上表討詔，裴松之已疑其不然〔1〕。《綱目》採之，過矣。

　　王伯厚謂「誕欲討昭不成，千載猶有生氣」。蓋亦為《魏末傳》所誤，先生此論，足匡《綱目》之失。受業唐德潛謹注。

【校記】

　①　揚，原作「楊」，據《通鑑綱目》卷十六改。

　②　玄，即夏侯玄。原避諱作「元」。

【疏證】

〔1〕《三國志》卷二十八《魏書二十八・諸葛誕傳》：「誕被詔書，愈恐，遂反。召會諸將，自出攻揚州刺史樂綝，殺之。」裴松之《注》：「《魏末傳》曰：『賈充與誕相見，談說時事，因謂誕曰：『洛中諸賢，皆願禪代，君所知也。君以為云何？』誕厲色曰：『卿非賈豫州子？世受魏恩，如何負國，欲以魏室輸人乎？非吾所忍聞。若洛中有難，吾當死之。』充默然。誕既被徵，請諸牙門置酒飲宴，呼牙門從兵，皆賜酒令醉，謂眾人曰：『前作千人鎧仗始成，欲以擊賊，今當還洛，不復得用，欲曁出，將見人遊戲，須臾還耳。諸君且止。』乃嚴鼓將士七百人出。樂綝聞之，閉州門。誕歷南門宣言曰：『當還洛邑，曁出遊戲，揚州何為閉門見備？』前至東門，東門復閉，乃使兵緣城攻門，州人悉走，因

風放火，焚其府庫，遂殺綝。誕表曰：『臣受國重任，統兵在東。揚州刺史樂
綝專詐，說臣與吳交通，又言被詔當代臣位，無狀日久。臣奉國命，以死自立，
終無異端。忿綝不忠，輒將步騎七百人，以今月六日討綝，即日斬首，函頭驛
馬傳送。若聖朝明臣，臣即魏臣；不明臣，臣即吳臣。不勝發憤有日，謹拜表
陳愚，悲感泣血，哽咽斷絕，不知所如，乞朝廷察臣至誠。』」臣松之以為《魏
末傳》所言，率皆鄙陋。疑誕表言曲，不至於此也。」

〔2〕王應麟《困學紀聞》卷十三《考史》：「魏以不仁得國，而司馬氏父子世執其
柄。然節義之臣釁巨奸之鋩，若王凌以壽春欲誅懿而不克，文欽、毋丘儉以淮
南欲誅師而不遂，諸葛誕又以壽春欲誅昭而不成，千載猶有生氣。魏為有臣
矣。」

諸葛誕論下

諸葛誕之起兵壽春，抗拒司馬昭也。有可以敵昭者二，有可以勝昭者二，
欲行而勢不能者亦有二，而卒至兵敗城破，身死於昭者，其失計亦有二。

何以言其可以敵昭也？昭有王基、陳騫、州泰諸藩鎮之助，誕亦有文欽
父子與吳人之援。此可以敵昭者一也。司馬昭督中外諸軍，共二十六萬，可
謂眾矣。然誕統淮南北郡縣屯田，兵十餘萬，揚州新附兵四五萬，又有吳將
全懌、全端、唐諮、王祚等兵三萬，合計之不下二十萬。此可以敵昭者二也。

何以言其可以勝昭也？昭兵雖眾，史不言其精銳。若誕所統，則皆兩淮
勁旅也。《魏志·王基傳》曰：「諸葛誕反，基以本官行鎮東將軍，都督揚豫州
諸軍事。時大軍在項，以賊兵精，詔基斂軍堅壘」，則誕之兵精固昭所憚也。
此可以勝昭者一也。誕在淮南，傾帑藏賑施，以結眾心，厚養死士數千人。其
亡也，麾下數百人以不降見斬者，曰：「為諸葛公死，不恨。」時人比之田橫，
其深得人心如此。〔1〕司馬氏弗逮遠矣。此可以勝昭者二也。

何以言欲行而勢不能也？毋邱儉、文欽之起兵討賊也，移書郡國，罪狀
司馬師，此新城三老董公所謂「兵出無名，事故不成。明其為賊，敵乃可服」
〔2〕也。誕豈見不及此？然向者戮欽、儉之使，曾露佈天下，數其凶逆，今復
傳檄聲典午凶逆之罪，天下其誰信之？此必不能行者一也。凡雄傑起事，必
有所立，以資號召。王凌與其甥嘗謀立楚王彪矣。此即爾朱榮立長樂王子攸，
高歡立渤海太守元朗之計也。誕豈見不及此？然自司馬懿殺楚王彪後，悉簿
錄魏公宗室置鄴，曷由召至壽春而立之？此必不能行者二也。

曷以言其失計也？天下未有嬰城自守而不敗者。漢末公孫瓚為鮮于輔所敗，築易京高數十丈，積穀三百萬斛，自謂食盡此穀，可以待天下之事矣。未及數年，為袁紹所滅，縱火自焚。此事距誕未遠，誕豈不聞之？為誕計，宜使吳軍三萬屯壽春城外為犄角，自統兵數萬守壽春，而命文欽、文鴦率精兵十萬急攻邱頭，乘其未定，捇其不備，以善戰之將軍率效死之兵，未始不可以勝昭。計不出此，預為公孫瓚積穀自守之計，固已自挫其銳而示人以弱矣。此其失計一也。晉王李克用之討李存孝也，將兵傅其城，掘塹圍之。存孝出兵衝擊，塹不得成，裨將袁奉韜使人說存孝曰：「公所畏者晉王爾。王俟塹成，留兵去。諸將非公敵也。」存孝以為然，聽其成塹。塹成，深溝高壘不可越，存孝遂窘，食盡出降。存孝粗猛武夫，故為奉韜所愚。若誕之聽昭成塹，豈有紿之者乎？王基、陳騫等圍壽春，表裏再重，塹壘甚峻，此豈旬日可就？為誕計，宜急出兵突擊，旦夕合戰，使彼溝壘不成，城中二十萬眾不致坐困。誕不出此，逆料雨潦淮溢，不出攻壘，而待其自敗〔3〕。及重圍既合，始一再出犯，欲決圍而出，皆大敗而返。日益饑困，智勇俱窮，吳兵遂鼓昭而入。其與存孝之致敗何異！此其失計二也。

至於拒文欽，出北人省食之計，竟疑而殺之，致欽之子鴦、虎踰城歸昭。此雖誕之失計，然在南圍大敗之後，其時即不殺欽，已若籠鳥穽獸，不可為矣。此與蔣班、焦彝之見棄出降，皆非存亡所繫。吾是以不為誕咎也。陳壽稱「誕嚴毅威重」，跡其舉措，不類所云。四聰八達〔4〕，互相題表。聚會神巫，淫祀求福〔5〕。蓋誕本浮華昏惑之流，而非英武敏銳，長於兵事者也。然誕死，而昭始敢稱晉公，加九錫，誕亦庶幾魏之柱石也哉！

【疏證】

〔1〕《諸葛誕傳》：「誕既與玄、颺等至親，又王凌、毌丘儉累見夷滅，懼不自安，傾帑藏振施以結眾心，厚養親附及揚州輕俠者數千人為死士。」又，「大將軍司馬胡奮部兵逆擊，斬誕，傳首，夷三族。誕麾下數百人，坐不降見斬，皆曰：『為諸葛公死，不恨。』其得人心如此。」裴松之《注》：「干寶《晉紀》曰：『數百人拱手為列，每斬一人，輒降之，竟不變，至盡，時人比之田橫。』」

〔2〕《漢書》卷一上《高帝紀上》：「三月，漢王自臨晉渡河。魏王豹降，將兵從。下河內，虜殷王卬，置河內郡。至脩武，陳平亡楚來降。漢王與語，說之，使參乘，監諸將。南渡平陰津，至洛陽，新城三老董公遮說漢王曰：『臣聞順德者昌，逆德者亡，兵出無名，事故不成。故曰：明其為賊，敵乃可服。』」

〔3〕《諸葛誕傳》:「初圍壽春，議者多欲急攻之，大將軍以為:『城固而眾多，攻之必力屈，若有外寇，表裏受敵，此危道也。今三叛相聚於孤城之中，天其或者將使同就戮，吾當以全策縻之，可坐而制也。』誕以二年五月反，三年二月破滅。六軍按甲，深溝高壘，而誕自困，竟不煩攻而克。」裴松之《注》:「干寶《晉紀》曰:『初，壽春每歲雨潦，淮水溢，常淹城邑。故文王之築圍也，誕笑之曰:『是固不攻而自敗也。』及大軍之攻，亢旱逾年。城既陷，是日大雨，圍壘皆毀。』」

〔4〕《諸葛誕傳》:「累遷御史中丞、尚書，與夏侯玄、鄧颺等相善，收名朝廷，京都翕然。言事者以誕、颺等脩浮華，合虛譽，漸不可長。明帝惡之，免誕官。」裴松之《注》:「《世語》曰:『是時，當世俊士散騎常侍夏侯玄、尚書諸葛誕、鄧颺之徒，共相題表，以玄、疇四人為四聰，誕、備八人為八達，中書監劉放子熙、孫資子密、吏部尚書衛臻子烈三人，咸不及比，以父居勢位，容之為三豫，凡十五人。帝以構長浮華，皆免官廢錮。』」（宋）蕭常《續後漢書》卷三十七《魏載記第四·盧毓傳》:「初，諸葛誕、鄧颺等有名當世，有四聰八達之目。」

〔5〕《諸葛誕傳》:「誕、欽屠戮，詣亦生禽，三叛皆獲，天下快焉。」裴松之《注》:「《傅子》曰:『宋建椎牛禱賽，終自焚滅。文欽日祠祭事天，斬於人手。諸葛誕夫婦聚會神巫，淫祀求福，伏屍淮南，舉族誅夷。此天下所共見，足為明鑒也。』」

【集說】

（清）王源《居業堂文集》卷九《諸葛誕論》〔註4〕

「城高池深，守禦備固，攻之不克，又有外援，宜可以必勝而無敗。然或有為敵所困，終於破陷，一舉而兩亡者，固敵之善攻，亦不善救者之過也。救之道二:勢欲合，兵欲分。嬰城固守，力不能戰，所恃外援，而勢不相合，固無濟。然所貴乎外援，以中外夾擊，成掎角之勢，然後其圍可解。使合兵拒守，則敵無外懼，得並力攻圍，與無援何異哉？吾讀史至諸葛誕見滅於司馬昭，知其故之由於此也。誕據壽春以討司馬，而求援於吳。吳遣兵三萬救之，入其城，司馬昭四面合圍，深塹固壘以守，誕與吳將數犯圍，不得出，食盡力窮，城遂陷。使當日吳兵築壘近郊，與城中相應，則其圍必不得成，而堅壁不

〔註4〕《畿輔叢書》本。

出，以挫其銳，分遣奇兵抄其餽餉，俟其師老氣沮，然後合而擊之，亦安見壽春不可救，而昭之必不可以敗？宇文悉獨官圍慕容廆，廆召其子翰於徒河，翰曰：『今城中之眾，足以禦寇。翰請為奇兵於外，伺其閒而擊之，內外俱奮，破之必矣。今並兵為一，彼得專意攻城，無復他虞，非策之得者也？』後廆出兵大戰，翰將千餘騎從旁直入其營，縱火焚之，官遂大敗。齊陳伯之攻壽陽，魏彭城王勰拒守，傅永將兵救之，勰令永入城。永曰：『此來欲以卻敵。若如教旨，乃是與殿下同受攻圍，豈救援之意？』遂軍於城外，而大破伯之。曩使翰、永從廆、勰之命，則必蹈吳人之轍，而諸葛誕之禍且再見於廆、勰矣。故善攻者，非拒其援兵，使不得合，則縱之入城，使不得分。吳西陵督步闡叛，陸抗遣兵赴之，築嚴圍，內以圍闡，外以禦敵，晉救至，不得入，大敗而歸，遂拔西陵。宋圍太原，契丹救之，太宗遣兵拒契丹於險，契丹敗而太原遂下。此所謂拒之使不得合者也。成李壽攻朱提，晉寧州刺史尹奉，遣霍彪引兵助之。壽欲逆拒之，費黑曰：『城中食少，宜使彪入城，共消其穀，何為拒之？』壽從之。後三月而朱提拔。此所謂縱之入城使不得分者也。自非然者，攻既不可卒拔，外援又至，勢合而兵分，表裏受敵，雖有百萬，何濟於事？此劉曜所以見禽於石勒、馬燧攻魏博而無功、張敬達大敗於晉陽、馮延魯兵潰於閩海也。」

韋皋以南詔擊吐蕃論

鮮于仲通帥蜀，而南詔與吐蕃合。韋南康帥蜀，而南詔與唐合。與吐蕃合，而唐之沒於南詔者一，留後二十萬眾。與唐合，而吐蕃之沒於南詔者五，王十餘萬眾。南詔在吐蕃則吐蕃強，去吐蕃則吐蕃弱。一舉足便有輕重，此兩國之所必爭。故使吐蕃得有南詔者，唐人之失計也。使唐人得有南詔者，吐蕃之失計也。綜仲通所以失南詔，與韋皋所以得南詔者，其本原在知夷情與不知夷情而已。夫南詔所以棄吐蕃來歸者，其故有四，而南康之招諭群蠻不與焉。

當仲通將兵八萬討南詔，南詔王閣羅鳳遣使謝罪，請歸俘掠。仲通不許，囚其使，南詔遂北臣吐蕃，然猶樹碑國門，自敘不得已而叛唐，且言世受唐封，後世容復歸唐，當指碑以示唐使。異牟尋繼祖而王，豈忘祖訓？此其欲歸唐者一。大抵不懷德而畏威者，戎夷之恒情也。異牟尋即位之初，與吐蕃合兵三道入寇，曲環大破之，李晟復大破之，殺其兵共八九萬人，身受大挫

而有畏唐之心。此其欲歸唐者二。吐蕃每入寇，以南詔兵為先鋒。賦斂重，歲徵兵助防，又奪其險要地立城堡，南詔苦之久矣。此其欲歸唐者三。西瀘令鄭回，異牟尋之師，而又其父鳳迦異之師也；為清平官，而又異牟尋之相也。既愛重其人，不能不信從其言。聞回中國有惠澤、無賦役之說，心動久矣。此其欲歸唐者四。

　　此異牟尋之隱情，不特吐蕃未之知，即唐臣亦多未之知也。向者，鮮于仲通唯不知閣羅鳳之情，故因其使而激之叛。今者，韋忠武唯知異牟尋之情，故納其使而代為請。向使慮其反覆無信，又或惟其要求無厭，不奏請招納，而奏請絕之，是以仲通拒閣羅鳳者拒異牟尋也。何由孤吐蕃之黨常而分其勢，驅南詔之眾而破其兵、奪其城哉！然則忠武之智識，誠加人一等矣。俗儒華夏自尊，痛絕異類，於其技之長短、地之險夷、勢之強弱、情知向背，一無聞見，如人鬼幽明之隔。一旦高牙大纛坐鎮疆圉，與之交涉則疑信皆乖，與之交際則卑亢同謬，又何由服其心而使之樂為我用乎？故人僅服忠武之能用夷兵，吾尤多忠武之能識夷情也。

　　元微之詩云：「自居劇鎮無他績，幸得蠻來固恩寵。」〔1〕蓋刺象也。白樂天詩云：「蠻子朝，泛皮船兮渡繩橋，來自巂州道路遙。入界先經蜀川過，蜀將收功先表賀。」〔1〕亦刺象也。然白詩又云：「開元皇帝雖聖神，惟蠻崛強不來賓。鮮于仲通六萬卒，征蠻一陣全軍沒。至今西洱河岸邊，劍孔刀痕滿枯骨。誰知今日慕華風，不勞一人蠻自通。」〔1〕先後相形，失得何啻霄壤。南康所以居功者，或未盡其道，然其功究不可沒也。文主能識夷情，立論最為扼要。漢趙充國通知四夷事，常惠、鄭吉、陳湯皆能明習外國事。今日中朝守舊士大夫，不知夷事，不識夷情，正如契丹主所言：「宋人於我國事，如隔十重煙霧」者也。憤憤於胸，囂囂於喉，言戰言和，同掃屬國而已。受業左棨謹注。

【疏證】

〔1〕（唐）元稹《元氏長慶集》卷二十四《蠻子朝》。

〔2〕（唐）白居易《白氏長慶集》卷三《蠻子朝》。

〔3〕同上。

【集說】

《舊唐書》卷一百九十七《南詔蠻列傳》

南詔蠻，本烏蠻之別種也，姓蒙氏。蠻謂王為詔。自言哀牢之後，代居

蒙舍州為渠帥，在漢永昌故郡東，姚州之西。其先渠帥有六，自號「六詔」，兵力相埒，各有君長，無統帥。蜀時為諸葛亮所征，皆臣服之。國初有蒙舍龍，生迦獨龐。迦獨生細奴邏，高宗時來朝。細奴邏生邏盛，武后時來朝。其妻方娠，邏盛次姚州，聞妻生子，曰：「吾且有子，死於唐地足矣。」子名曰盛邏皮。邏盛至京師，賜錦袍金帶歸國。

開元初，邏盛死，子盛邏皮立。盛邏皮死，子皮邏閣立。二十六年，詔授特進，封越國公，賜名曰歸義。其後破洱河蠻，以功策授雲南王。歸義漸強盛，餘五詔浸弱。先是，劍南節度使王昱受歸義略，奏六詔合為一詔。歸義既並五詔，服群蠻，破吐蕃之眾，兵日以驕大。每入觀，朝廷亦加禮異。

二十七年，徙居大和城。天寶四載，歸義遣孫鳳迦異來朝，授鴻臚卿。歸國，恩賜甚厚，歸義意望亦高。時劍南節度使章仇兼瓊遣使至雲南，與歸義言語不相得，歸義常銜之。

七年，歸義卒，詔立子閣羅鳳襲雲南王。無何，鮮于仲通為劍南節度使，張虔陀為雲南太守。仲通褊急寡謀，虔陀矯詐，待之不以禮。舊事，南詔常與其妻子謁見都督，虔陀皆私之。有所徵求，閣羅鳳多不應，虔陀遣人罵辱之，仍密奏其罪惡。閣羅鳳忿怨，因發兵反攻，圍虔陀，殺之，時天寶九年也。

明年，仲通率兵出戎、嶲州。閣羅鳳遣使謝罪，仍與雲南錄事參軍姜如芝俱來，請還其所虜掠，且言：「吐蕃大兵壓境，若不許，當歸命吐蕃，雲南之地，非唐所有也。」仲通不許，囚其使，進兵逼大和城，為南詔所敗。自是閣羅鳳北臣吐蕃。吐蕃令閣羅鳳為贊普鍾，號曰東帝，給以金印。蠻謂弟為鍾，時天寶十一年也。十二年，劍南節度使楊國忠執國政，仍奏徵天下兵，俾留後、侍御史李宓將十餘萬，輦餉者在外。涉海，瘴死者相屬於路，天下始騷然苦之。宓覆敗於大和城北，死者十八、九。會安祿山反，閣羅鳳乘釁攻陷嶲州及會同軍，西復降尋傳蠻。

大曆十四年，閣羅鳳子鳳迦異先閣羅鳳死，立迦異子，是為異牟尋。頗知書，有才智，善撫其眾。吐蕃役賦南蠻重數，又奪諸蠻險地立城堡，歲徵兵以助鎮防，牟尋益厭苦之。有鄭回者，本相州人，天寶中舉明經，授嶲州西瀘縣令。嶲州陷，為所虜。閣羅鳳以回有儒學，更名曰蠻利。甚愛重之，命教鳳迦異。及異牟尋立，又命教其子尋夢湊。回久為蠻師，凡授學，雖牟尋、夢湊，回得箠撻，故牟尋以下皆嚴憚之。蠻謂相為清平官，凡置六人。牟尋以回為清平官，事皆諮之，秉政用事。餘清平官五人，事回卑謹，或有過，回輒撻

之。回嘗言於牟尋曰：「自昔南詔嘗款附中國，中國尚禮義，以惠養為務，無所求取。今棄蕃歸唐，無遠戍之勞、重稅之困，利莫大焉。」牟尋善其言，謀內附者十餘年矣。會劍南西川節度使韋皋招撫諸蠻，苴烏星、虜望等歸化，微聞牟尋之意，因令蠻寓書於牟尋，且招懷之，時貞元四年也。

七年，又遣間使持書喻之。道出磨些蠻，其魁主潛告吐蕃。使至雲南，吐蕃已知之，令詰牟尋。牟尋懼，因紿吐蕃曰：「唐使，本蠻也，韋皋許其求歸，無他謀。」遂執送吐蕃。吐蕃益疑之，多召南詔大臣之子為質，牟尋愈怨。

九年四月，牟尋乃與酋長定計遣使：趙莫羅眉由兩川，楊大和堅由黔中，或由安南。使凡三輩，致書與韋皋，各齎生金丹砂為贄。三分前皋所與牟尋書，各持其一為信。歲中，三使皆至京師，且曰：「牟尋請歸大國，永為藩國。所獻生金，以喻向北之意如金也；丹砂，示其赤心耳。」上嘉之，乃賜牟尋詔書，因命韋皋遣使以觀其情。皋遂命巡官崔佐時至牟尋所都陽苴咩城，南去太和城十餘里，東北至成都二千四百里，東至安南如至成都，通水陸行。是時也，吐蕃使數百人，先佐時在南詔。牟尋悉召諸種落與議歸化，或未畢至，未敢公言，密令佐時稱牂牁使，衣以牂牁服而入。佐時不肯，曰：「我大唐使，安得服小夷之服。」牟尋不得已，乃夜迎佐時，設位陳燈燭。佐時乃大宣詔書。牟尋恐吐蕃知，顧左右無色，而業已歸唐，久之，歔欷流涕，皆俯伏受命。

其明年正月，異牟尋使其子閣勸及清平官等與佐時盟於點蒼山神祠。盟書一藏於神室，一沉於西洱河，一置祖廟，一以進天子。閣勸即尋夢湊也。鄭回見佐時，多所指導，故佐時探得其情。乃請牟尋斬吐蕃使數人，以示歸唐。又得其吐蕃所與金印。牟尋尋遣佐時歸，仍刻金契以獻。閣勸賦詩以餞之。牟尋乃去吐蕃所立帝號，私於佐時，請復南詔舊名。佐時與盟訖，留二旬有六日而歸。

初，吐蕃因爭北庭，與回鶻大戰，死傷頗眾。乃徵兵於牟尋，須萬人。牟尋既定計歸我，欲因徵兵以襲之。乃示寡弱，謂吐蕃曰：「蠻軍素少，僅可發三千人。」吐蕃少之，請益至五千，乃許。牟尋遽遣兵五千人戍吐蕃，乃自將數萬躡其後，晝夜兼行，乘其無備，大破吐蕃於神川。遂斷鐵橋，遣使告捷。且請韋皋使閱其所虜獲及城堡，以取信焉。時韋皋上言：「牟尋收鐵橋已來城壘一十六，擒其王五人，降其眾十餘萬。」以祠部郎中兼御史中丞袁滋持節冊南詔，仍賜牟尋印，鑄用黃金，以銀為窠，文曰：「貞元冊南詔印。」先是，韋皋奏南詔前遣清平官尹仇寬獻所受吐蕃印五，二用黃金，今賜請以黃金，

從蠻夷所重，傳示無窮。從皋之請也。

十年八月，遣使蒙湊羅棟及尹仇寬來獻鐸槊、浪人劍及吐蕃印八紐。湊羅棟，牟尋之弟也，錫賚甚厚，以尹仇寬為檢校左散騎常侍，餘各授官有差。俄又封尹仇寬為高溪郡王。十一年三月，遣清平官尹輔酋隨袁滋來朝。又得先沒蕃將衛景升、韓演等，並南詔所獲吐蕃將帥俘馘百人至京師。湊羅棟歸國，在道而卒，贈右散騎常侍。授尹輔酋檢校太子詹事兼御史中丞，餘亦差次授官。又降敕書賜異牟尋及子閣勸，清平官鄭回、尹仇寬等各一書，書左列中書三官宣奉行，復舊制也。九月，異牟尋遣使獻馬六十匹。

十二年，韋皋於雅州會野路招收得投降蠻首領高萬唐等六十九人，戶約七千，兼萬唐等先受吐蕃金字告身五十片。十四年，異牟尋遣酋望大將軍王丘各等賀正，兼獻方物。十九年正月旦，上御含元殿受南詔朝賀。以其使楊鎮龍武為試太僕少卿，授黎州廓清道蠻首領襲恭化郡王劉志寧試太常卿。二十年，南詔遣使朝貢。

《舊唐書》卷一百四十《韋皋列傳》

貞元元年，拜檢校戶部尚書，兼成都尹、御史大夫、劍南西川節度使，代張延賞。皋以雲南蠻眾數十萬，與吐蕃和好，蕃人入寇，必以蠻為前鋒。四年，皋遣判官崔佐時入南詔蠻，說令向化，以離吐蕃之助。佐時至蠻國羊咀咩城，其王異牟尋忻然接遇，請絕吐蕃，遣使朝貢。其年，遣東蠻鬼主驃傍、苴夢衝、苴烏等相率入朝。南蠻自嶲州陷沒，臣屬吐蕃，絕朝貢者二十餘年，至是復通。

五年，皋遣大將王有道簡習精卒以入蕃界，與東蠻於故嶲州臺登北谷大破吐蕃青海、臘城二節度，斬首二千級，生擒籠官四十五人，其投崖谷而死者不可勝計。蕃將乞臧遮遮者，蕃之驍將也，久為邊患。自擒遮遮，城柵無不降，數年之內，終復嶲州，以功加吏部尚書。九年，朝廷築鹽州城，慮為吐蕃掩襲，詔皋出兵牽維之。乃命大將董勔、張芬出西山及南道，破峨和城、通鶴軍。吐蕃南道元帥論莽熱率眾來援，又破之，殺傷數千人，焚定廉城。凡平堡柵五十餘所，以功進位檢校右僕射。皋又招撫西山羌女、訶陵、白狗、逋租、弱水、南王等八國酋長，入貢闕廷。十一年九月，加統押近界諸蠻、西山八國兼雲南安撫等使。十二年二月，就加同中書門下平章事。十三年，收復嶲州城。十六年，皋命將出軍，累破吐蕃於黎、嶲二州。吐蕃怒，遂大搜閱，築壘造舟，欲謀入寇，皋悉挫之。於是吐蕃酋帥兼監統囊貢、臘城等九節度

嬰、籠官馬定德與其大將八十七人舉部落來降。定德有計略，習知兵法及山川地形，吐蕃每用兵，定德常乘驛計事，蕃中諸將稟其成算。至是，自以扞邊失律，懼得罪而歸心焉。

十七年，吐蕃昆明城管些蠻千餘戶又降。贊普以其眾外潰，遂北寇靈、朔，陷麟州。德宗遣使至成都府，令皋出兵深入蕃界。皋乃令鎮靜軍使陳洎等統兵萬人出三奇路，威戎軍使崔堯臣兵千人出龍溪石門路南，維保二州兵馬使仇冕、保霸二州刺史董振等兵二千趨吐蕃維州城中，北路兵馬使邢玭等四千趨吐蕃棲雞、老翁城，都將高倜、王英俊兵二千趨故松州，隴東兵馬使元膺兵八千人出南道雅、邛、黎、巂路。又令鎮南軍使韋良金兵一千三百續進，雅州經略使路惟明等兵三千趨吐蕃租、松等城，黎州經略使王有道兵二千人過大渡河，深入蕃界，巂州經略使陳孝陽、兵馬使何大海、韋義等及磨些蠻、東蠻二部落主苴那時等兵四千進攻昆明城、諾濟城。自八月出軍齊入，至十月破蕃兵十六萬，拔城七、軍鎮五、戶三千，擒生六千，斬首萬餘級，遂進攻維州。救軍再至，轉戰千里，蕃軍連敗。於是寇靈、朔之眾引而南下，贊普遣論莽熱以內大相兼東境五道節度兵馬都群牧大使，率雜虜十萬而來解維州之圍。蜀師萬人據險設伏以待之，先出千人挑戰。莽熱見我師之少，悉眾追之。發伏掩擊，鼓譟雷駭，蕃兵自潰，生擒論莽熱，虜眾十萬，殲夷者半。是歲十月，遣使獻論莽熱於朝；德宗數而釋之，賜第於崇仁里。皋以功加檢校司徒，兼中書令，封南康郡王。

唐六臣論

烏乎！國之存亡，豈不繫乎人心哉！未有人心存而國遽亡者，亦未有人心亡而國幸存者。故漢不可亡於莽，而亡於四十八萬七千五百七十二人之頌莽。漢未亡而漢之人心先亡，漢亦與之俱亡。明不亡於閹，而亡於五虎、五彪、十狗、十孩、四十孫之附閹。明未亡而明之人心先亡，明亦與之俱亡。即兩朝之亡可賅，萬世聖人復起，不易吾言矣。唐之亡也，其時士夫有人心者，獨司空表聖、韓致光一二人耳。若《五代史》所謂唐六臣者，蘇循最為無恥，薛貽矩、張策次之。雖楊涉有守禮謹厚之目，趙光逢有方直潤溫之譽，張文蔚有保全朝士之功，其人品似在蘇循之上，然而其心亡則一轍也。史稱哀帝遜位於梁，梁王袞冕南面，文蔚、循奉冊升殿，涉、策奉傳國寶，貽、矩、光逢金寶以次陛進，讀已降，率文武百官北面舞蹈再拜賀。烏乎！賀梁之興，

實賀唐之亡耳。為唐大臣而以唐之亡為可賀，尚可謂有人心乎？然吾謂此唐亡之始，尚非六臣心亡之始，何也？諸臣何怨於唐而必欲賣之賊溫，不過趨利焉耳。一念之趨利，足以亡人之宗祀而有餘。然則諸臣食唐之祿之始，已預挾一屋唐之社之心，蓋不待奉冊進寶，而其心之同歸於亡也固已久矣。然吾謂唐季之人心猶遠勝五代之人心，何也？巨奸竊鼎，先除所忌，故白馬清流之禍，坐黨死者數百人。手璽媚賊者，獨六臣耳。其後如邈佶烈之篡朱邪，石敬塘之剪唐室，郭雀兒之亡劉氏，宮門勸進，冠裳濟濟，較六臣之數蓋百千焉。蓋不待去其所忌而已，舉朝推戴無異心矣。求如唐季之心而不可得也，可勝慨哉！孟子有言：「夜氣不足以存，則其違禽獸不遠矣。」又曰：「人之所以異於禽獸者幾希，庶民去之，君子存之。」烏乎！心之所以存，即國之所以存也。故在上者貴自存其心，以存一代之人之心，以自存其國；在下者貴自存其心，以存一世之人之心，以存人之國。

【集說】

《新五代史》卷三十五《唐六臣傳》

甚哉，白馬之禍！悲夫，可為流涕者矣！然士之生死，豈其一身之事哉？初，唐天祐三年，梁王欲以嬖吏張廷範為太常卿，唐宰相裴樞以謂太常卿唐常以清流為之，廷範乃梁客將，不可。梁王由此大怒，曰：「吾常語裴樞純厚不陷浮薄，今亦為此邪！」是歲四月，彗出西北，掃文昌、軒轅、天市，宰相柳璨希梁王旨，歸其譴於大臣，於是左僕射裴樞、獨孤損、右僕射崔遠、守太保致仕趙崇、兵部侍郎王贊、工部尚書王溥、吏部尚書陸扆皆以無罪貶，同日賜死於白馬驛。凡搢紳之士與唐而不與梁者，皆誣以朋黨，坐貶死者數百人，而朝廷為之一空。

明年三月，唐哀帝遜位於梁，遣中書侍郎、同中書門下平章事張文蔚為冊禮使，禮部尚書蘇循為副；中書侍郎、同中書門下平章事楊涉為押傳國寶使，翰林學士、中書舍人張策為副；御史大夫薛貽矩為押金寶使，尚書左丞趙光逢為副。四月甲子，文蔚等自上源驛奉冊寶，乘輅車，導以金吾仗衛、太常鹵簿，朝梁於金祥殿。王衰冕南面，臣文蔚、臣循奉冊升殿，進讀已，臣涉、臣策奉傳國璽，臣貽矩、臣光逢奉金寶，以次升，進讀已，降，率文武百官北面舞蹈再拜賀。

夫一太常卿與社稷孰為重？使樞等不死，尚惜一卿，其肯以國與人乎？

雖樞等之力未必能存唐，然必不亡唐而獨存也。嗚呼！唐之亡也，賢人君子
既與之共盡，其餘在者皆庸懦不肖、傾險獪猾、趨利賣國之徒也。不然，安能
蒙恥忍辱於梁庭如此哉？作《唐六臣傳》。

（傳不錄）

嗚呼！始為朋黨之論者誰歟？甚乎作俑者也，真可謂不仁之人哉！予嘗
至繁城，讀《魏受禪碑》，見漢之群臣稱魏功德，而大書深刻，自列其姓名，
以誇耀於世。又讀《梁實錄》，見文蔚等所為如此，未嘗不為之流涕也。夫以
國予人而自誇耀，及遂相之，此非小人，孰能為也？漢、唐之末，舉其朝皆小
人也，而其君子者何在哉！當漢之亡也，先以朋黨禁錮天下賢人君子，而立
其朝者，皆小人也，然後漢從而亡。及唐之亡也，又先以朋黨盡殺朝廷之士，
而其餘存者，皆庸懦不肖傾險之人也，然後唐從而亡。夫欲空人之國而去其
君子者，必進朋黨之說；欲孤人主之勢而蔽其耳目者，必進朋黨之說；欲奪
國而與人者，必進朋黨之說。夫為君子者，故嘗寡過，小人慾加之罪，則有可
誣者，有不可誣者，不能遍及也。至欲舉天下之善，求其類而盡去之，惟指以
為朋黨耳。故其親戚故舊，謂之朋黨可也；交遊執友，謂之朋黨可也；宦學相
同，謂之朋黨可也；門生故吏，謂之朋黨可也。是數者，皆其類也，皆善人
也。故曰：欲空人之國而去其君子者，惟以朋黨罪之，則無免者矣。夫善善之
相樂，以其類同，此自然之理也。故聞善者必相稱譽，稱譽則謂之朋黨，得善
者必相薦引，薦引則謂之朋黨，使人聞善不敢稱譽，人主之耳不聞有善於下
矣，見善不敢薦引，則人主之目不得見善人矣。善人日遠，而小人日進，則為
人主者，倀倀然誰與之圖治安之計哉？故曰：欲孤人主之勢而蔽其耳目者，
必用朋黨之說也。一君子存，群小人雖眾，必有所忌，而有所不敢為，惟空國
而無君子，然後小人得肆志於無所不為，則漢魏、唐梁之際是也。故曰：可奪
國而予人者，由其國無君子，空國而無君子，由以朋黨而去之也。嗚呼，朋黨
之說，人主可不察哉！《傳》曰「一言可以喪邦」者，其是之謂與！可不鑒
哉！可不戒哉！

（宋）王應麟《困學紀聞》卷十四《考史》

歐陽子書唐六臣於唐亡之後，貶其惡也。

彭孫貽《茗香堂史論》卷三《五代史》

《唐六臣傳》裁斷甚佳，張文蔚、楊涉、張策、趙光逢皆醞譪自修，薛

貽矩、蘇循則姦佞無取，然皆與於勸進禪授之班。合為《唐六臣傳》，以為萬古賣國求榮之鏡戒，其意深，其感切矣！楊涉子凝式有文詞，善筆札，歷事梁、唐、晉、漢、周，官至太子太保，則又不止於馮道四姓十君矣。前段始裴樞，後段論朋黨，縈回組舞，大有妙裁，恨筆弱未遒耳。觀其持論，迴出前此史臣之上。

《五代史‧馮道傳》書後

　　三代而後，惟東漢節義為盛。降至魏晉，崇尚虛無放曠，而士多敗檢，鮮實行。南北六朝，風俗浮偽益甚。李唐以詞賦科目取士，奔競風甚而廉恥道衰。至五代之亂，而人心澌滅盡矣。吾讀《五代史》至《馮道傳》，而知歐陽公不唯深鄙道之無恥，而深慨當世之人之無人心也。本傳一則曰「當世之士，無賢愚皆仰道為元老，而喜為之稱譽」；再則曰「人皆以謂契丹不夷滅，中國之人賴馮道一言之善」；三則曰「議者皆謂道能沮太祖之謀，終不以晉漢之亡責道」；四則曰「道卒年七十三，時人皆共稱歎，謂與孔子同壽。其喜為之稱譽如此。」夫譽道以元老，褒其功而寬其罪猶可言也。至以道比方孔子，是以桀為堯，跖為舜也。其時之人心尚可問哉！唐明宗時，大理少卿康澄上書言事，有云：「廉恥道消深可畏，毀譽亂真深可畏」，識者皆多澄言切中時病，則當時之廉恥道消、毀譽亂真已成風氣，無足駭怪。然不謂其謬亂一至於如是之極也。宋人以王安石比孔子，而宋自此亂。明熹宗時，監生陸萬齡以魏忠賢比孔子，而明社以墟。觀於五代時人之所以譽道者，又何怪五十三年間九姓十三君，合耶律德光計之。禍亂敗亡甚速，而死節者甚少也哉！乃歎宋、元、明之季，以死報國者遠逾前代，國雖亡而人心不亡者，未始非儒者講學明道，提醒人心之功有以致之也。漢陳湯匄貸無節，不為州里所稱；主父偃學縱橫，諸儒排擯不容；李陵降匈奴，隴西士大夫以為恥。自古清議之公嚴，皆由人心之明正。有天下者當以禮義廉恥維繫天下人心，雖有頑鈍無恥如馮道者，將為舉世清議所不容，斯朝廷不至倚為元老而召禍敗也。

【集說】

　　（宋）鄭震《清雋集‧讀〈馮道傳〉》

　　西山有薇，二子採之。二子竟死，薇不療飢。匪惡周粟，食不下嚥。君臣義重，彼蒼者天。爾道何人，數主一身。有何顏面，冠冕搢紳。喬固諸賢，寧死道邊。曹操不帝，清議凜然。

（明）王世貞《讀書後》卷三《書馮道傳後》

嗚呼！五代之亂極矣。為之臣子者，抑何其不幸也。諸方之僭竊無論已。為唐而遇朱溫，一死也。為溫而遇友珪，一死也。為友貞而遇存勗，一死也。為存勗而遇嗣源，一死也。為嗣源之子而遇從珂，一死也。為從珂而遇契丹，一死也。遇敬瑭，一死也。為敬瑭之子而又遇契丹，一死也。為知遠之子而遇郭威，一死也。為郭威之子而遇匡胤，一死也。遠不及十年而死，近不及三載而死。內不免以帷幄死，外不免以節鎮死。徼而兵死，野而盜死。不知何以處死也。

馮道一椎魯士耳，歷相十餘君而不死，此何故哉？遇治則入，遇亂則出。入則必相，出則巨藩。位三公爵真王，而卒以令終。彼非能賄免也，非阿諛取容也，又非有布衣之故也。彼蓋得莊老之術而善用之。夫不伎不畏，不名不術，推分任真，此六者，莊老之所貴也，而夫子之所謂似而惡其為鄉愿者也。雖然，寧獨一道哉！如竇真固、李濤、李昉、李琪之流皆類之，獨道以著得貶耳。然則為道而死者，必擇以死之日而後可。

（明）曾異《紡授堂集》文集卷七《書馮道傳後》

王元美曰：「馮道一椎魯士耳。」道自言曰：「無才無德，癡頑老子。」「椎魯」二字，不如道自言之妙。「癡」字有著數，「頑」字更有著數。王始興近之。凡遇難處難過之時，無論全身全國，必先辦此一副頑心。然其人非十分機警，未必能頑到底耳。馮道者，不問國之存亡，而一味以頑全其身者也。始興之國與身，岌岌哉亦用其頑，幸而身與國兩無恙。然而遇王敦、蘇峻而為始興者，吾恐其居五代之間，而未必不為馮道者也。危矣！

（清）顧炎武《日知錄》卷十三《廉恥》

《五代史·馮道傳·論》曰：「『禮義廉恥，國之四維。四維不張，國乃滅亡。』善乎管生之能言也！禮義，治人之大法。廉恥，立人之大節。蓋不廉則無所不取，不恥則無所不為。人而如此，則禍敗亂亡亦無所不至，況為大臣而無所不取，無所不為，則天下其有不亂，國家其有不亡者乎？」然而四者之中，恥尤為要。故夫子之論士，曰「行己有恥」；孟子曰：「人不可以無恥。無恥之恥，無恥矣」；又曰：「恥之於人大矣，為機變之巧者，無所用恥焉。」所以然者，人之不廉而至於悖禮犯義，其原皆生於無恥也，故士大夫之無恥，是謂國恥。吾觀三代以下，世衰道微，棄禮義，捐廉恥，非一朝一夕之故。然

而松柏後彫於歲寒，雞鳴不已於風雨，彼昏之日，固未嘗無獨醒之人也。頃讀《顏氏家訓》，有云：「齊朝一士夫嘗謂吾曰：『我有一兒，年已十七，頗曉書疏。教其鮮卑語及彈琵琶，稍欲通解。以此伏事公卿，無不寵愛。』吾時俯而不答。異哉，此人之教子也！若由此業自致卿相，亦不願汝曹為之。」嗟乎！之推不得已而仕於亂世，猶為此言，尚有《小宛》詩人之意。彼闇然媚於世者，能無媿哉？

（清）弘晝《稽古齋全集》卷四《書〈五代史・馮道傳・論〉後》

夫國家所以治安，天下所以寧輯者，雖賴人君之修德以自強哉，亦賴有賢臣以輔佐之耳。若身為大臣，不能匡輔社稷，而又不顧禮義廉恥，以至無所不為，則國家亦何賴有此大臣耶？予嘗讀歐陽公所作五代史，至於馮道傳論，未嘗不傷馮道之醜行，而嘉文忠公之文用意深遠也。何也？馮道先事燕而後歸於唐明宗，已失大臣之體矣，然猶謂君臣之分未定也。及相明宗，道之進規，似有大臣風度。唐亡而能死之，庶乎可以無愧。乃不能死節，而更事四姓十二君，以偷生苟活，且自述以為榮，真可謂失羞惡之心，而不知進退者矣。文忠公取一極節烈之嫌人，而與一絕無恥之大臣同論，篇中之褒貶抑揚，讀之不可以使百世之下頑夫廉懦夫有立志而興起也哉！

（清）龍啟瑞《經德堂文集》卷三《史讀》

太史公作《萬石君傳》，狀其恭謹醇厚，子孫皆馴行，守其家法，官至二千石者十餘人。余讀而慕之，謂夫和與敬者，天地生人之性也。人能敬以持己，而不刻於待人，則吾身之所處寬然有餘，而暴戾乖剌之氣不作，此蓋天之所相也。及讀《五代史・馮道傳》，其終始行事，往往與奮相類；而其優游相位，老安於當代，亦卒得其力焉。夫以奮之賢與道之愚，其不可相提而論者，猶日星之於土壤也。然使道從容於太平之世，老成寬厚，巍然人望，其聲名豈遽出奮下哉！所遇之時不同。至舉其生質之美者，而適以為喪節敗名之具，則非天之不善全乎道，而道之不善全其天也。籲可惜哉！

韓魏公請太后撤簾還政論

膽不壯者不足以任事，誠不足者不可以動物。無養氣之功者不足以言膽，無慎獨之學者不可以言誠。宋韓魏公平日嘗謂：「成大事在膽，待小人以誠。」吾觀其請曹太后撤簾還政，而歎膽與誠二者兼之矣。然章獻太后之賢，亦未易及也。昔范睢入秦見昭王，欲黜太后，去穰侯而代其位，昭王跽請之三，唯

唯而不敢對。及既言矣，則曰：「死不足以為臣患，亡不足以為臣憂。」其云不患不憂者，正其患與憂之至也。其說雖行，特小人之行險僥倖者耳，何足以言膽哉！漢武帝時，御史大夫趙綰請無奏事太皇太后，與王臧皆下獄自殺。漢安帝時，郎中杜根、平原郡吏成翊世上書，諫和熹鄧后請歸政，根幾撲殺，翊世坐抵罪。唐中宗時，裴炎請武后反政，炎從子伷先請復子明辟，炎斬都亭，伷先杖流。此數人者不可謂無膽也，然說無功而身獲罪者，膽有餘而誠不足也。魏公因後英宗裁決之善，即白後求去；因後有當還深宮之語，即問何日撤簾；後甫起，即厲聲命鑾儀司。敏決如此，其膽為何如。

然膽何可恃也！當英宗不豫，章獻臨朝，貂璫交構，積疑成怨。魏公披肝瀝膽，苦語繁言，見太后則勸之以慈而曰：「子病，母不可不容」；見帝則勉之以孝而曰：「太后恩不可不報」。忠君愛國之誠，不獨英宗知之，即太后亦深信之。此所以撤簾之問，語未畢而後立起，鑾儀之呼聲雖厲而後不怒也。如誠意未孚，而專以膽氣行之，其不以勇猛致決裂者幾何。

然誠亦未可恃也！范文正亦至誠者，仁宗天聖七年為祕閣校理，疏請莊獻太后還政。不報，出為河南通判。此豈不誠之過耶？然則公之得徑行其志，亦幸而遇章獻太后也。使章獻誠有貪戀權位之見，如張時泰所言，則英宗裁決雖當，不難違心以求其疵。魏公白後求退，不難下詔以聽其去；即不聽其去，而不曰我當居深宮；即曰我當居深宮，仍遲回不肯遽起，公又安能厲聲命撤簾也乎？然則章獻還政之速與魏公撤簾之勇，均可為萬世法矣。

秦檜論

秦檜固宋室之忠臣也。當金人慾得三鎮，詔百官集議棄守。唐恪、耿南仲力主棄之，范宗尹以下七十人皆欲與之，檜與梅執禮、孫傅等力言不可，亦何謀國忠而持論正也。及青城①氈笠，舉族北轅，金人議立異姓，宋齊愈首書張邦昌三字以示眾矣，王時雍甘為賣國牙郎矣，吳开、莫儔、范瓊之倫爭先推戴矣。檜抗不署狀，請立趙氏宗室，斥邦昌蠹國亂政，一則曰「安忍畏死不論」，再則曰「不顧斧鉞之誅」。②是固書名仰藥之唐恪不敢言者，而檜獨侃侃言之；逃入太學之趙鼎、張浚、胡寅所不敢言者，而③檜獨諤諤言之言之。而觸時雍諸人之忌而不顧，搆邦昌之怨而不顧，犯金帥之盛怒而不顧。當是時，檜以死拒金之意，與以死報宋之心，與孫傅、張叔夜無以異也。金人執檜北去，與傅④、叔夜⑤竝置軍中。心憚檜之盡忠於宋，與憚傅、叔夜之盡忠於

宋，無以異也。為檜者縱不必如傅之從帝燕山而卒，叔夜之在道扼吭⑥而死，但能不易其不棄三鎮之說，不忘其不立邦昌之義，不改其寧被拘執不附金人之心，不誠始終為宋之忠臣，而可與趙鼎、張浚等並駕乎哉？

乃檜既得志，專主和議以固己位，殺戮忠良以快敵人，忘讐忍恥以阻⑦喪薄海義⑧之氣。向之不肯棄河北三鎮者，後則併中原萬里而棄之矣。向之力抗金人而請復嗣君者，後則依倚金人而要挾其君矣。向之斥邦昌蠹國亂政傾危社稷者，後則蠹國亂政傾危社稷甚於邦昌矣。東都抗節，固生平極快意之事，後則視為生平極愧赧之事，聞王庶之語而且大憾矣。

獨是秦檜也，何以前後若兩人也？曰：此正檜之所以為忠臣也。當檜抗論拒金，宋臣也。及檜自金歸宋，則金臣也。宋臣忠宋，宜也；金臣忠金，亦宜也。忠宋而抗論拒金，宜也；忠金而多方誤宋，亦宜也。世之惡檜憤檜，因而繆⑨檜醜檜者，正檜之心安理得而自信為無繆⑩無醜者也。或謂此說無乃過乎？曰：金主以檜賜達賚，達賚信用之。及南侵，以為參謀軍事，又以為隨軍轉運使，史言之矣。金欲和宋，達賚陰從檜使還，史言之矣。烏珠致書於檜，使殺岳飛，史言之矣。然則檜之身，一達賚、烏珠之身也；檜之心，一達賚、烏珠之心也。高宗以檜為相，而心膂之，股肱之，實以達賚、烏珠為相，而心膂之，股肱之也；相檜而寵任⑪其子孫姻黨，實相達賚、烏珠而寵任其子孫姻黨也；欲檜與其子孫盡忠於宋，實欲達賚、烏珠與其子孫盡忠於宋也。則非檜之不忠，而高宗之不明也。然高宗於檜之死也，謂楊存中曰：「朕今日始免防檜逆謀矣。」然則高宗亦未始不達賚檜、烏珠檜也。既已達賚檜、烏珠檜矣，而仍太師檜、公檜、王檜，則非檜之能飾忠，而高宗之不能斷也。於虖⑫！宋臣仕於金者如宇文虛中，其心無一日不圖金也，金人知而殺之⑬；金臣仕於宋者如檜，其心無一日不圖宋也，宋人不知而重任之⑭。金雖欲不臣宋、姪宋，宋雖欲不君金、叔金也，胡可得乎？而檜之志獨未厭也。其始偶忠於宋，雖欲存宋之宗社而不足，其繼竭忠於金，足以亡宋之天下而有餘。宋之不亡於金也，幸也，而非禍，夫宋者有未至也。檜之不能為金亡宋也，天也，而非忠，於金者有未至也。後之君臨天下者，尚其務為明斷，無以敵之忠臣為忠，而與忠於敵者謀敵也哉！

【校記】

① 城，《益聞錄》1898 年第 1761 期（下簡稱「《益聞錄》」）無。

② 此一句，《益聞錄》作「檜獨與馬伸、呂給共為議狀，請復嗣君以安四方。且論

邦昌當上皇時蠹國亂政，以致社稷傾危。」

③　而，《益聞錄》無。

④　傅，《益聞錄》作「孫傅」。

⑤　叔夜，《益聞錄》作「張叔夜」。

⑥　扼吭，《益聞錄》作「抗吭」。

⑦　阻，《益聞錄》作「沮」。

⑧　義，《益聞錄》作「忠義」，是。

⑨　繆，《益聞錄》作「謬」。

⑩　繆，《益聞錄》作「謬」。

⑪　寵任，《益聞錄》下有「及」。

⑫　於虖，《益聞錄》作「嗚乎」。

⑬　其心無一日不圖金也，金人知而殺之，《益聞錄》作「高士談等不復知有宋」。

⑭　其心無一日不圖宋也，宋人不知而重任之，《益聞錄》作「無時無事不為金謀」。

　　附：文後有本館附識：「王莽篡漢，阿瞞篡漢，皆託名周公。一身先後，如出兩人。檜之忠奸，千古論定，亦莽、瞞類。才不逮莽、瞞，鐵鑄岳墳前。此論直當金鑄造。」

袁崇煥殺毛文龍論上

　　有明屆啟楨之世，遼左軍興，國事日棘，其能詰戎兵以保固疆圉者，熊江夏、孫高揚之外，唯袁崇煥耳。崇煥之謀國也忠，馭軍也嚴，用法也果。即其雙島殺毛文龍一事，有非後世庸軟縮朒之臣所能望其項背者。然吾惜其不能致其誠，不善用其術與權，致永光、捷、蓍諸小人得以專戮大將為重煥罪也〔1〕。

　　天下惟至誠足以感人，雖悍暴可使效命。左良玉固明季之跋扈將軍也。崇禎十五年，良玉擁兵數十萬，索餉為名，欲寄孥南京，艨艟蔽江東下，留都士民一夕數徙。李邦華遇之潯陽，草檄喻以大義，復身入其軍，開誠慰勞，良玉及其下皆感激，誓殺賊報國，一軍遂安。文龍之跋扈，未必過於良玉，而重煥之聲望亦不減於邦華。苟開載布公，手書諄諭，親臨壁壘，涕泣啟導，未必不可期其革心，而收戮力同心之效。計不出此，遽以尚方從事。既殺之，而又潸淚哭之，推誠待人者不如是也。

　　夫馭天下難馭之人，其上莫如感之以誠，其次莫如籠之以術。昔祖大壽

有罪當誅，經畧孫承宗欲殺之而愛其才，密令崇煥救解，大壽以故德崇煥，樂為之用。承宗雖純臣，未嘗不兼用智術也。文龍十二大罪雖可誅，而其部下健兒驍將則可用。為崇煥者，宜密請於帝，降嚴旨數其罪狀，謂宜肆之市朝。遣緹騎逮問已，上書從而救之，復宣詔從而赦之。使彼既懾國家之法，而又感崇煥之恩，使之俯首就我，銜勒無難也。計不出此，徑從而誅之，慮其部下為變，大增餉銀，軍仍攜貳，致有叛者，亦無術甚矣。

　　崇煥以兵部尚書督師薊遼，兼督登萊天津軍務，賜上方劍，便宜從事。明制：督師賜上方者得斬總兵以下。是崇煥本有專殺之權者也。然不善用其權，則有專戮之跡；善用其權，則無擅殺之愆。崇煥欲殺文龍久矣。當在朝時，與大學士錢龍錫語已及之。使以告龍錫者入告莊烈，詳陳罪狀，密請除之，當是時，莊烈嚮用崇煥之意甚專，而又使知文龍之罪甚悉，必不震駭其說而心非之也。先存此言於帝心，而後相機而動，彼能改則留之，以責後功，不悛則斬之，以除後患。雖戮一大將，不得加以專擅之名，此為善用其權也。計不及此，既殺而後奏聞，帝雖優詔褒答，而其意固已駭愕不能無疑。此大清反間之計所由行，閹黨誣陷之言所由入，而崇煥之所以籍沒磔於市也。然而崇煥死而明之亡徵決矣。《明史》以崇煥妄殺文龍，與明帝妄殺崇煥相提並論，不知崇煥殺文龍，則張浚之殺曲端，曲端可殺之罪甚多，讀曲端本傳自明。余玠之殺王夔；明帝殺崇煥，則趙王遷之殺李牧，李後主之殺林仁肇也。烏可同日語哉！永明王以廷臣之請，復官諡以襄愍，宜矣！

【疏證】

〔1〕《明史》卷二百五十九《袁崇煥傳》：「方崇煥在朝，嘗與大學士錢龍錫語，微及欲殺毛文龍狀。及崇煥欲成和議，龍錫嘗移書止之。龍錫故主定逆案，魏忠賢遺黨王永光、高捷、袁弘勳、史䃼輩謀興大獄，為逆黨報仇，見崇煥下吏，遂以擅主和議、專戮大帥二事為兩人罪。捷首疏力攻，䃼、弘勳繼之，必欲並誅龍錫。法司坐崇煥謀叛，龍錫亦論死。三年八月，遂磔崇煥於市，兄弟妻子流三千里，籍其家。崇煥無子，家亦無餘貲，天下冤之。」

袁崇煥殺毛文龍論下

　　《明史・袁崇煥傳》謂崇煥妄殺毛文龍，吾謂崇煥之殺文龍，實出於萬不容已者也。文龍據東江形勢之地，陰有負固不臣之心，大罪十二，無一不當斬首。崇煥在朝時，與大學士錢龍錫語，已及殺文龍事，而其謀未決也。既

受事，疏請遣部臣理餉，謀徐收其利權，或可俯就衡勒云耳。乃文龍惡文臣監製，抗疏糾駿，至是而文龍專制海外之心大著，崇煥殺文龍之謀可以決矣，而仍未決也。泛海閱兵，舟抵雙島，文龍來會，相與燕飲，議更營制，設監司，冀稍分其兵權，或可不萌逆節焉耳。乃文龍不欲朝廷設官，聞言怫然，至是而文龍專制海外之心益著，崇煥殺文龍之謀益可以決矣，而仍未決也。諷以歸鄉，蓋欲其擁玉帛子女歸老西湖，雖罪大惡極，猶可保全腰領，所以為文龍謀者至矣。乃文龍不肯歸田，反言朝鮮衰弱，可襲而有，則其謀雄據海外以為窟宅，已情見乎詞。不殺之，必為國大患。不為耿仲明之叛走我朝，則為劉興治之作亂島中耳。至是，崇煥不得不數其罪而誅之矣。蓋殺文龍之謀，至是而始決也。而《明史》乃云文龍不讓賓禮，崇煥謀益決，遂以閱兵為名，泛海抵雙島。烏乎！此豈知崇煥萬不容已之心者哉！如抵雙島時已定計殺文龍，則徑大會諸將聲其罪而誅之耳。與之議更營制，設監司，何為也者？二者不從，復以歸鄉動之，何為也者？於以知抵島時，尚無必殺文龍之心，而所以殺文龍者，非因不讓賓禮之末節也。

　　或曰：崇煥請命而後誅，不亦可乎？不知黃梨洲有言，文龍「官至都督，掛平遼將軍印，索餉歲百二十萬緡，不應則跋扈恐喝，曰臣當解劍歸朝鮮矣」，則其內壞異志非一日也。梨洲又云：「參貂之賂貴近者，使者相忘於道」[1]；史亦云：「帝令所司捕其爪牙伏京師者」[2]；則其密結朝士為心腹，潛布耳目於輦轂之間，偵伺朝廷動靜非一日也。崇煥朝請文龍，夕知朝命未下，已得預為之備。請之而從，固擁兵不肯就逮；請之而不從，益反側內不自安，速其判而樹之敵，非計之得也。此其所以不請而誅，甘受專殺之罪而不辭者也。

　　夫毛文龍拜忠賢為父，塑冕旒像於島中，固逆閹之遺黨也。以專戮大帥為崇煥罪者，為王永光、高捷、袁宏勳、史𧒽諸人，亦逆閹之遺黨也。殺文龍之謀，發自錢龍錫。龍錫主持逆案，最見恨於閹黨者也。以閹黨護閹黨，則其謂文龍無罪也固宜。以閹黨為閹黨報讐，則其謀殺崇煥以及龍錫也亦宜。而吾獨怪修《明史》者亦謂崇煥妄殺文龍，甘拾閹黨之唾餘而為之雪其憤也，此則閹黨之幸而崇煥之大不幸也。然而《明史·錢龍錫傳》言「文龍擁兵自擅，有跋扈聲。崇煥一旦除之，即當寧不以為罪」[3]，此則公論不可泯滅者也。一史而襃貶異辭，然則崇煥、龍錫兩傳殆非成於一人之手也哉？

【疏證】

〔1〕見黃宗羲《大學士機山錢公神道碑銘》。

〔2〕《明史》卷二百五十九《袁崇煥傳》：「時崇禎二年五月也。帝驟聞，意殊駭，念既死，且方倚崇煥，乃優旨褒答。俄傳諭暴文龍罪，以安崇煥心，其爪牙伏京師者，令所司捕。」

〔3〕見《明史》卷二百五十一《錢龍錫傳》。

【集說】

（明）沈長卿《沈氏日旦》卷十二

時流演傳奇者，以袁崇煥作正生，以魏、崔作丑。及崇煥引虜入犯被磔，時流復欲改去袁賊，而另用一夫。其實袁與魏不甚相遠，事已定於蓋棺。惜始時操筆之人以犧繡起見，識不定耳。己巳十一月，予聞邊警犯闕，值雍丞韓孟郁來相訪，予大聲曰：「袁崇煥反矣。」察韓色微變。至十一月，袁叛跡漸著，眾服予之先見，且叩予何自遂知其反。予曰：「此情憤悱久矣，恐駭俗不敢言耳。仲尼纔誅少正卯，即墮三都。崇煥擅殺毛文龍已半載，杳無一毫舉動，非反而何？」後覩欽旨，果云斬帥以踐奴約，亦可覘予之憶中矣。

（明）梅之煥《梅中丞遺稿》卷三《復袁自如》

毛文龍一案，若自今日言之，則為過後話。不佞之切齒此蠹，蓋已極於昔年獻俘之日矣。遼人子女，六七歲上下者皆充作俘虜。彼時僅一科臣略加駁正，即取中旨切責，謂「小夷非俘，出自何典」，諸嬰孩遂駢斬於市。只此一節，寸斬豈足盡辜？況逆節種種，皆犯無將之戒乎！去冬至潼關，即奏書韓相國，謂言者何以捨文龍而反求多於孫樞輔？春夏間，又密告之，中樞又盛稱陶掌科率不成率，制不成制之疏矣。自以為傍犯凶鋒，甘蹈不測，舉世豈復有此癡人？乃未幾而海上之報至，不覺狂呼起舞，東向九頓。願為翁臺執鞭之役，而恐其不我收也。今議者但知入不測之淵，探逆龍之頷，不動聲色而摧枯拉朽，奠若安瀾，以為舉世所難，而不知更有難者焉。此蠹內外關通，打成一片。今雖宮府肅清，而伏戎餘孽，尚煩有徒。即其戴逆爪牙，竟漏逆案。神通力量，便自可知。乃翁臺曾不反顧，而一意孤行。當爾時，寧復為身命一轉念否？至於神明聖主，特達相知，豈先事所能逆料哉？昔劉東陽所據，不過寧夏一孤城耳，不知費多少錢糧兵馬。向非先伯監軍行灌城反間之計，已勾虜外應，而三邊且盡搖蕩矣。況海外天子內帑百萬，金錢盡入私橐，領兵毛姓皆其腹心，萬一拘於請旨之嘗例，彼狼子野心，鋌而走險，必負固以抗命，隨投虜以前驅。夫一李永芳尚足為中行說，若又益此大蠹，天下事

尚忍言哉？反形已著，而後平之。身受戡亂之功，而貽害在國。逆謀尚伏，而先誅之。國享無事之福，而任罪在身。故曰「其愚不可及也」。來示所云「學問得於參悟，經濟出之性命」，單刀直入，絕卻依傍黏帶之習，蓋翁臺之自傳其神，不佞竊於個裏亦自有嘿契處耳。家叔倅廣州者，曾傳玉屑餘論，久切神交。年來山海不驚，伊誰之賜？適拜德音於貴座師處，頓令心地益切皈依。貴座師無論資望深重，即薦賢受上賞，可令魏無知獨擅美於前乎？邊事廢弛，總非一日。欲就正有道者甚多，統容嵩布。

（清）黃宗羲《南雷文定》四集卷三《大學士機山錢公神道碑銘》

毛文龍者，錢塘人，遼撫王化貞之千總也。遼陽陷後，逃至皮島，招流民，通商賈，數年遂為巨鎮。然不過自營一窟耳。而掠沿海零丁，稱為斬獲，獻俘欺朝廷，以牽制遼瀋。參貂之賂貴近者，使者相望於道。官至都督，掛平遼將軍印，索餉歲百二十萬，稍不應則跋扈恐喝，曰臣當解劍歸朝鮮矣。而於廣寧、旅順、鐵山之失，寧遠、錦州之圍，顧未嘗有一奮一蔀之勞也。其不能牽制明矣。識者無不謂其疆場之蠹。督師袁崇煥出山，公亦以為言。崇煥入皮島，大閱軍士，以計斬文龍。其奏報之疏云：「臣出京時，已商之於輔臣錢龍錫矣。」己巳之冬，大安口失守，兵鋒直指闕下，崇煥提援師至。先是，崇煥守寧遠，大兵屢攻不得志，太祖患之。范相國文程時為章京，謂太祖曰：「昔漢王用陳平之計間楚君臣，使項羽卒疑范增而去楚。今獨不可踵其故智乎？」太祖善之。使人掠得小奄數人，置之帳後，佯欲殺之。范相乃曰：「袁督師既許獻城，則此輩皆吾臣子，不必殺也。」陰縱之去。奄人得是語，密聞於上。上頷之，而舉朝不知也。崇煥戰東便門，頗得利。然兵已疲甚，約束諸將不妄戰，且請入城少憩，上大疑焉。復召對，縋城以入，下之詔獄。上雖疑崇煥，猶未有指實，止以逗留罪之。而逆黨之恨公者，以為不殺崇煥，無以殺公；不以謀叛，無以殺崇煥；不為毛帥頌，則公與崇煥不得同罪。於是出間金數十萬，飛箝上下，流言小說，造作端末，不特烈皇證其先入，朝野傳告亦為信然。崇煥之磔，醋謳竟路，逆黨遂議一新逆案，以泄舊案之毒，以崇煥為大逆比魏忠賢，公為次逆比崔呈秀，以及東林諸君子悉比魏廣微、徐大化、劉志選之流。

尚志論

何人無志？婦有志，孺有志。何物無志？畜有志，鳥有志。鄭康成《聘

禮注》云：「志，猶念也。」趙岐《孟子注》云：「志，心所念慮也。」皇侃《論語疏》曰：「志，在心嚮慕之謂也。」然則凡有念慕皆謂之志，何必守之終身，塙乎如山嶽不可動搖而後為志哉？故志在釵釧，華之則欣然喜，樸之則愀然慍者，婦也。志在果餌，與之則咥咥笑，奪之則呱呱啼者，孺也。志在蒭豆，仰首長鳴以求飲餕者，獸中之馬牛也。志在蟊蠓，臨風鼓翼追逐以為食者，鳥中之燕雀也。其所念慕至庫瑣，無足算者。今使入黌舍，指髦俊而謂之曰：「汝曹之志，無以異於婦孺與畜鳥也。」知濟濟者必歠然怒曰：「爾何乃比予於是？」而不知其役志溫飽，以得喪豐菲為忻戚，與婦之志釵釧、孺之志果餌、畜鳥之志蒭豆蟊蠓，其情固無以異也。況婦之釵釧求之夫，孺之果餌求之母，馬牛蒭豆求之維婁，燕雀之蟊蠓求之太空，與人無忓，與世無害，而士之營營擾擾以取求者，乃為人大蠹，而可以種一世之亂。然則士即不求溫飽，甘溝壑，其立志僅異於婦孺鳥畜焉耳，其立志僅於斯人無患害焉耳。謂之苦志則可，謂之尚志則有愧焉。

尚志若何？以君國之安危為己任，視民生之休戚如家人父子。雖日曰處安順暇豫之境，而其心之弗寧弗懌，常若痾瘰之在厥躬，微論流俗莫測其深。雖以師友之昵、父兄之親，亦有末由窺其際者。此無他，卑而近者，睹之易諦；崇而遠者，視之難瞭也。然而其人吾不得而見之矣。在昔如伊尹之自任以天下之重，范文正之先憂後樂，尚矣！我朝之左文襄、彭剛直諸公，其庶幾乎！求之近日，詎可復覯？幸有其人，俗士方迂而笑之，謂不逮己之所志，可捷足先得，適口體而娛妻孥。自君子觀之，殆甘為婦孺畜鳥而不恥者也。舉海內佔畢遊藝之倫，其用心盡同於婦孺畜鳥而不恥。求國之無危，胡可得與？

太王避狄遷岐辨

進取者英雄，所以自強也。退避者庸主，所以示弱也。庸主之事，必非英雄所為。而古人之事，每為後人所誤。《書》云：「太王肇基王跡。」[1]《詩》云：「至於太王，實始翦商。」[2]太王創業垂統，固雄才大略之君也。如《孟子》[3]、《史記》[4]、《孔叢子》[5]所言避狄事，有大不可解者。

《公劉》之篇曰：「其軍三單」，兵力已強矣；數葉而後，生齒更繁矣；高圉、亞圉、組紺皆受殷王策命，國勢寖熾矣。至太王時，反為狄人所弱，此不可解者一也。「弓矢斯張」，武功載讚，豳民有勇久矣，可戰者一。取狐獻豾，

蹐堂稱觥，豳民知方久矣，可戰者二。犬可殺以饗士，馬可用以駕車，珠玉皮幣可以充軍賞，可戰者三。有可戰之勢而不戰，此不可解者二也。祖宗之地，尺寸不可讓人。當戰者一。諸侯為天子守土，戎狄猾夏，當為天子禦侮，不得以王朝疆土棄之犬羊，以壞中國之藩籬。當戰者二。狄人入寇，必縱殺掠，整旅以遏斯民，奠厥居。當戰者三。有當戰之理而不戰，其不可解者三也。即不然，以太王之仁政，人心之愛戴，漆沮之險阻，迺積迺倉之富，既繁既庶之民，深滿高壘，斂兵固守，以主待客，以逸待勞，狄人雖強，不能搖民心而使之叛也。可以守而不守，其不可解者四也。岐去豳僅二百五十里耳，太王能往，狄亦能往也。平王避犬戎東遷，降而為春秋七國；元帝避五胡南渡，變而為南北六朝；魏宅洛陽而六鎮亂；宋徙臨安而中原失；金棄燕京而蒙古兵益南。自古強虜寇邊，未有遷國圖存而能存者，未有棄地避禍而免禍者。昔楚壯王不徙阪高而庸滅，宋真宗不幸成都而遼卻，明景泰帝不聽徐珵南還之計而額森歸上皇。太王之智，豈出蔿賈、寇準、于謙下乎？事狄而不知狄無厭，避狄而不虞狄之踵至，此不可解者五也。且豳近狄，岐陽亦近混夷。謂混夷不如狄強乎？何以不殄厥慍也，以至文王時猶有采薇遣戎之詩，戎疾不殄之憂也；謂混夷雖強，不足畏乎？新造不畏混夷，何舊邦反畏狄人也？且義渠、餘無、始呼、翳徒諸戎皆近岐，周王季時會用兵徵之，是岐周亦非寧謐之地。避患而患愈多，此不可解者六也。如孟子所言「不以養人者害人」，《孔叢子》假子思之言，有「宗朝者私，不可以吾私害民」之說。《史記‧周本記》云：「狄人攻之不已，民欲與戰，古公曰：民與我，故欲戰，未免殺人，予不忍為。」不知狄人所欲者非土地也，以土地之有人民也。民盡隨之而去，狄人之心甘乎？使老弱相攜載道，未及至岐，狄人率兵追之，太王與之戰乎？或初至岐下，城郭未建，狄人乘間攻之，太王與之戰乎？狄人縱或不至，而昆夷、義渠諸國設狡焉，思啟聚黨環攻，太王戰乎？否乎？與之戰，則是以養人者害人也。不與之戰，則先人之祀將斬也。欲求成，則珠玉皮幣業已空也。太王於此，將棄岐周之地在而再遷乎？抑死守以殉社稷乎？此不可解者七也。古有以不戰為仁者，承桑氏、徐偃王以此亡其國。若禹、湯、文、武，不以熙熙為仁也。禹征有苗，湯征韋顧，文王伐崇戡黎，武王滅國五十，未聞有議禹、湯、文、武為不仁者。如以御狄為不仁，是伯禽不必征淮夷，南仲不必伐西戎；玁狁侵鎬方，尹吉甫不必出師；犬戎破宗周，秦襄公不必致討也。且太王當日亦非不用兵者。《詩》云：「迺立冢土，戎醜攸行。」[6]何嘗一日忘武備

哉！有事不為禦侮之計，無事反設征伐之備，豈在豳不忍害人者，在岐忽忍害人乎？此不可解者八也。

今夫天地之道，春生秋殺；帝王之道，揆文奮武。兵不可一日去也。三代上，最嚴夷夏之防。帝舜即位，即以蠻夷猾夏為憂。帝相征黃夷，少康征三壽，仲丁、河亶甲征藍夷，陽甲征丹山之戎，武丁征荊征鬼方，祖甲征西戎，於夷狄不少假借焉。盟戎、會戎，始於魯隱。平戎，始於晉惠。人臣進和戎之說，始於魏絳。古聖王無此事也。犬馬珠幣之饋，有類宋人歲幣之輸。不以養人者害人，有類宋襄公迂闊之談。棄地與狄，有類石晉之割燕雲，宋欽宗之割河朔三鎮，宋高宗之割唐、蔡、金、商，是豈開創之君所忍為哉！

然則太王何為去豳與？按《春秋傳》，周景王曰：「我自夏以后稷、岐、畢，吾西土也。」〔7〕岐本周之舊壤，太王遷岐，還都也，非棄國也。謂太王避狄，若文、武之一再遷都，又何所避耶？《詩》曰「陶復陶穴」，言豳地苦寒，不可居也；曰「未有家室」，言去之無可戀也；曰「周原膴膴，菫荼如飴」〔8〕，明地利之當遷也；曰「乃眷西顧，此維與宅」〔9〕，明天意之當遷也。疆理宣畝之後，宮廟門社之制大備焉，豈倉猝避難者所得為耶？豳久居而室家未立，岐新遷而土木大興，此皆擇地而居之明證也。

然則《孟子》不足信歟？夫《孟子》七篇，可疑者多矣。捐階滷廩之說，南河陽城之避，先儒疑之。《孟子》言周先王事不足據者亦多，如公劉為好貨，太王為好色〔10〕，以不殄厥慍為文王〔11〕，類皆斷章取義。避狄之說，亦此類爾。太史公因《孟子》而附會其說，毛公又引《孟子》以傳「來朝走馬」之詩〔12〕，《呂氏春秋》〔13〕、伏生《書大傳》〔14〕亦同此說。吾謂信諸書皆不如信《詩‧皇矣、天作、綿》之篇及《魯頌》之《閟宮》，皆歌詠太王事，未嘗如孟子所云也。考《竹書紀年》，武乙元年，豳遷於岐周，未言狄人侵豳也。孟子對滕君之言，又安知非後人之偽託哉！若《孔叢子》本偽書，豳民三千乘之說，語甚誇誕，蓋說之無足辨者。解者曰太王之去豳，亦王安石欲取姑與之計，託為不忍害人之說，以要結人心耳。然彈丸黑子之地，無關要害，或不得已而棄之，斷未有先人世守之宗廟社稷陵寢所在，不戰不守，而委之戎狄者。恐與之易，而取之難也。

《毛詩‧大雅‧綿》傳、《家語‧好生篇》〔15〕說與《孟子》同，《莊子‧讓王篇》〔16〕、《呂氏春秋‧開春論》、《淮南子‧道應訓》〔17〕與《孟子》說大同小異，伏生《書大傳》、《孔叢子‧居衛篇》、《吳越春秋‧大伯篇》〔18〕、《說

苑·至公①篇》〔19〕所載與《孟子》大旨略同。以時勢情理論，皆不應有此。《孟子》力辨伊尹無割烹之事，而《墨子·尚賢篇》、《莊子·庚桑楚》皆言伊尹為庖人，《呂氏春秋·本味篇》且詳言其事。戰國時，小說怪誕猥鄙，類皆如此。漢儒以言出《孟子》，相承用之，後人無有疑其非者。細考《孟子》一書，如以伐燕為齊宣王事，與《史記》不合；葬於魯，反於齊，似孟子不行三年之喪，有類後世奪情起復者所為。近儒反覆辯論，終不可通，疑皆後人篡改，非《孟子》原文。以太王去邠對滕文公，試思滕君當日何地可遷？孟子不當迂闊若此。劉子《新論·隨時篇》所載與《孟子》大異。其言曰：「昔秦攻梁，梁惠王謂孟軻曰：『先生不遠千里，辱幸敝邑，今秦攻梁，先生何以御乎？』孟軻對曰：『昔太王居邠，狄人攻之，事之以玉帛不可，太王不欲傷其民，乃去邠之岐。今王奚不去梁乎？』」此說乖謬尤甚。魏去安邑，遂為秦弱，斷無再棄大梁之理。合觀之，鈞係後人矯託，不獨《家語》之為王肅偽撰，《孔叢子》之為孔猛偽撰也。大抵遷都以近敵，則國勢日張；遷都以遠敵，則國土日蹙。遷都於興盛之時，民心尚靜；遷都於危亂之日，眾情必擾。此古今遷都得失之林也。我太祖高皇帝由興京遷界藩，遷薩爾滸，遷東京，遷盛京，與周之遷岐、遷程、遷豐、遷鎬同一興盛之象，非季世所可藉口。今者倭寇日逼，畿甸震驚，有謂宜徙都秦晉以避寇者，此與宋陳堯叟、明徐理之議何異？先生作此文以辨之，使後之謀國者不得以古公為口實。乙未春三月，受業左榘謹注。

【校記】

①　公，原作「仁」。《說苑》無《至仁》篇，此引文見《至公》篇，據改。

【疏證】

〔1〕見《尚書·周書·武成》。

〔2〕見《詩經·魯頌·閟宮》。

〔3〕《孟子·梁惠王下》：「滕文公問曰：『齊人將築薛，吾甚恐。如之何則可？』孟子對曰：『昔者大王居邠，狄人侵之，去之岐山之下居焉。非擇而取之，不得已也。苟為善，後世子孫必有王者矣。君子創業垂統，為可繼也；若夫成功，則天也。君如彼何哉？強為善而已矣。』滕文公問曰：『滕，小國也，竭力以事大國，則不得免焉，如之何則可？』孟子對曰：『昔者大王居邠，狄人侵之，事之以皮幣，不得免焉，事之以犬馬，不得免焉，事之以珠玉，不得免焉。乃屬其耆老而告之曰：『狄人之所欲者，吾土地也。吾聞之也，君子不以其所以

養人者害人。二三子何患乎無君？我將去之。』去邠，踰梁山，邑於岐山之下
居焉。邠人曰：『仁人也，不可失也。』從之者如歸市。或曰：『世守也，非身
之所能為也，效死勿去。』君請擇於斯二者。』」

〔4〕《史記》卷四《周本紀》：「古公亶父復脩后稷、公劉之業，積德行義，國人皆
戴之。薰育戎狄攻之，欲得財物，予之。已復攻，欲得地與民。民皆怒，欲戰。
古公曰：『有民立君，將以利之。今戎狄所為攻戰，以吾地與民。民之在我，
與其在彼，何異。民欲以我故戰，殺人父子而君之，予不忍為。』乃與私屬遂
去豳，度漆、沮，踰梁山，止於岐下。豳人舉國扶老攜弱，盡復歸古公於岐下。
及他旁國聞古公仁，亦多歸之。於是古公乃貶戎狄之俗，而營築城郭室屋，而
邑別居之。作五官有司。民皆歌樂之，頌其德。」

〔5〕《孔叢子·居衛第七》：「申祥問曰：『殷人自契至湯而王、周人自棄至武王而王，
同馨之後也。周人追王大王、王季、文王，而殷人獨否。何也？』子思曰：『文
質之異也。周人之所追太王，王跡起焉。』又曰：『文王受命，斷虞芮之訟，
伐崇邦，退犬夷，追王大王、王季，何也？』子思曰：『』狄人攻太王，太王
召耆老而問焉，曰：『狄人何來？』耆老曰：『欲得菽粟財貨。』太王曰：『與
之，與之。』至無。狄人不止。大王又問耆老曰：『狄人何欲？』耆老曰：『欲
土地。』大王曰：『與之。』耆老曰：『君不為社稷乎？』大王曰：『社稷所以
為民也。不可以所為民者亡民也。』耆老曰：『君縱不為社稷，不為宗廟乎？』
太王曰：『宗廟者，私也，不可以吾私害民。』遂杖策而去，過梁山，止乎岐
下，豳民之束脩奔而從之者三千乘，一止而成三千乘之邑。此王道之端也。成
王於是追而王之。王季，其子也，承其業，廣其基焉。雖同追王，不亦可乎？』」

〔6〕見《詩經·大雅·綿》。

〔7〕《左傳·昭公九年》：「周甘人與晉閻嘉爭閻田。晉梁丙、張趯率陰戎伐潁。王
使詹桓伯辭於晉，曰：『我自夏以后稷、魏、駘、芮、岐、畢，吾西土也。』」

〔8〕上三句見《詩經·大雅·綿》。

〔9〕見《詩經·大雅·皇矣》。

〔10〕《孟子·梁惠王下》：「王曰：『寡人有疾，寡人好貨。』對曰：『昔者公劉好貨。
《詩》云：『廼積廼倉，乃裹餱糧，於橐於囊，思戢用光；弓矢斯張，干戈戚
揚，爰方啟行。』故居者有積倉，行者有裹囊也，然後可以爰方啟行。王如
好貨，與百姓同之，於王何有？』王曰：『寡人有疾，寡人好色。』對曰：『昔
者太王好色，愛厥妃。《詩》云：『古公亶父，來朝走馬，率西水滸，至于岐

—122—

下；爰及姜女，聿來胥宇。』當是時也，內無怨女，外無曠夫。王如好色，與百姓同之，於王何有？』」

〔11〕《孟子·盡心下》：「『肆不殄厥慍，亦不隕厥問』，文王也。」

〔12〕《綿》：「古公亶父，陶復陶穴，未有家室。」毛《傳》：「古公，亶公也。古，言久也。亶父，字。或殷以名言，質也。古公處亶，狄人侵之。事之以皮幣，不得免焉。事之以犬馬，不得免焉。事之以珠玉，不得免焉。乃屬其耆老而告之曰：『狄人之所欲者，吾土地也。吾聞之君子，不以其所養人而害人。二三子何患無君？』去之。逾梁山，邑於岐山之下。亶人曰：『仁人之君，不可失也。』從之如歸市。」

〔13〕《呂氏春秋·開春論·審為》：「太王亶父居邠，狄人攻之，事以皮帛而不受，事以珠玉而不肯，狄人之所求者地也。太王亶父曰：『與人之兄居而殺其弟，與人之父處而殺其子，吾不忍為也。皆勉處矣，為吾臣與狄人臣奚以異？且吾聞之：不以所以養害所養。』杖策而去，民相連而從之，遂成國於岐山之下。太王亶父可謂能尊生矣。」高誘《注》：「太王亶父，公祖之子，王季之父，文王之祖，號曰古公亶父。『來朝走馬，率西水滸，至于岐下』，避狄難也。狄人，獫狁，今之匈奴也。」

〔14〕（漢）伏勝《尚書大傳》卷五：「狄人將攻太王亶甫，召耆老而問焉，曰：『狄人何欲？』耆老對曰：『欲得菽粟財貨。』太王亶甫曰：『與之。』每與狄人，至不止。太王亶甫贅其耆老而問之，曰：『狄人又何欲乎？』耆老對曰：『又欲君土地。』太王亶甫曰：『與之。』耆老曰：『君不為社稷乎？』太王亶甫曰：『社稷所以為民也，不可以所為民亡民也。』耆老對曰：『君縱不為社稷，不為宗廟乎？』太王亶甫曰：『宗廟，吾私也，不可以私害民。』遂策杖而去，逾梁山，邑岐山，周人奔而從之者三千乘，一止而成三千戶之邑。」

〔15〕《孔子家語·好生第十》：「孔子謂子路曰：『君子而強氣，而不得其死；小人而強氣，則刑戮薦蓁。亶詩曰：『殆天之未陰雨，徹彼桑土，綢繆牖戶。今汝下民，或敢侮余？』孔子曰：『能治國家之如此，雖欲侮之，豈可得乎？周自后稷積行累功，以有爵土，公劉重之以仁，及至大王亶甫，敦以德讓，其樹根置本，備豫遠矣。初，大王都亶，翟人侵之，事之以皮幣，不得免焉，事之以珠玉，不得免焉，於是屬耆老而告之，所欲吾土地。吾聞之君子不以所養而害人，二三子何患乎無君？遂獨與大姜去之，踰梁山，邑於岐山之下。亶人曰：『仁人之君，不可失也，從之如歸市焉。』天之與周，民之去殷久矣，

若此而不能天下，未之有也，武庚惡能侮。』」

〔16〕《莊子·讓王第二十八》：「大王亶父居邠，狄人攻之。事之以皮帛而不受，事之以犬馬而不受，事之以珠玉而不受。狄人之所求者土地也。大王亶父曰：『與人之兄居而殺其弟，與人之父居而殺其子，吾不忍也。子皆勉居矣！為吾臣與為狄人臣奚以異！且吾聞之，不以所用養害所養。』因杖筴而去之。民相連而從之。遂成國於岐山之下。夫大王亶父，可謂能尊生矣。能尊生者，雖貴富不以養傷身，雖貧賤不以利累形。今世之人居高官尊爵者，皆重失之。見利輕亡其身，豈不惑哉！」

〔17〕《淮南子·道應訓第十二》：「太王亶父居邠，翟人攻之。事之以皮帛、珠玉而弗受。曰『翟人之所求者地。無以財物為也。』大王亶父曰：『與人之兄居而殺其弟，與人之父處而殺其子，吾弗為。皆勉處矣！為吾臣，與翟人奚以異？且吾聞之也，不以其所養害其養。』杖策而去。民相連而從之，遂成國於岐山之下。大王亶父可謂能保生矣。雖富貴，不以養傷身；雖貧賤，不以利累形。今受其先人之爵祿，則必重失之。所自來者久矣，而輕失之，豈不惑哉！故老子曰：『貴以身為天下，焉可以託天下；愛以身為天下，焉可以寄天下矣！』」

〔18〕《吳越春秋·吳太伯傳第一》：「其後八世而得古公亶甫。修公劉后稷之業，積德行義，為狄人所慕。薰鬻戎姤而伐之，古公事之以犬馬牛羊，其伐不止；事以皮幣、金玉重寶，而亦伐之不止。古公問何所欲？曰：『欲其土地。』古公曰：『君子不以養害害所養。國所以亡也而為身害，吾所不居也。』古公乃杖策去邠，逾梁山而處岐周曰：『彼君與我何異？』邠人父子兄弟相帥，負老攜幼，揭釜甑而歸古公。居三月成城郭，一年成邑，二年成都，而民五倍其初。」

〔19〕《說苑·至公篇》：「諸侯之義死社稷，大王委國而去，何也？夫聖人不欲強暴侵陵百姓，故使諸侯死國守其民。大王有至仁之恩，不忍戰百姓，故事勳育戎氏以犬馬珍幣，而伐不止。問其所欲者，土地也。於是屬其群臣耆老，而告之曰：『土地者，所以養人也，不以所以養而害其慈也，吾將去之。』遂居岐山之下。邠人負幼扶老從之，如歸父母。三遷而民五倍其初者，皆興仁義趣上之事。君子守國安民，非特鬥兵罷殺士眾而已。不私其身惟民，足用保民，蓋所以去國之義也，是謂至公耳。」

貞女辨

　　或謂予曰：《春秋》褒烈婦則書「宋災。宋伯姬卒」[1]，褒節婦則書「紀叔姬歸於酆」[2]。貞女之說，古無聞焉。且未經廟見之女，無端而夫死守志，此非禮之大者。世乃與烈婦節婦竝稱，何也？予曰：甚矣，子之不稽諸經，不求諸史，不考諸律，而為此說也！

　　《邶風》首《柏舟》，為節婦之詩；《鄘風》首《柏舟》，為貞女之詩；聖人且舉以冠變風之首矣。劉向《列女傳・衛寡夫人傳》云：<small>舊本作衛宣夫人。《御覽》四百四十一引作衛寡人。顧千里云：「《列女傳》『寡』字誤作『宣』。」王安人《補注》亦云：「此與魯寡陶嬰、梁寡高行、陳寡孝婦同。作『宣』者，形之誤耳。《說卦》『宣發』作『寡發』，亦其例。」</small>「夫人者，齊侯之女也。嫁於衛，至城門而衛君死。保母曰：『可以還矣。』女不聽，入，持三年之喪。畢，弟立，請同庖，不聽。衛君請於齊兄弟，兄弟皆與衛君，女終不聽，作詩曰：『我心匪石，不可轉也。我①心匪席，不可卷也。』君子美其貞一，故舉而列之於詩。」向所傳者《魯詩》，故與毛異，此貞女之見於經者也。

　　《後漢書・烈女傳》云：「高士宏清醇之風，貞女亮明白之節。」《百官志》云：「鄉置有秩，三老掌教化。」凡有孝子順孫貞女義婦為民法式者，皆扁表其門，以興善者行。蓋女子夫死守貞者為貞女，婦人夫死守義者為義婦，二者同旂，漢世已然。此貞女之見於史者也。

　　國律：已報婚書及有私約而輒悔者，笞五十。雖無婚書，曾受聘財者，亦是。是一受聘幣，婚禮已成，夫婦之分已定。又女子未嫁夫死，守貞及殉節者，例得旌表。此又國朝定制，炳如日星照耀千古者也。

　　子謂之非禮，何也？或曰：子所言者，詩也，史也，律也。吾所言者，禮也。子不言禮，顧不知其非禮也。予曰：子之所謂禮者，非即歸震川、毛西河、汪容甫諸先生之說乎？歸氏之說，長沙周樹槐[註5]、山陽魯通甫已辨之；毛氏之言禮也略，汪氏之言禮也詳。請即汪氏之說，一一為子辨之。

　　其言曰：「女子之嫁，其禮有三：親迎也，同牢也，見舅姑也。若夫納采、問名、納吉、納徵、請期，禮所由行，非禮所由成。」夫納吉則六禮有其三矣，故鄭康成云：「婚姻之事於是定。」納徵則六禮有其四矣，故鄭氏云：「徵，成也。納幣以成婚禮。」孔《疏》云：「納此則婚禮成，故曰徵成也。」汪氏

―――――――――――

〔註 5〕周樹槐《壯學齋文集》見《晚清四部叢刊目錄》第一編，俟訪。

乃云：「非禮所由成」，此其說之悖於禮一也。又曰：「不為子之妻者，是不為舅姑之婦。不為父之妻者，是不為子之母。故許嫁而婿死，適婿之家，事其父母，為之立後而不嫁者，非禮。」予按《曾子問》云：「取女有吉日而女死，如之何？孔子曰：『婿齊衰而弔，既葬而除之。夫死亦如之。』」鄭《注》：「女服斬衰。」孔子不曰男死而曰夫死，明未嫁則亦謂之夫也。死者為夫，則弔者為妻。夫得而妻之，則父母得而婦之，子得而母之。不細繹聖人之言，而斥守禮者為非禮，此其說之悖於禮二也。又曰：「《禮》：『女未廟見而死，不遷於祖，不祔於皇姑，婿不杖，不菲不次，歸葬於女氏之黨，示未成婦也。』今也生不同室，死則同穴，非禮孰甚焉！」予按《禮》所言乃男之所以處女，而非女之所以處男也。已廟見之女且可出矣，無論其未廟見也。若婦人則無棄二人之義也。夫可再娶婦，無二斬，不得妄為援引以相比例。此其說之悖於禮三也。又曰：「婦人不二斬，故為夫斬，則為父母期。未有夫婦之恩，而重為之服，以降其父母，於婿為無因，於父母為不孝。失禮之中，又失禮焉。」予按《曲禮》云：「女子許嫁纓」。鄭《注》：「女子許嫁繫纓，有從人之端也。」《士婚禮注》云：「十五許嫁，笄而禮之。著纓明有繫也。」是許嫁之時，即我儀我特所由定，亦即靡他靡慝之心所由始，不可謂之無因。又況夫死宜弔，有孔子之言可據；弔服斬衰，有康成之言可據。安得謂之失禮？以此為不孝於父母，其所見殆同於衛共姜之父母[3]、陰瑜妻之父母[4]也。此其說之悖於禮四也。又曰：「女事夫，猶臣事君也。君正命而終於寢，雖近臣猶不必死。若使齊、楚之君死，魯、衛之臣號呼而自殺，則必狂易失心之人矣，何以異於是哉！」予按君亡復有嗣君，夫亡不復有夫，此不當以君亡為比，當以國亡為比。婦人殉夫，猶人臣之殉國也。女子殉夫，猶諸生之殉國也。女子未嫁，夫死不復嫁，猶諸生未仕，國亡不復仕也。女子雖未廟見，而既受聘幣，夫婦之義定矣。諸生雖未立朝，而既膺冠帶，君臣之義定矣。若魯、衛之臣則未受齊、楚之君之幣聘，而以身許之，非若貞女有斬衰往弔之義也。如汪氏所言，則孔子之言非矣。此其說之悖於禮五也。

今夫婦德所重者，信也。《禮》曰：「幣必誠，辭無不腆。告之以直信。信，事人也。信，婦德也。一與之齊，終身不改。」[5]夫生許之而死倍之，不可謂之信也。此倍之而他許之，愈不可謂之信也。夫吳季子之於徐君，朱文季之於張堪，其初止許以心耳。徐君死，尚掛劍其墓而去[6]；張堪歿，尚瞻振其妻子[7]。況女子許嫁，媒妁定之，鬼神臨之，笄纓識之者哉！孔子云：

「夫死亦如之。」夫之一字，使人顧名思義，而可不改嫁之義已寓乎其中。先王不明著於《禮經》者，禮順人情，將納一世之智愚賢不肖範圍其中，不以艱苦卓絕之事責幼弱女子，使怨曠無聊以干天地之和。其有能為此者，則亦先王之所樂與也。值婦道衰薄之時，遇有如衛共姜者，猶將旌之，以維世教，而況有如衛寡夫人者，反謗之以為非禮，是豈非聖人變風首《柏舟》之意哉！

【校記】

　① 我，原作「找」，誤。

【疏證】

〔1〕見《春秋・襄公三十年》。

〔2〕見《春秋・莊公十二年》。

〔3〕《詩經・鄘風・柏舟》，《序》：「《柏舟》，共姜自誓也。衛世子共伯蚤死，其妻守義，父母欲奪而嫁之，誓而弗許，故作是詩以絕之。」

〔4〕《後漢書》卷八十四《列女傳》：「南陽陰瑜妻者，潁川荀爽之女也，名采，字女荀。聰敏有才藝。年十七，適陰氏。十九產一女，而瑜卒。采時尚豐少，常慮為家所逼，自防禦甚固。後同郡郭奕喪妻，爽以采許之，因詐稱病篤，召采。既不得已而歸，懷刃自誓。爽令傅婢執奪其刃，扶抱載之，猶憂致憤激，敕衛甚嚴。女既到郭氏，乃偽為歡悅之色，謂左右曰：『「我本立志與陰氏同穴，而不免逼迫，遂至於此，素情不遂，柰何？』乃命使建四燈，盛裝飾，請奕入相見，共談，言辭不輟。奕敬憚之，遂不敢逼，至曙而出。采因來令左右辨浴。既入室而掩戶，權令侍人避之，以粉書扉上曰：『尸還陰。』『陰』字未及成，懼有來者，遂以衣帶自縊。左右玩之不為意，比視，已絕，時人傷焉。」

〔5〕見《禮記・郊特牲》。

〔6〕《史記》卷三十一《吳太伯世家》：「季札之初使，北過徐君。徐君好季札劍，口弗敢言。季札心知之，為使上國，未獻。還至徐，徐君已死，於是乃解其寶劍，繫之徐君冢樹而去。從者曰：『徐君已死，尚誰予乎？」季子曰：「不然。始吾心已許之，豈以死倍吾心哉！』」《新序》卷七《節士》：「延陵季子將西聘晉，帶寶劍以過徐君，徐君觀劍，不言而色慾之。延陵季子為有上國之使，未獻也，然其心許之矣，使於晉，顧反，則徐君死於楚，於是脫劍致之嗣君。從者止之曰：『此吳國之寶，非所以贈也。』延陵季子曰：『吾非贈之也，先日吾來，徐君觀吾劍，不言而其色慾之，吾為上國之使，未獻也。雖然，吾心許之

矣。今死而不進，是欺心也。愛劍偽心，廉者不為也。』遂脫劍致之嗣君。嗣
君曰：『先君無命，孤不敢受劍。』於是季子以劍帶徐君墓即去。徐人嘉而歌
之曰：『延陵季子兮不忘故，脫千金之劍兮帶丘墓。』」

〔7〕《後漢書》卷四十三《朱暉傳》：「初，暉同縣張堪素有名稱，嘗於太學見暉，
甚重之，接以友道，乃把暉臂曰：『欲以妻子託朱生。』暉以堪先達，舉手未
敢對，自後不復相見。堪卒，暉聞其妻子貧困，乃自往候視，厚賑贍之。暉少
子頡怪而問曰：『大人不與堪為友，平生未曾相聞，子孫竊怪之。』暉曰：『堪
嘗有知己之言，吾以信於心也。』」

【集說】

（明）歸有光《震川先生集》卷三《貞女論》

女未嫁人，而或為其夫死，又有終身不改適者，非禮也。夫女子未有以
身許人之道也。未嫁而為其夫死，且不改適者，是以身許人也。男女不相知
名，婚姻之禮，父母主之。父母不在，伯父、世母主之。無伯父、世母，族之
長者主之。男女無自相昏姻之禮，所以厚別而重廉恥之防也。女子在室，唯
其父母為之許聘於人也，而己無所與，純乎女道而已矣。六禮既備，壻親御
授綏，母送之門，共牢合巹，而後為夫婦。苟一禮不備，壻不親迎，無父母之
命，女不自往也，猶為奔而已。女未嫁而為其夫死，且不改適，是六禮不具，
壻不親迎，無父母之命而奔者也，非禮也。陰陽配偶，天地之大義也。天下未
有生而無偶者，終身不適，是乖陰陽之氣，而傷天地之和也。曾子問曰：「昏
禮既納幣，有吉日，壻之父母死，則如之何？」孔子曰：「壻已葬，致命女氏，
曰：『某之子有父母之喪，不得嗣為兄弟，使某致命。』女氏許諾，而弗敢嫁
也。」弗敢嫁而許諾，固其可以嫁也。「壻免喪，女之父母使人請，壻弗取而
後嫁之，禮也。」夫壻有三年之喪，免喪而弗取，則嫁之也。曾子曰：「女未
廟見而死，則如之何？」孔子曰：「不遷於祖，不祔於皇姑，不杖，不菲，不
次，歸葬於女子氏之黨，示未成婦也。」未成婦，則不繫於夫也。先王之禮豈
為其薄哉？幼從父兄，嫁從夫。從夫則一聽於夫，而父母之服為之降。從父
則一聽於父，而義不及於夫。蓋既嫁而後夫婦之道成，聘則父母之事而已。
女子固不自知其身之為誰屬也，有廉恥之防焉。以此言之，女未嫁而不改適，
為其夫死者之無謂也。或曰：「以勵世，可也。」夫先王之禮不足以勵世，必
是而後可以勵世也乎？

（清）毛奇齡《西河集》卷一百二十四《禁室女守志殉死文》

自古無室女未嫁而夫死守志之禮，即列代典制所以襃揚婦節者，亦並無室女未嫁而守志被旌之例，則直是先聖之禮、後王之制兩所不許者。況六經、二十一史、諸子百氏及名人文集可為學士大夫所稱道者，亦並無此等。祇樂府有《貞女引》，琴曲有《處女吟》，前此作《樂錄》與《古今注》者皆云魯室女作，然亦並無守志事。且亦小說家言，不足據。又且貞女即貞婦，如鮑蘇妻稱鮑女宗者。是此既違禮，又畔制，又為主持名教、端風勵俗者所不道，且又循蜚以來，下至宋元百千萬年所不必有之人之事。而不謂近世好異，比肩接踵，且愈出愈奇，而未有已也。

少與蔡子伯遊，見其族姑有未嫁夫死而守於室者，年已五十矣，未能旌也。祇勾學士大夫以詩文旌之，而世多未應。惟子伯重族誼，兼念姑祖龍池公以名進士為推官有聲，而姑之夫則父與伯叔父皆狀元進士，或殉死，或守義，如所稱余忠文先生兄弟者，以故子伯強作詩，而予亦依回從之以致，後之索詩文者遂不能絕，然未能破旌例也。既而諸暨孟氏以先世孟女屬傳，謂女名蘊，在洪武初為同邑蔣文旭所聘。文旭年十七，為監察御史，請歸親迎。值陳時政十二事，中有暱戚殺平民一條，忤旨賜死。女哭告父，謂文旭既親迎，有吉日禮，應往弔。不許，又謂文旭死，其父母無子，請往事舅姑，又不許。乃瞷樞過門，躍出隨之。俟舅姑亡後，仍歸室築一樓以居，名柏樓，比柏舟也。時請旌不得。歷洪武、永樂、洪熙至宣德六年而始旌之，雖已破典例，而仍不為例。予念文旭賢死事可感，縱傍人猶憐之。以通名之婦而與之齊一，亦復何過？又且請命歸娶事聞朝廷，告母往弔早有吉日，因為之作傳。即後入史館，作《明史·列女傳》，亦力持其說。即以此傳入史傳中，曰：雖非禮，已有例矣。當是時，予論列侃侃，內省無媿，顧嘗自忖曰表章太過，得毋有效尤而起竟破其例為論列罪者？乃未幾而果有仁和計二姑事。

二姑許同里陳桓為妻，桓以貧從軍，於康熙甲寅隨總制姚公征閩海，而身沒於陣。姑過桓家，親為操作，且絡絲糊錫，日取傭值，以養桓二親，逮老死杭府。縣屬遂有據孟女柏樓，《明史》立傳已事，請特創旌例，以擴典制。即當事亦以此上之，雖廷議破例，而終不為例，然亦岌岌矣。

今康熙辛卯，予年迨九十，臥病城東草堂，客有以六安潘女事屬表章者。其傳云：夏舉人諱聲，與潘貢生諱瀚者為婚姻。夏子死，潘女請隨母往弔，不許。暨母歸，而女已投繯死矣。大驚曰：今室女守志，又復有死焉者乎？古有

殉難，無殉死者，況夫婦無殉死事。不惟室女不殉，即已嫁守志，亦何必殉此？惟女遇不幸，有奪其志者，不得已偶一死之，韓憑妻是也。《樂錄》：「宋康王好色，築臺於青陵，而奪憑妻，妻投死臺下。」此惟奪志有然。然此即殉難，非殉死也。然且有殉難而仍不死者。周郁妻戳鼻不死，魏溥妻割耳不死，王凝妻斷臂不死，清河崔氏截髮不死，以至曹文叔妻刈耳復割鼻，梁之高行婦戳鼻復劓面，而皆不死。即共伯之妻明云「父母不諒，將之死」，然仍不死也。故父母不殉死。親死亦死，謂之滅性，又謂之以死傷生，名曰不子。不子者，不孝也。惟君亦然。三良而殉死，即斥為不忠，與婦寺等，夫倫類之。尊莫如君親，忠愛之切亦莫如君親。向使君親當殉，則人孰無君？孰無父母？一君二親將見薄海之內，民無孑遺。縱有三身，亦掄不及夫婦矣。況夫婦則斷斷不可死者。夫婦不言情，故曰夫婦有別。又曰關雎好逑，鶺鴒離立，惟小說家言情，則然後有暱情身死之事。如謁漿乞飯、裂家返魂諸事，生而死，死而又生，此則離經悖道，蠹壞風俗，大非士君子所宜言也。生平寡學識，予族弟會侯以祥符知縣還里，與予同年同館，友方君渭，仁結子女之好。已嫁娶矣，忽子死而女為殉之，投繯不死，墮樓不死，而絕食而死。予無狀，有文傳之。既而新安吳、戴皆名族子女，吳死而戴即吞金以殉，且祠於墓間，名吞金祠。此全類小說家事，顧謁予為誌銘，予曲為之說，且多方解譬，以明其義，而實則不可為訓，徒強詞以奪正理，斅壞名教。雖曰已嫁而殉，說猶可原，然亦無故覓死，仍亦循蜚以還所未有事。況室女殉死，公然作俑，此尤急宜救正者。乃其傳又云：太守州牧議以女棺歸夏氏，與其子合葬。則更非禮之甚，顯然與先王之禮、孔子之言大相刺謬。不惟破例，抑且蔑禮，不得不大聲疾呼者矣。不讀《曾子問》乎？曾子問婚禮，而孔子答之。其言曰：「三月而廟見，稱來婦也。擇日而祭於禰，成婦之義也。」此何說也？蓋婚禮頗重。一禮未備，即謂之奔，謂之野合。故自行媒、納采、納徵、問名、卜吉、請期而後，有三告廟禮。一曰告迎，告親迎也；一曰告至，謂婦車至又告也；一曰謁廟，則主人主婦帥新婦而謁之於廟，即朝廟也。有兩見舅姑禮。其有舅姑在堂者，則名曰婦見，謂婦至之日，舅迎於門，謂之主人；姑迎於堂，謂之主婦。但交拜行賓主禮，而次日質明，則婦以特豚之鼎棗栗、修脯之筐拜舅姑於堂，而舅姑受之。夫然後醴婦饗婦而婦禮成焉。脫不幸而舅姑偕亡，則於是行廟見禮。俟成婚三月，新婦始菜盈素服扱地而見之於廟，謂之廟見。雖向謁廟時，舅姑二主亦儼然在廟。然是謁廟，非見舅姑也。惟此一見後，夫然

後擇日專祭禰廟，而婦於以成，故曰廟見。始成婦，乃或已婚三月不廟見，而
不幸女死，則孔子又曰不遷於廟，謂棺不殯廟，不祔於皇姑，謂不令立主而
祔之祖姑之傍，反葬於女氏之黨，謂其棺反歸女家，循其黨類而葬之。何則？
示未成婦也，謂非其家之新婦也。夫奔與野合固不成婦，若禮儀未備，比之
奔與野合者，明有間矣。況祗未廟見。其在前此諸禮亦何一不備？雖主人主
婦不在，亦必有世父伯母為之主者。諒從前致辭，從後致命，必不少缺，又況
同牢、合巹、請衽、薦趾已越三月，徒以廟見一節有乖大義，遂曰不成婦，直
使棺不殯廟，主不祔祭，生非其親，死非其鬼。其禮之嚴毅而剛斷如此。今以
平白不相干之人，生不見形，死不覿面，上無主婚之尊長，下無請衽之僕婢，
既不婦見，又不廟見，不特非取婦，並非來婦，則亦何道而可使歸棺合葬，聯
楄柎，通窀穸，冬夜夏日，至於如此？此明明與孔子所言一水一火，一朱一
墨，一東一西，的的相反。如此而可為，將見亂臣賊子邪說暴行。凡可以反先
王、悖先聖者將無不為之，禮教從此掃地矣。故合葬非古，但自周公創始，而
其禮倍嚴。他倫皆無此，而惟夫婦有之。一男一女，合併匪易，原有較婦行得
失作分合者。《春秋》葬哀姜，齊桓以其屍歸齊，而僖請歸魯。一離一合，是
非判然。故禮當合葬，雖生不得合，而死必合之。周大夫之妻無過，而為夫所
棄，既已異居，然而妻必請合葬，所云「谷異室而死同穴」者。苟不當合，則
雖同寢處，而亦無合理。郤陽季兒其兄為其夫所殺，雖不復讎，而其衾不忍，
因自經而請不合葬，是以歸屍及棺，必有著落。荀爽之女至臨死，而以粉書
壁曰屍歸陰氏，即韓憑之妻倉卒赴難，亦且預書裙帶，曰願以屍賜憑。此等
大事，原非可以杜撰作臆計者。又且傳女事者重為曲護，更有隱就禮文以謬
合其義，如云：禮取女有吉日，而女之夫死，女斬衰而弔；又曰：婦人不二
斬，既謂之夫而為之服斬，固不二斬矣，可二夫乎？予初不記有是禮，而既
而記之，此即《曾子問》「不廟見，不成婦」之次一章也。曾子問曰：「取女有
吉日而女死，如之何？」孔子曰：「壻齊衰而弔，既葬而除之。夫死亦然。」
據此，則是「取女有吉日」，與室女在室不經請期者仍然不同，且並無斬衰往
弔之文。惟《禮注》有之。即《禮注》亦祗云「弔服以斬」，非謂服三年斬也。
乃接云「婦人不二斬，為之服斬則直服斬服，終三年喪矣」。是不特與《禮注》
未有三年之恩故不服斬語不合，且明明與《禮》文「既葬而除之」一語正復相
反，是改《禮》文也。改《禮》文不可也。又且「婦不二斬」出自《儀禮》，
《子夏傳》傳曰：「婦不二斬，不二尊也。」女在家從父，則祗尊父，故室女

為父斬三年。及既嫁從夫,則尊夫矣,為夫斬而父且降期,是不二斬。謂不二斬服指夫與父言,而乃以父為夫,以不二斬服為不服兩夫,是既改《曾子問》,又改《子夏傳》。聖經有幾,堪此數改?又況曾於所問尤宜審慎,前文已有合吉日而壻父母死之問,在女家已遣弔過矣,然而既請吉日,則必為致辭,故壻當已葬,必乞伯父致辭女家,使女家許諾而弗敢嫁,禮也,此壻致命女家也。及壻既除服,則女之父母必使人請壻勿娶而後嫁之,禮也,此女致命壻家也。是男女將婚,已經擇吉徒,以親喪間隔之,故致男辭勿嫁,女辭勿娶。而為之注者,且曰:「女可改嫁,男可改娶」。此雖注之誤,然亦見室女未配則其易離而難合,遂致如此。今陰竄《禮》文,竊改《禮注》,拗曲揉直,以伸其說,不過謂近代無學,經宋、元訖今,毀經蔑禮之後,必無有明指典籍直言其非者。予乃舉一淺近《禮》文盡人當知者,一指示之。《三禮》有《周禮》,雖未必如宋人劇尊為周公之禮,然與《禮記》、《儀禮》同出戰國,實周朝禮也。《周禮》媒氏掌男女之判,不云「禁遷葬及嫁殤」乎?舊注云:「男女未婚者,有男死而女求歸之,謂之嫁殤。若男女偕亡而合兩棺而葬之,謂之遷葬。」是堂堂典禮,條例灼然。今室女求歸與死而合葬,兩禁俱犯,既黜名教,復蔑典禮,且又犯三代先王所制禁例,是歷求之而無一可者。予之言此,將以扶已黜之教,植已蔑之禮,稍留此三代偶存之律例於,以救秦火未焚私竄私改之載籍,並保全自今以後千秋萬世愚夫愚婦之生命,世有識者當共鑒之。

(清)汪中《述學》內篇一《女子許嫁而壻死從及守志議》

女子之嫁,其禮有三:親迎也,同牢也,見舅姑也。若夫納采、問名、納吉、納徵、請期,固六禮與?然是禮所由行也,非禮所由成也。何以知其然也?曾子問曰:「昏禮既納幣,有吉日,女之父母死,則如之何?」孔子曰:「壻使人弔,如壻之父母死,則女之家亦使人弔。父喪稱父,母喪稱母,父母不在,則稱伯父世母。壻已葬,壻之伯父致命女氏曰:某之子有父母之喪,不得嗣為兄弟,使某致命。女氏許諾而不敢嫁,禮也。壻免喪,女之父母使人請,壻弗取而後嫁之,禮也。女之父母死,壻亦如之。」由是觀之,請期之後,其可以改嫁者凡四焉,而皆謂之禮。然則納采、問名、納吉、納徵、請期,是禮之所由行也,非禮之所由成也。故曾子問曰:「取女有吉日,而女死,如之何?」孔子曰:「壻齊衰而弔,既葬而除之。夫死亦如之。」曾子問曰:「親迎女在塗,而壻之父母死,如之何?」孔子曰:「女改服,布深衣,縞總以趨喪。女在塗,而女之父母死,則女反。」於是鄭氏增成其義曰:「未有期

三年之恩也。」明乎親迎而後可以喪其舅姑，親迎而後可以出降之服，服其父母也。先王制禮，以是為不可過也。故女子許嫁而壻死，從而死之，與適壻之家，事其父母，為之立後而不嫁者，非禮也。夫婦之禮，人道之始也。子得而妻之，則父母得而婦之，故昏之明日，乃見於舅姑。父得而妻之，則子得而母之，故繼母、如母不為子之妻者，是不為舅姑之婦也。不為父之妻者，是不為子之母也。故許嫁而壻死，適壻之家，事其父母，為之立後而不嫁者，非禮也。《禮》：「女未廟見而死，不遷於祖，不祔於皇姑，壻不杖、不菲、不次，歸葬於女氏之黨，示未成婦也。」今也生不同室，而死則同穴；存為貞女，沒稱先妣；其非禮孰甚焉！婦人內夫家外父母家，父母生我者也，夫成我者也，父母之喪無貴賤，一也。婦人不二斬，故為夫斬，則為父母期。未有夫婦之恩，而重為之服，以降其父母，於壻為無因，於父母為不孝，失禮之中，又失禮焉。女之嫁者，為人後者，竝以出降，為父母期。若使非我大宗，而強為之後，是所謂不愛其親而愛他人者也。何以異於是？先王惡人之以死傷生也，故為之喪禮以節之，其有不勝喪而死者，禮之所不許也。其有以死為殉者，尤禮之所不許也。雖然，父子之親，君臣之義，夫婦之恩，不可解於心，過而為之死，君子猶哀之。苟未嘗以身事之，而以身殉之，則不仁矣。女事夫，猶臣事君也。仇牧苟息，君亡與亡，忠之盛也。其君苟正命而終於寢，雖近臣猶不必死也。若使巖穴之士，未執贄為臣，號呼而自殺，則亦不得謂之忠臣也。何以異於是哉？劉台拱曰：「歸太僕曰『女子未有以身許人之道也，女未嫁而為其夫死，且不改適，是六禮不備。壻不親迎，比之於奔』，其言婉而篤矣！」中以為未盡也。事苟非禮，雖有父母之命，夫家之禮猶不得遂也。是故女子欲之，父母若壻之父母得而止之；父母若壻之父母欲之，邦之有司、鄉之士君子得而止之。周公監於二代，而制為是禮，孔子述之。意周公、孔子不可非乎？則其禮不可過也，故曰過猶不及。昏姻之禮，成於親迎，後世不知，乃重受聘。以中所見，錢塘袁庶吉士之妹，幼許嫁於高；秀水鄭贊善之婢，幼許嫁於郭。既而二子皆不肖，流蕩轉徙，更十餘年。壻及女之父母咸願改圖，而二女執志不移。袁嫁數年，備受箠楚，後竟賣之。其兄訟諸官，而迎以歸，遂終於家。鄭之婢為郭所窘，服毒而死。傳曰：「好仁不好學，其蔽也愚。」若二女者可謂愚矣！本不知禮而自謂守禮，以隕其生，良可哀也。傳曰：「一與之齊，終身不二。」不謂一受其聘，終身不二也。又曰：「烈女不事二夫」，不謂不聘二夫也。歸太僕曰：「女子在室，惟其父母為許，聘於人而己無與

焉，純乎女道而已。」善夫！

（清）魯一同《通甫類稿》卷四《沈貞女傳》

貞女沈氏，沐陽人。許字同邑張廷鈴，年十九而廷鈴死，弔焉。年八十
有四卒。女之來張也，張別為一室貯匵焉。女朝夕一木牀坐匵側，相對如生。
宅有火風盛，列屋皆爐女所居故草舍。左右入嘩女，不動，強之，女哭曰：
「我所以來汝家，為此匵也。匵出則可。」而家人共引匵，匵堅不可舉。棄
匵挽女，女攀匵大號，誓與俱焚。眾知不可強，竄去，火滅，女屋巋然，邑
人靡不歎異。女守匵六十有五年，足未嘗出戶限也，所坐牀損入寸許。及歿
而後，與張同殯云。

魯一同曰：余適沭陽，其地有東營者，貞女坊在焉，輒瞻仰其下不能去。
女歿去今二十有三年矣，居人往往道其軼事。且曰：女之節，路人哀之。然其
姑遇之無禮，女曰吾命固然。無怨色。嗚呼！豈不賢哉！而明儒歸有光之論
曰：「女子未有以身許人者也。男女不相知名，女子在室，惟其父母之許於人，
而己無所與，純乎女道而已矣。六禮既備，壻親授綏，而後為夫婦。一禮不
備，壻不親迎，無父母之命，女不自往也，猶為奔而已。女未嫁而為其夫死，
且不改適，是六禮不具，壻不親迎，無父母之命而奔者也。且女子固不自知
其身之為誰屬也，有廉恥之防焉。」異哉，歸子為是言也！先王緣情定禮，而
不強人所難能。夫未嫁不相知名者，果不知身之為誰屬耶？婦之於夫與臣之
於君一也，在室之女與未仕之士一焉爾。女未嫁而身許夫，歸子以為無廉恥，
士未仕而身許國，歸子亦以為無廉恥乎？歸子謂女子未有以身許人者，不自
許爾，父母許之矣。彼女子之心，將違其父母之命而不之許乎？將姑許之，
而恐其一旦出於不可測，而託於不知身之誰屬而豫為之地乎？幸其父一許而
已。設既許甲，復變許乙，亦以不知其身之誰屬而從之乎？六禮不備，壻不
親迎，而謂之奔。先王以恤夫不能備禮而失時者，非淫奔之謂，《王制》所不
禁也。今人守志不改適，且為之死，而歸子禁之，是以為淫奔也。此宜商鞅
之法所不忍，而謂先王之意乎？夫禮之不行於今多矣，歸子引《曾子問》「婚
有日而壻有父母之喪，使人致命於女氏，既免喪，不娶而後嫁之」。使今日有
為此者，豈不亦大怪矣乎？先王之制禮也，凡皆以中人為率。其上焉者，則
其所尊異，而不欲以率天下。禮不禁再適，以為難率焉爾。不再適，則以為賢
也。貞女之與節婦，難又相倍也。今貴節婦，賤貞女，謂為無廉恥，同於無禮
而奔，則是守志之女不如改節之婦也。予既備論貞女之事，而予里中有張貞

女事，與沈貞女尤相類。

（清）張文虎《舒藝室雜箸》甲編卷下《書清芬集後》

明歸熙甫以女子未婚守志為過禮，近世江都汪容甫復作議以佐其說。甚哉，二君之不知禮也！古聖人緣情以制禮，度夫中人所能行者著之，而不責以卓絕過高之行，此禮之所以通於天下萬世也。然其中有隱微疑似之間，不能顯著之令者，則以俟知其意者之善擇焉。哀公問於孔子曰：「禮：男必三十而有室，女必二十而有夫也，豈不晚哉？」孔子曰：「夫禮言其極也，不是過也。男子二十而冠，有為人父之道；女子十五許嫁，有適人之道。」推此，則禮文之不可明泥矣。是故三年之喪，禮也。世有若劉瑜之服除二十餘年，布衣蔬食，常居墓側者，君子不以為非也。不能食粥，饘之以菜，有疾飲酒食肉，禮也。世有若張敷杜棲隱之不食鹽菜，哀毀傷生者，君子不以為非也。不師心喪三年，禮也。世有若子貢之三年以外，築室獨居者，君子不以為非也。汪踦殤也，能執干戈以衛社稷，則喪之如成人，君子亦不以為非也。若如二君論，則茲數子皆可議矣。

且二君所執者，曾子問之文也。其文曰：「既納幣，有吉日，壻之父死母，已葬，致命女氏曰：『某之子有父母之喪，不得嗣為兄弟，使某致命。女氏許諾而不敢嫁。壻免喪，女之父母使人請，壻弗取而後嫁之。』」夫其不敢嫁者，正以女已許人而重之也。壻弗取而後嫁，而不責以堅守者，所謂度中人所能行也，而後嫁者難辭也。又曰：「取女有吉日而女死，壻齊衰而弔，既葬而除之。夫死亦如之。」注曰：「女服斬衰。」何服也？服以斬衰，則儼然其夫矣。而不責以守節者，亦度中人所能行也。設於時有矢志不嫁，或以身殉，或願事舅姑者，君子亦悲其情而許之。而容甫氏乃此之齊楚之君死，魯衛之臣號呼而自殺，則必為狂易失心之人。嗚呼！是何言也！

《昏禮》：「納采，主人筵於戶西，西上右幾。」注曰：「將以先祖之遺體與人，故受其禮於禰廟。」《曲禮》：「女子許嫁，纓。」注曰：「女子許嫁繫纓，有從人之端也。」許嫁之初，其重如此。而比之魯衛之臣於齊楚之君，其不為狂易失心之論乎？昔者齊侯之女嫁於衛，至門城而衛君死，保母曰：「可以反矣。」女不聽，遂入持三年之喪。弟立請同庖，女不聽。衛愬於齊，齊使人告女，女作詩曰：「我心匪石，不可轉也。我心匪席，不可卷也。」見《列女傳》。蓋本《韓詩》說。又衛女嫁於齊太子，中道聞太子死，問傅母曰：「何如？」傅母曰：「當往持喪。」喪畢，不肯歸，終之以死。見《樂府詩集》引揚雄《琴清

英》。此二女者，豈不知有既葬除服之禮哉？矢志不嫁，節著千載，容甫又將比之魯衛之臣號呼而自殺乎？高子問於孟子曰：「夫嫁娶者，非己所自親也，衛女何以得編於《詩》也？」孟子曰：「有衛女之志則可，無衛女之志則怠。」見《韓詩外傳》。此即所謂卓絕高過之行，不可以責之中人者也。以卓絕過高之行，而謂易狂易失心，吾不知容甫之心何心也。

　　熙甫曰：「女子在室，惟其父母為許聘於人，而己無與焉。」夫己身，父母之身也。以己身謂嫁者，父母也。父母許之，而曰己無與焉，此復成何說乎？且夫禮非強人而束縛之馳驟之也，亦求其心之所安而已。微、箕、比干，皆謚為仁。伊、周、夷、齊，各成其是。孔子聞孔悝之難，曰「柴也其來，由也死矣」，而無所襃貶於其間。此所謂各求其心之所安也。禮，三代不相襲，今古異宜。父在為母婦為舅姑，服皆期，而今則皆三年。二君其能執古禮以反之乎？孔子曰：「禮，與其奢也，寧儉；喪，與其易也，寧戚。」以今世俗波靡，日趨浮薄，苟有卓絕過高之行實足以激厲人心，而二君者又從而非議之，其亦異乎孔子之論禮矣。然熙甫亦自知其言之過，故於《張氏女貞節記》斡旋之，舉三仁夷齊為況。而容甫遂怗終焉。奉賢徐母吳孺人，未昏夫死，在室守志十五年，聞姑病，泣請歸徐事姑，撫嗣子得厚成立。事聞於學使者，旌其廬。士大夫有歌詠其事者，得厚彙刊為《清芬集》，乞言於虎。虎讀臨川昆明兩學使序，辨熙甫之謬，引而未發，又未及容甫所議，故為推而詳之，不自覺其辭費也。

（清）梁份《懷葛堂集》卷四《駁貞女論》〔註6〕

　　三百年間，文人之文惟歸熙甫最工，持議甚正，為一代宗主。其論貞女也，則失之謬，不可為世訓。

　　熙甫曰：「女子未有以身許人之道也。未嫁而為其夫死，且不改適者，是以身許人也。」此立言之大謬也！夫女子之嫁與許，許與未許，共不同如黑白，初不難知也。男女不相知名，未許也。婚姻之禮，通之以媒妁，告之於禰廟，主之以父母。父母不在，伯父世母主之。無伯父世母，族之長者主之矣。納采、問名、納吉、納徵、請期矣，男女相知名矣。若是者，皆許之也。六禮惟親迎謂之嫁，然必五禮行於先，而後謂之許也。桑中、淇上雖極狎昵私，人

〔註6〕陶福履、胡思敬編《豫章叢書》集部第 10 冊，江西教育出版社 2007 年版，第 657～659 頁。

不之齒者，非許也。婚姻之禮，未有未親迎而可曰嫁者，亦未有未親迎而可曰非許者也。女子從父，身，誰之身也？未有父主之而女不從者也，未有父許之而女非許者也。自納采而往，已命之為婿、謂之為夫矣！而猶曰「未有以身許人之道」，則是媒妁之言不足聽，禰廟之告不足重，父母之主不足從，而必牢問苟合，既嫁之後，而後以身許耶？夫以既嫁而後謂之許，則將篤夫婦之私，輕父母之命，而違於禮者，必熙甫之言也！《禮》：「女子許嫁，笄而施纓。」《雜記》：「女未許嫁，年二十方笄。燕則髦首。」此許未許，《禮》之明文也。今夫馬未乘而絡其首，不可曰馬非其馬；牛未服而穿其鼻，不可曰牛非其牛；則女雖未嫁，而曰身非婿之身者，無是也。何也？許之也。《禮》：「父母在，不許友以死。」荀息曰：「吾與先君言矣，不可以貳。」夫許友以死，許君以身，許以一言耳！許以言不可以食，況六禮行其五而可不為之死，且可以改適乎？是必婚禮未制之先而後可也。不然，則反道背德之人也。若已許為魯而從一以終，無間於死生者，女子之中道，人倫之正，古今之大義也。女子不幸未嫁而夫死者，將若何？女子未許人者，父主之；已許，夫主之。夫死，則身無所主，無主而後女得以自主。其發於情，本於禮義，志專事烈，雖父母有不得遏抑而旁撓者。豈惟父母，雖古先聖王之禮，有不得而禁制之。何也？臨大變能不食言而盡其情者，不可以常禮強而一之也。禮也者，順人情而制者。天下中人之質，而強其必為，夫死禁其改適，先王無是過情之禮也。中人以上而強其必不為夫死，必且以改適者，先王亦無是不近情之禮也。不及情而強之則傷生，過於情而強之則害義。此《禮經》不著言者，先王之意至深遠也。孔子有言「婿免喪，弗取而嫁」者，疏之者曰：「嫁也者，婿未親迎，而父母送以於歸也。」或曰：「嫁之為言，改適也。」夫世未有無故而弗取者，無故弗取而後嫁，明乎嫁者，舉一世不數見也。又言「女未廟見而死，則歸女子之黨」者，蓋以廟見重於合巹，為恒情言也，非謂女死而其喪可歸，以概乎婿死而其妻可嫁也。聖人不若是之瀆禮亂倫也。且以嫁則嫁，喪歸則歸，而女氏之貞者，有不因俗情苟禮以動搖其勁節貞心，則不宜引喻失義，求其說不得而為之辭也。

熙甫曰：「未嫁而為夫死，且不改適，是六禮不具，婿不親迎，無父母之命而奔者也，非禮也。」此言未及親迎而婿死，非夫婦也。是以禮之常經，責人之死之變也。父母已主之，未可謂為無命也。稱之曰「夫」，未可醜為「私奔」也。是說也，所重視迎一禮耳，舉其一而廢其五也。曾子問曰：「取女有

吉日而死，如之何」孔子曰：「婿齊衰而弔，既葬而除，夫死亦如之。」此為
未親迎者言也，成服而弔，婿可以來，女可以往。使非孔子之言，則熙甫將譏
為導婿之摟處子而教女以私奔矣。又曰：「陰陽配偶，天地之大義。終身不適，
是乖陰陽之氣，而傷天地之和。」斯言也，為女冠女尼言之可也，非可以語於
貞女者。古有養母而終身不嫁者，君子賢之。人之高明，常出恒情之外。故賢
智之過，聖人所不禁。若貞女，則固中行之道也。彼生而有偶，夫死必嫁，雖
下至禽鳥𩵋飛蠕動所與知與能者，君子語次不及也。

　　嗟乎！議禮之家，文人之文，求申其說而不自知其悖謬，往往然也。熙
甫之記貞節，既比之奔，又比之伯夷。夫伯夷至可與私奔並比也，其悖謬為
何如也？是立言者所當戒也。

卷　三

論時文

噫嘻乎！悲哉，人之繫於獄也！拲梏其手，執持欲墜；桎械其足，步武欲蹶；則困弱甚矣。禁錮深室，使不得出。窈窕冥冥，不知陰晴。所聞不過眾囚之言，所睹不過眾囚之形。雖有耳目，無所用其聰明，則昏昧甚矣。獄吏欲饑饑之，欲寒寒之，欲鞭鞭之，欲撲撲之，獄官欲徒徒之，欲流流之，欲絞絞之，欲斬斬之，與牢羊檻豕無以異也。噫嘻乎！悲哉，人之繫於獄也。

今試士之時文，何以異是！限以功令，多所避諱；拘牽理法，以為繩墨。此梏桎而困弱之象也。不曰為國家立功，動曰為聖賢立言，有用之心思才力，沉埋於八股之內；迂腐之聲音顏色，逼人於百步之外。搖其首，攢其眉，聳其肩，動其股，高吟而朗誦者，非八銘塾鈔則目耕齋也，非仁在堂則道生堂也。詰以古今中外之事，訊以安危理亂之故，則口喑目瞠，不能置一辭。此禁錮而昏昧之象也。則謂之獄焉可也。

然而舉十八行省之士，習而安之，顧而樂之，而不覺其弱昧者，何也？曰：此固富貴之所自出也。吾聞繫獄久者，眾囚推之為長，唯其言是聽，為之長者亦顧盼自喜。凡繫獄者，縣官日給餐錢。後進獄者，必輸資於其先進，因之獄囚亦有贏餘以權子母。然則獄之中自有所謂貴與富者。故雖有桎梏禁錮之苦，亦視沮洳場為安樂國，而不顧刀鋸之隨其後矣。無怪習於時文者之以為可安可樂，極困弱昏昧之甚而不自知也。然而此安樂豈可悠久？吾恐西人來為獄官獄吏，而飢寒鞭扑唯所命，徒流絞斬無所遁也。此可為慟哭流涕長太息者也。

或曰：我朝以制藝取士，積二百五十年矣。合前代計之，近八百歲矣。今乃以囹圄擬之，無乃過乎？予曰：近日風會大變，氣象迥殊，天時人事，無一不異於昔。南溟小西洋城郭舟楫之國，唐、宋以來列王會者以百計，而今亡矣。氣球，電線，鐵路，無煙藥，後膛鎗，機器礮，水雷、魚雷之艇，鋼甲鐵甲之船，昔所未聞者，而今盛行矣。昔之良醫，今庸技也。昔之勁旅，今弱卒也。昔之巧工，今拙匠也。昔之利械，今鈍兵也。昔之急遞，今緩郵也。昔之巨船，今扁舟也。昔之大燭，今小明也。皆時為之也。制執之昔似博大，而今見狹小也；昔逞聰明，而今等聾瞽也。亦時為之也。然而時文之中非無豪俊，使之究心於強兵富國之術，則豪俊見矣。犴獄之中自有材武，使之馳騁於金戈鐵馬之場，則材武見矣。如使拘攣其手足，掩蔽其耳目，而欲期之以材武也，此必不可得之數也。吾故曰時文一日不替，人才一日不興，華威一日不振，則謂縲絏中人誤之可矣。雖然，天下之困厄於中而恐莫能脫，篤守其舊而牢不可破者，皆獄象也，獨時文云乎哉！

鎮海劉崇照曰：朝廷雖以時文取士，並非令士子專習時文，亦非令試士者專取時文。然試士者捨此別無知能，不得不專以此為進退求名者；捨此別無徑途，不得不專以此為學業。則禁錮天下之士者，非功令，實考官也。然功令不改，而求彥髦講貫經濟之學，難矣。以囹圄比八股，詞意似激。然顧景范先生有云：「祖龍坑儒不過四百，時文坑人極於天下後世」[1]，二百年前已有為此說者矣，況今日哉！

中國禁錮之害有三：曰時文，曰鴉片，曰婦女纏足。三大害不除，必無自強之術。道光時，龍巖饒孝廉廷襄嘗云：「明太祖以梟雄猜忌取天下，懼天下瑰偉絕特之士起而與為難，求一途可以禁錮天下生人之心思材力，不能復為讀書稽古有用之學者，莫善於時文，故毅然用之。其事為孔孟明理載道之事，其術為唐、宋英雄入彀之術，其心為始皇焚書坑儒之心。」林文忠公以為快論。此篇蓋即饒孝廉禁錮之說而暢發之，危言悚論，雖賈長沙之痛哭，不是過也。夢夢者仍測迷不悟，何耶？受業左楔謹注。

【疏證】

[1] 顧炎武《日知錄》卷十四：「故愚以為八股之害等於焚書，而敗壞人材有甚於咸陽之郊所坑者，但四百六十餘人也。」

【集說】

（清）馮桂芬《校邠廬抗議》卷下《改科舉議》

　　昔年侍飲先師林文忠公署。客或曰：「時文取士，所取非所用。」坐有龍巖饒孝廉廷襄，夙有狂名，公故人也。已被酒，謔曰：「君為明祖所給矣！明祖以梟雄陰鷙猜忌馭天下，懼天下瑰偉絕特之士起而與為難。以為經義詩賦，皆將借徑於讀書稽古，不啻傅虎以翼，終且不可制。求一途可以禁錮生人之心思材力，不能復為讀書稽古有用之學者，莫善於時文，故毅然用之。其事為孔、孟明理載道之事，其術為唐、宋英雄入彀之術，其心為始皇焚書坑儒之心。抑之以點名搜索防弊之法，以折其廉恥，揚之以鹿鳴、瓊林優異之典，以生其歆羨。三年一科，今科失而來科可得，一科復一科，轉瞬而其人已老，不能為我患，而明祖之願畢矣。意在敗壞天下之人才，非欲造就天下之人才。君為此論，明祖得毋胡盧地下乎？」

　　於是文忠舉杯相屬曰：「奇論，宜浮一大白。君狂態果如昔。」一笑而罷。余小冠末坐，下敢置一詞。退而思之，洪武中，嘗停科目十年，繼又與吏員薦舉並用。如典史擢都御史，秀才擢尚書，監生擢布政使，登進之憂殆過之。其專用科目，在隆慶以後。固知孝廉非正論也。且有明國初之時文，未嘗不根柢經史，胎息唐、宋古文，程墨有程，中式有式，非可鹵莽為之。嘉、道以降，漸不如前。至近二三十年來，遂若探籌，然極工不必得，極拙不必失，繆種流傳，非一朝夕之故，斷不可復以之取士。窮變變通，此其時矣。

　　曠覽前古，取士之法屢變，而得人輩出，莫能軒輊。論者謂盂圓則水圓，盂方則水方，任以何法取之，所得不外此若而人。柳宗元《送崔子符罷舉詩序》曰：「惟其所尚，又舉移而從之」，可謂通論。何以言之？蓋以考試取士，不過別其聰明智巧之高下而已。所試者經義，聰明智巧即用之經義；所試者詞賦，聰明智巧即用之詞賦。故法異而所得仍同。然所試之事太易，則聰明智巧之高下不甚可辨。攷八股，始於王安石令呂惠卿、王雱所撰《熙寧大義式》。元祐間，中書省即言工拙不相遠，難以考試，蓋言太易也。至今日之時文，而易更極矣。

　　顧氏炎武謂：「科場之法，欲其難，不欲其易。」誠哉是言！蓋難則能否可以自知，中材以下，有度德量力之心，不能不知難而退，而覬幸之人少矣。難則工拙可以眾著，中材以上有實至名歸之效，益願其因難見巧，而奮勉之人多矣。且也多一攻苦之時，即少一荒嬉遊冶之時，多一鍵戶之人，即少一

營求奔競之人。文風振焉，士習亦端焉。而司衡校者，優劣易以識別，不致朱碧之迷離，高下難以任心，無敢黑白之顛倒，亦難之效也。

至於所謂難者，要不外功令中之經解、古學、策問三者而已。宜以經解為第一場，經學為主。凡考據在三代上者皆是，而小學算學附焉。經學宜先漢而後宋，無他，宋空而漢實，宋易而漢難也。以策論為第二場，史學為主，凡考據在三代下者皆是。以古學為第三場，散文、駢體文、賦、各體詩各一首。宋高宗立博學宏詞科，凡十二題，制、誥、詔、表、露布、檄、箴、銘、贊、頌、序、雜出六題，分為三場，每場體制一古一今。三場各一主考而分校之。蓋合校則有所偏重，其弊必至以一藝之優劣為去取，不如分校之善。宜令科甲出身七品以上之京官，每場各舉堪任考官同考官者三人，交軍機進呈，發部彙為一冊，以得保之多少為先後。屆期部擬前列而異籍者十人聽簡。多擬以備簡，以絕流弊。不擬者勿簡，以示大公。局試事宜，一如舊制。惟體制既多，懷挾無益，搜檢可視舊加嚴，搜出者焚之逐之，而不與罰。三場各編各號分，送三考官，各視原額倍中，送監臨官，叢其三優者作為舉人，兩優者作為副貢，一優者從其廩增附之舊，而作為廩貢增貢附貢，次科副貢得一優，廩增附貢得兩優，皆準遞陞。不論經策古學，一體並計，蓋專精與兼長，亦足相抵也。會試一切如鄉試法，而以三優者為貢士，兩優一優為副榜，如中正榜謄錄之法，下科準並計。殿試亦分三場，而刪覆試朝考，仍得相準，惟減其篇數，令窮日之力足辦，欽派讀卷官三人，各分去取，部臣彙核，首列三優，次列兩優一優，皆以經策古三者間列，周而復始，即為長榜。分三甲進呈欽定，臚傳授職如舊儀。至學政，令大小京官舉三事兼長者為之，亦不論省分官職之大小。童生縣府試三場，不覆試，以歸簡易。學政試三場，皆分取倍原額，提調彙校，以三優者為附生，兩優一優為佾生，仍籍之，與下屆並計。生員則於新章初試後，即序三優兩優一優造冊，以後歷試，皆並計優之多少，隨試而變。又與山長保優冊參互定冊，學政主之，惟山長不保優者不與貢，遇有拔優恩歲貢及廩增闕，皆按冊序補。拔優恩歲貢考試皆省之，經歲科十試，各從其廩增附之舊，而作為廩監增監附監，準出學。其損貢捐監一概停止。生童遊京師者，令寄大宛應試，一如原籍，以人數定額，生員許並計原資，諮回原籍者，亦如之。

凡國學，天下學校書院，皆用三事並試，通籍後不得再試。國家進賢，將以治國安民，而求之文字中，祗以儔人無從識別，為此不得已之法。登諸

朝矣，試以事矣，方將磨厲以經世之具，而猶令其留戀占畢何為者！夫侍宴賦詩，賞花釣魚，從容文雅，猶是虞廷賡歌之意。至京朝官而命題局試，古之所無，二三品之官，五六十之年，繫眼鏡，習楷書，甚無謂也。自散館大考試，差御史軍機中書學正等試，可一切停罷矣。

論朝鮮庚辰冬十月

朝鮮雖處東溟，直隸、山東、東三省之藩籬也。其俗秀良好學，其王恭順天朝，其地南與倭鄰，其人畏倭如虎而不敢與爭。明萬曆中，平秀吉據其東京，破其八道，昭敬王昖出走義州，中國勞師七載，喪師數十萬，糜餉數百萬，而兵竟不能罷，者恐倭得鮮，《明史·朝鮮傳》有單稱鮮者，如「鮮遼雜處」是也。則勢益張也。倭據平壤，則鴨綠一葦可杭，遼右失其險阻；據閒山，則登、萊、天津皆可揚帆而至，而京師失其門戶。其為害豈淺鮮哉！然則明人之為朝鮮謀者，亦即自為謀也。

今倭既滅我琉球，又侵我朝鮮，鮮人畏其勢盛，割地以互市，倭之視鮮不啻在掌握中矣。而俄羅斯又垂涎而耽耽焉，必欲與鮮通商，鮮人堅執不可。以積弱不振之鮮，當日、俄兩國之強大，勝負之數不待智者而後知也。以俄之地廣，東西北三面臨海，豈沾沾焉求鮮之一埔頭者。包藏禍心，亦不待智者而後知也。鮮人不與通商，不能禁俄人之奪其地，以強與通商。既與俄通商，不得不與西洋各國通商，則朝鮮非復中國之屬國矣。今使以中國之兵駐防其地，少則兵不足用，多則彼無以餉。若中朝自行運餽，不惟經費難籌，而滄海風濤殊多不便，此計之難行者也。如謂以遼兵屯皮島，或云從島，或鐵山，或旅順等處，遙為聲援，有鞭長莫及之勢。且千里救人，深入無繼，能保其必勝乎？此亦事之無益者也。

且夫以大事小，能結外援者，策之次也。不待庇蔭，力能自強者，策之上也。鮮京北倚叢山，南環滄海、忠州，左右鳥竹二嶺，羊腸鳥道，有一夫當關之險。其地非不可守也。咸鏡、平安二道鄰鞨鞨，精騎射，且鷙悍耐寒苦，其人非不可戰也。隋煬帝以百萬之師潰於浿水，唐太宗以中原全力挫於安市，其地非不生將才也。徒以八道之中無城者半，有地而不知設險以守；長衫大袖訓練無方，有兵而不知束伍之法。貴世官，賤世役，一切禁錮，梟桀之材，往往走敵為患。有材而不知破格以求，而國勢乃積弱而不可支，強鄰乃侵侮而無所忌。中國難於救鮮，鮮人當思所以自救。鮮人不知自為謀，中國當思

代之謀。使既不能復琉球，復不能保朝鮮，則朝鮮不滅於倭，則滅於俄，而法蘭西亦將吞我越南，海外屏藩盡撤，吾不知中國何以自立也。

今為中國計，當設北洋水師，分防天津、登、萊、遼東等處，內固疆圉，外示救援，兼擇一韜鈐素裕，威望久著之大臣，暫駐其國，為之練兵練將，鑄炮械，造輪船及一切機器，以適今日之用，戰未可以遽言，要當據險阻，增城堡，能守始能戰也。破常例，拔英才，有人此有士也。彼能自保，我亦稍安，不至脣揭而齒寒也。吁！朝鮮不自振興，舉國皆暮氣矣。不通商而自逸，轉不若通商而知所懼也。自古及今，安有不憂患而可以為國者哉！

籌國論癸未冬

或問於予曰：「宋欽宗以和戎而亡，唐廢帝、明思宗以不和而亡，遼天祚、金哀宗且戰且和而亦同歸於亡，其故何也？」曰：「存亡不在和與不和，而在國之強與不強、敵之畏我與不畏我。畏我可和，輕我不可和，挾制我則尤不可和。畏我而不和，懼困獸之猶鬥，此隋煬帝所以覆軍於高麗、唐玄〔註1〕宗所以喪師於南詔也。輕我而與和，如猛虎之離馴，此關白受封所以仍擾朝鮮，大同馬市所以見欺俺答也。挾制我而我求和，則藉口於敦睦友邦之說，脫略於華夷名分之間，受其辱而不恤，有所求而必與，權偷目前一時之安，罔恤事後無窮之禍，宋高宗之於女真，其前車也。」或又曰：「今法蘭西之於中國也，畏我乎？輕我乎？抑挾制我乎？」曰：「我能與之戰則畏我，不能與之戰則輕我，不能與戰而先倡為和議，則彼知我之怯，得借和議以挾制我。此必至之勢也。」

夫中國之見輕於西夷也久矣，道光時一就款於江寧，咸豐時再就款於京師，同治庚午以天津之變而增和約，光緒丙子以馬嘉理之死而增和約，皆中國之受其挾制也。往者，因伊犁事和俄羅斯，雖未受其挾制，亦不免為所輕也。且法人之所以敢於輕我者，又因琉球之事也。法人若曰：「日本夷琉球為郡縣，中國不敢過問。我取越南，中國能阻我乎？」此其所以肆行吞併而略無畏忌也。然則中國之於法，可以戰乎？曰：越南之為鄰國也，實屬國也。謂之鄰國，則救災恤鄰，義也。謂之屬國，則受其貢獻，捍其災患，分也。譬如士庶之家，奴僕為盜縶縛，將殺而烹之，為之主者，不率眾殺賊，反憚賊之眾且強，望望然去之，有是理乎？此不可不戰也。且法人若竟滅安南，必將擾

〔註1〕「玄」，原作「元」。

我滇南，寇我兩粵，以挑釁於我，則南疆自此多事。倭既可以取我琉球，法既可以取我越南，則俄人即可取我朝鮮，英人即可取我緬甸，則東北西南自此多事。此又不得不戰也。

然則，和必不可行乎？曰：何為不可也。必有澶淵之親征，而後可以和遼；必有韓、范之經略，而後可以和夏。何也？彼有所畏而求和，和之權在我，不在彼也。我聖祖仁皇帝之於俄羅斯也，始則調朝鮮兵逐之，繼則遣都統彭春攻之，城墨爾根、齊齊哈爾以防之，復令喀爾喀車臣汗斷其貿易，戍兵刈其禾稼以困之，必克其城而後已。至二十八年，歸我雅克薩城。凡黑龍江北、興安嶺南數千里甌脫之地，悉歸於我，而後和議始成。我朝之於準噶爾也，一款於烏蘭布通大捷之後，再款於西藏大捷之後，三款於鄂爾昆河大捷之後。我高宗純皇帝之征不庭也，必先有傅恒、岳鍾琪之連克碉寨而後赦娑羅奔，必先有福康安、海蘭察之諸路大捷而後赦廓喀，必先有孫士毅之破其國都，繼有暹羅國之窺其後路，而後阮光平始可封。此皆有畏我之心，而求和於我，我因得以挾制彼也。今欲與之和，不可不先與戰。遽言和則和必難成，即成亦不可以持久。我不言和而為必戰之勢，彼雖欲戰而亦有畏我之心，如此則不受其挾制，中國之體統得而屬國可保也。子亦知今日之憂有大於此者乎？

古之治國者，必內安而後外攘。今異端左道、鴟義奸宄之民，聚眾結黨於草澤之中，以待天下之有事，觀釁而動，以謀不利於國，滇、黔、楚、粵、皖、豫、吳、越、淮、徐、齊、魯之地罔不有，啯嚕會、安清道友、在理教、龍天門之類，妖言以惑人心，交結營兵胥役以為耳目，此腹心肘腋之患，當事泄泄然不以為憂。設中朝與法構釁，兵連禍結，此輩先為戎首，熛至風起雲合霧集，中原先有瓦解之勢，其能與外夷爭雌雄哉！為國者不患敵之輕我，而患我之自輕；不患敵之不我畏，而患我之無可畏。使中國士大夫力除其貪婪詐偽、因循蒙蔽之習，以講求興利除害之政，去中國之所短而不以舊章禁錮，師西人之所長而不以華夏矜高，國勢張，國本固矣，彼島國安敢輕我哉！吾故不畏法之強，而憂中國之不自強也。

治本論一

人世有一物焉，雪玉不足以擬其潔，糞壤不足以擬其污，岱霍不足以擬其高，江河不足以擬其下，矢梃不足以擬其直，鉤環不足以擬其曲，康逵不

足以擬其夷，坎窞不足以擬其險。能使理者亂，亂者理，能使寧者杌，杌者寧。懷抱於衷，雖金璧積邱山，章綬塞笥簏，卒莫得而易焉。此天下之至寶貴也。客聆予言而咋，曰：如君言，此殆天下之至碩乎？予曰：其物長不盈咫，重不及斤，渺乎小也。客又曰：此殆天下之至堅乎？予曰：其質非金非石，非犀非珠，至濡柔也。客又曰：此殆天下之至希乎？予曰：自渾敦以來，逮於今日，四海之表，六合之內，凡員顱方趾之倫，與夫二足而羽，四足而毛者，罔不有之，至眾多也。客曰：噫嘻！我知之矣。心之謂矣。心之污潔、高下、曲直、夷險，各造其極也。人品之所殊，共也。而子乃言金璧積邱山，章綬塞笥簏，卒莫得而易焉，可得聞乎？予曰：子亦知君子之事君乎？無苟得於臨財，恥苟免於臨難，其心知有君國而不知有身家。敵人雖餌以金璧章綬，而不動色也。子亦知小人之事君乎？見利競趨如水赴壑，見害奔避如獸遇虎。其心知有身家而不知有君國朝廷，賚以金璧章綬，而不感德也。夫以人君之尊金璧章綬之珍，而其為數又多，而心卒不可得無或乎？目睹國用之竭，心謀侵盜之巧，耳未聞礮石之震，心已潛逃潰之計，身雖侍立君父之側，心已趨就戎夷之廷也。愈侵盜則國愈貧，愈逃潰則師愈弱，愈趨就則人愈寡，。愈貧愈弱愈寡，戎夷愈侮而要挾愈酷，而我之俯首聽命亦愈卑。天下之日即於杌亂，有由來矣。論者不察所由，曰我中國二帝三王與我列祖列宗所以理天下之法，不逮彼也，慨然思變法以救之，使海內學者咸從事於西人算、譯、聲、光、化、電、重、熱之學。吾亦甚喜彼學之可以致富強也。然彼以算藝致富，強者跡也，而以忠信致富，強者心也。盡己為忠，以實為信，彼之所以謀國與所以事其君者，有不盡己而以實者乎？中國士大夫無彼忠信之心，而學彼算藝之學，吾恐法愈變愈新，人心亦愈變愈污，愈變愈下，愈變愈曲而愈險，而於心之廉潔高邁、坦夷而正直者，反鄙而迂之，以為不足一試也。夫廉潔高邁、坦夷正直者，非能必有經世救時大略如王景略、李衛公之儔，誠未足義安今日之天下。然反乎此，則危亂天下而有餘矣。於危亂天下者而任以天下之事，天下寧有幸乎？然則今日之天下，必不可治安乎？是大不然。宋岳飛曰：「文臣不愛錢，武臣不惜死，則天下太平矣。」此即《魯論》所謂「見利思義，見危授命」，鄂王特質言之耳。孔子舉此二語，而曰「可以為成人」，明反乎此則不成為人也。非無人之形也，無人之心也。子張依此二語而曰「可以為士」，明反乎此則不可為士也。非無士之貌也，無士之心也。人誠恥其不成為人，士誠恥其不可為士，慨然曰：彼夷也，且以不愛錢、不惜死事其君矣。我夏

也，何反不逮？則毅然變其愛錢惜死之心為不愛錢不惜死之心，秉不愛錢之心以理財，縱不能遽裕今日之財，而已握可以裕財之本；秉不愛錢兼不惜死之心以治兵，縱不能遽強今日之兵，而已植可以強兵之基。政之根本固矣，而後參用西人之學，實事求是，而盡削浮偽，選任廉能，而嚴黜庸墨，而政之柯葉茂矣。根固而柯茂，彼雖有利及刃銛斧，不敢輕議剪伐。《易・否》之上九曰：「其亡其亡，繫於苞桑」，謂其能行休美之事於否塞之時耳。非然者，本根既撥，而技①葉從之。大蒙之信，萬萬不可深恃，懼其槇木視我，各謀落其實而取其材也。雖喬木豈足恃哉！

【校記】

① 技，疑是「枝」之誤。

治本論二

居今日而昌言正人心術，聆者鮮不訾為腐儒，拘學迂闊，遠於事情矣。謂由正心而修齊而治平者，古先王大學之道也。執古先王大學之道，用拯今日禍變，此王生責蓋次公，所謂「太古久遠之事，不用難聽之言」〔1〕也。予謂學術者，所以提醒一世之人心，而人才所由出，風俗所由美，國運所由隆也。道光之季，羅忠節以正學樹幟三湘，從遊者有李忠武、李勇毅、王壯武、劉武烈，皆能屹然為國干城，而忠節、忠武、武烈又皆死事甚烈。同時曾文正、倭文端與何丹畦、竇蘭皐、闞竹如諸公，以理學相切磨於京師。迨同治初，文正為相而削平寇亂於外，文端為相而匡輔沖主於內。群賢雲合，簫管翕鳴，遂成一代中興之盛。由此觀之，正學何負人國？今國家百憂交集，正由士大夫不肯稍講大學之道，日以榮利迷溺其心術，如墜巨石於千仞之淵而不可復出，漂一葦於萬里之海而不可復覓。致貪詭踵接，奸弊叢茁，綱紘陁弛，刑義凌犯，戎夷乃得乘弊而肆其毒耳。設二三公輔鉅矩臣稍從事於學，以自正其心，上以小匡元後之德，下以丕變薄海之俗，內治修整，外鹵震懾，縱褊小如瑞士、希臘、和蘭、比利時，猶能自立。矧以疆土七百萬英方里之廣，人民四百兆之眾，金銀銅鉛鐵煤礦產甲於四洲之富，彼敢若熊羆狒迅突我藩垣，入我闥室而咥我哉！吾觀於暹羅，向者見逼於法，已朝不慮夕矣。今暹王與其世子遊覽泰西，法總統禮之有加，解釋舊怨，永敦盟好，暹王自是遂有自主之權。又觀於英人席捲印度，而廓爾喀孑焉孤立其間，閱百數十年未遭蠶食，近且兵勢日盛，能為我衛藏藩翰而不可動搖。於以歎有國者之

貴自強也！今之在位者何嘗不言自強，而所為實皆自侮自毀自伐之道，無所不用其極。夫即用其極以自侮自毀自伐，而欲人之不侮我毀我伐我，此無異以肉為罶而驅蠅也。縱侮我者不遽毀我伐我，不過視我為柈檻中物，操縱在己，無庸急急云耳，而欲怙此為永寧長治之策。此猶魚遊於釜鬵，而自謂樂於江湖也。不重可悲哉！求新者不究其原，皇皇焉專議改用西法以求富強。予謂西人之法可法也，西人之心尤可心也。鈞一事也，西人為之則集，中人為之則僨；鈞一器也，西人造之則良，中人造之則楛；鈞一學堂也，西人曰此所以培蓄人才，強富軍國，中人曰所以位置親昵，獵弋官祿。故炸炮，利器也，其中實以沙土，竟觸鐵石而不裂矣；開礦，美利也，以漠河金沙之旺，今且利薄而弊多矣；公司，良法也，信少而怴多，易萃亦易渙矣；翻譯，要學也，稍通各國語言文字，不為舌人而為邦諜矣。若此之等，屈指難罄。此非中人之才之不如西人，實中人之心之不如西人也。不心其心，徒法其法，此猶螟蜮不去，而求禾稼之茂；污垢不瀚，而求冠服之潔。古今寧有是哉！或曰：古之變法者，有管仲、子產、商鞅。三子者不言變齊、鄭、秦之人之心也，而齊霸、鄭治、秦富強而王者，何也？予曰：管仲、子產曷何嘗不正國人心術？後之人未深考耳，《管子》書有《心術》上下篇，其論心詳矣；《牧民第一》曰「禮義廉恥，國之四維。一維絕則傾，二維絕則危，三維絕則覆，四維絕則滅。」其所以正齊之人心者何如也！子產之相鄭也，斃泰侈而與忠儉，存鄉校以達言路。為相一年，斑白不提挈，童子不犁畔，二年市不豫價，三年門不夜閉，道不拾遺。其所以正鄭之人心者何如也！唯商君六虱仁義，其時人心疑大遠於古。然吾觀荀卿書，而知商君之時之人之心同，愈於今日之人之心也。荀卿對應侯之言曰：「入秦觀其風俗，其百姓樸，其聲不污，其服不挑，甚畏有司而順。入其都邑，其百吏肅然，莫不恭儉忠信而不楛。入其國，士大夫不比周，不朋黨，明通而公，而無有私事。四世有勝，非幸也。」[2]此語發於睢相昭王之世。逆計四世，則鞅相孝公之世也。然則鞅所以富強嬴氏者，非徒恃變法，明矣。後三子變法者，元魏有蘇綽矣。綽佐宇文泰變革時政，為強國富民之術，譔詔書六條：一清人心，二敦教化，而盡地利、擢賢良、恤獄訟、均賦役鈞列其後焉。統觀古之變法者，焉有不從事於人心者哉！不先從事於人心，而汲汲變法，如王安石之青苗方田，宋道君之算畫設科，其效可睹也。今天下非必無法之患，而無道之患也；朝廷非必無惠之患，而無威之患也；士大夫非廑無才之患，而無恥之患也。滅恥以炫才，才者，蝕國之蠹。

詘威以伸惠，惠者，腐邦之藥。僕道以建法，法者，斫國之鈇。法愈變，弊愈滋，禍亂愈促。無他，道失而人心亡也。吾嘗謂以古帝王之道治天下，譬諸煮米粟為饗，米粟多則為飯，少則為粥，再少則為餰。如無一溢之米盈盈於釜甒者，唯有水也，焉能充饑餒腹，而俾之福飽也哉！

【疏證】

〔1〕《漢書》卷七十七《蓋寬饒傳》：「太子庶子王生高寬饒節，而非其如此，予書曰：『（下略）今君不務循職而已，乃欲以太古久遠之事匡拂天子，數進不用難聽之語以摩切左右，非所以揚令名全壽命者也。』」

〔2〕見《荀子·彊國篇第十六》。

治本論三

我朝列祖列宗之訓與經史子集之言，可以徵吾正人心術之說者，不可勝引也。離經畔道，設淫詞助之攻者，概厭薄謂無足援述矣。彼東望築紫，西瞻甌羅，俯懷足底之美洲，曰諸邦之所以致富強陵轢諸夏者，別有道也。而惡知諸邦之治，亦自有其本乎！

日本明治天皇之親政也，大集公卿列侯，頒誥誡六條，其二曰上下一心，以謀富強；其四曰一洗舊習，歸諸正道。其立小學校也，男女六歲以上皆入學，學首重倫理，取本國及中國之忠孝奇偉者繪圖，編為歌詩，以激發其忠君愛國之心。其設陸軍學堂也，凡素多嗜好及犯罪遇赦宥者不入。有舉止佻達、心術不端者，雖已入堂，亦必斥退。東人所以正人心者何如也！然猶曰「此同文之邦也。至泰西諸國，較東瀛之日本遠矣。」乃觀西國學堂之書，多陳述先君之仁政；公私樂章，多頌揚本國之強盛。西律以誑語獲罪者不赦。西官教武備，學生首崇忠義廉恥。英吉利禁淫書矣，義大理廢淫祀矣，俄皇愛烈珊德禁行賕鬻獄矣。英人密理登曰：「文學者，所以教人敦信崇德，節用守貞，安分秉公也。」德人尼般曰：「天下無可滅之國，其滅亡者皆由於國之自滅。究其所以自滅者，莫不源於道德之敗壞。」西人所以正人心者何如也！然猶曰「歐洲雖遙，同在地球之上半面也。若美洲在地球之下半面，疆土不連，晝夜相反，宜其風俗穢濁，人心不可問矣。」乃美總統華盛頓之言曰：「今欲化導民情，整頓民俗，不可無道以維持之。」美人鮑德威曰：「教學之全規，兼道德倫常在內。考校文學可先，於身家心性品行驗之。」美人潘林溪曰：「欲興學必求良師，不但當求明哲之才，當求才德兼備、品學兼優之士。」

美人西列曰：「聰明才智，盡人可有。設無道德以為約束，恐聰明有誤用之時，才學悉害人之具。」美人滿勒覆曰：「大凡分別門類時，亦有相同之處。道在使之各修其心，以先植其根基。」美人赫普經曰：「專講學問、不講道德之人，可以為善，亦可以為惡。」又曰：「有學之人，雖較勝於未受教化之野人。然有學而無德，則其傷風俗、敗倫常之權力，較諸未受教化之野人而更有害。」斯言尤為沉痛。美人之所以正人心者何如也！

　　然則諸邦所以陵轢我者，非徒以學堂之多也，商務之盛也，工匠之巧也，礦金之旺也，鐵路之密也，船礮之堅利也。其所以閒存人心，實有合於中國先儒語錄之所言者。向使彼族之人心，亦若吾華之貪欺媮惰，雖有良法善政，將亦敗壞不可收拾，安在其富強於我也！不察其所以富強之本，而唯枝葉之是循，即令彼族籍其甲兵府庫，納士請吏，而我以貪欺媮惰之徒往治之，不出五年七年，富強必變為貧弱。何則？人心者，百善所由生，亦百弊所從出也。人心不滌，宿弊不剔；宿弊不剔，新政無績。譬之瘍醫治癰，不劀殺腐惡而欲肌肉之生新，氣體之強實，胡可得哉！

治本論四

　　朝野才俊之士，縱不詆吾正人心術之說，然不畏患其難者，什伯無一二矣。謂今者上寬下慢，不糾之以猛也久矣。貪也欺也，二者深入舉世之人之心，積數載於茲矣。今不圖濟變治標，以求速效，而必欲以廉潔忠信矯之，此猶投寸膠以澄黃河之濁，雖遲之五百年未必清也。而吾謂不然。

　　人心因君主而易，人心因時代而殊。德禮可以甄人心，政刑可以約人心，一事可以變革人心，一詔可以感悅人心，一言可以柔服人心，一檄可以旋轉人心。一人之心可以固一城之人之心，一人之心可以屬一國之人之心，一人之心可以廱百世之人之心。昔人所謂「易如泰山壓雞子，輕若駟馬載鴻毛」〔1〕者，不是過也。何以言人心因君王而易也？皇父事宣王則敬戒，事幽王則貪恣；蘇代為燕王噲謀則詐，為燕昭王謀則忠是也。何以言人心因時代而殊也？許劭言曹操為治世之能臣，亂世之奸雄；叔孫通諛於秦而不諛於漢；裴矩佞於隋而不佞於唐是也。何以言德禮甄人心也？「簡賢附勢，實繁有徒」〔2〕者，夏季之人心一變而為商初之人心矣。「草竊奸宄，卿士師師非度，小民興，為敵讎」〔3〕者，殷季之人心一變而為周初之人心矣。此德禮之效彰明較著者也。何以言政刑約人心也？反覆僭悖，眂其君如奕者，五代之人心一

變而為宋初之人心矣。廢弛貪縱，蕩然不知法祀者，元季之人心一變而為明初之人心矣。其得於德禮者什之二三，得於政刑者什之七八也。何以言一事變革人心也？吳王好劍而民多輕生，楚王愛細腰而民多餓死。光武征周黨、嚴光而東漢崇節義，姚興禮鳩摩羅什而秦俗重浮屠。其已事也。何以言一詔感悅人心也？輪臺一詔，漢武責躬，海內皆喜上之重農而厭兵。奉天一詔，唐德罪己，河北悍鎮為之上書而待罪。其明徵也。何以言一言柔服人心也？張綱之於張嬰，李抱真之於王武俊，楊復光之於周岌，李邦華之於左良玉，一言而使強梁俯首，叛逆效順是也。何以言一檄旋轉人心也？王郎起兵，河北響應。迨蕭王馳檄郡國，皆棄邯鄲而從蕭王；祿山僭逆，河北降附。迨平原傳檄討賊，皆背羯胡而從平原是也。何以言一人之心固一城之人之心也？閻忠烈，江陰一典史耳，其視淮安之泰不華、甯武之周遇吉，秩之崇庳懸絕也，軍之強弱迥殊也，而能把守，歷久而始敗，俾闔城蹈刃而不悔。其所以固結人心者何如也！何以言一人之心厲一國之人之心也？以齊愍之暴，舉國怨叛矣。樂毅之兵，所至奔潰矣。王蠋，畫邑一布衣耳，獨能抗節卻徵，縣枝絕脰，百爾聞愧，走莒立王，七十餘城，一捷而復。其所以愧厲人心者何如也！何以言一人之心廞百世之人之心也？墨胎公信，百山一餓夫耳。柳下季，東魯一逸民耳。而能振廉立敦寬之風，奮乎百世之上，俾頑懦薄鄙之夫，興乎百世三下。其所以廞熙人心者何如也！此皆古事之可證者。今豈異於古所云哉！

吾以為人心至無定者也。其有定者，偏著於淑惡，較然如堯、桀、舜、跖之分塗，而不可互易。此特千萬億秭中之一二耳，餘皆汎汎然如汪之萍，靡靡然如檣之緌，谷風起則移之西，閶風起則移之東，景風起則移之北，廣漠風起則移之南。其或噓之不動，吹之不轉，必其風之力小而雌，聲柔而緩者也。夫小而雌、柔而緩者，下位之風也；大而雄、剛而疾者，高位之風也。風何在？亦曰賞罰而已。重賞廉忠以示海內，俾人共睹上之所好在此；峻罰貪欺以震天下，使人咸知上之所惡在彼。如此，則有以動之而無難矣。明睹上之所好，而故違之以棄爵賞；灼知上之所惡，而故蹈之以求辜罰者，非人情也如此，則有以變化之而無難矣，此《中庸》所謂「明則動，動則變，變則化」也。其或不能變不能化者，必上之好惡賞罰未能大明著於天下也。好惡者，固有之心；賞罰者，自有之權。秉己之權，行己之心，而諉之曰是甚難，夫豈真畏其難而不為哉！亦誤於濟變治標之說而已矣。

【疏證】

〔1〕《北堂書鈔》卷第一百一十七武功部五:「《東觀漢記》云:『易於泰山之壓雞卵,輕於駟馬之載鴻毛。』」

〔2〕見《尚書·商書·仲虺之誥》。

〔3〕《尚書·商書·微子》:「殷罔不小大,好草竊奸宄,卿士師師非度,凡有辜罪,乃罔恒獲。小民方興,相為敵讎。」

權利論【注一】

上之人所據以為貴而不肯公之下者,權而已矣。下之人所據以為富而不肯公之上者,利而已矣。下觀上權則有悖逆之誅,上奪下利則有掊克之怨。數千年來,中國之政治風俗大抵然也。三代之治區夏則異是。般庚將遷殷,命眾悉至於庭。既迁則誕告用亶。其有眾咸造,在王庭。〔1〕古公將邑岐,亦屬屬之耆老告之。此箕子告武王,所謂「汝則有大疑,謀及庶人」〔2〕也。而《周官·小司寇》「掌外朝之政,以致萬民而詢焉。一曰詢國危,二曰詢國遷,三曰詢立君」。春秋時,列國尚有蹈其詢者。如衛靈公將叛晉,朝國人,使賈問焉〔3〕;陳懷公朝國人而問與楚與吳〔4〕;是其遺意也。小司寇職又云:「以三刺斷庶民獄訟之中,一曰訊群臣,二曰訊群吏,三曰訊萬民。聽民所刺宥,以施上服下服之刑。」鄭《注》云:「言殺殺之,言寬寬之。」又《地官·鄉大夫》職云:「以鄉射之禮五物詢眾庶。此謂使民興賢,出使長之,使民興能,入使治之。」鄭《注》云:「為政以順民為本,古今未有遺民而可為治。」夫國危、國遷、立君,邦之訏謨也;刺宥,官之大法也;興賢使能,後之鴻烈也;而皆不自專擅,屈萬乘九五之尊,下諮蒸黎而後定,此則上不自私其權而公之下矣。

其在《周禮》「旅師掌聚野之鋤粟屋粟間粟」,其哀之氓者,已厚於後世矣。而又使掌葛「徵稀裕之材於山農,徵草貢之材於澤農」,角人「徵齒角」、羽人「徵羽翮」於山澤之農。農之牛馬車輦以供力役之征者,使均人掌之;牛馬車輦①及旗鼓兵器以供軍旅、會同、田役之戒者,又使縣師掌之。農之供於後者,如此其豐也!先王既使廛人「掌斂布絘布總布質布罰布廛布以入於泉府」,而又使司門掌國門之徵,司關掌關門之徵。商之供於後者,如此其豐也!在下者亦可謂不自私其利而公之上矣。

【注一】刊《大道》1936年第6卷第1期。

　　然下不自私其利者，上亦不自私其利。取之民者，仍與之民也。其慈幼
也，則產子三人，與之母二人與之餼。其養老也，則門關有委積，而七十養於
鄉。其振窮也，則矜寡獨孤，天民之無告者皆有養。其邮貧也，則邦有委積以
待施惠，鄉里有委積以恤囏阨。天子既省其耕斂而補助之，小司徒復巡國及
野而賙之。其振飢也，則縣都有委積以待凶荒，散利而貸之種食，薄徵而輕
其稅租。其療疾也，則鄉立巫醫，具百藥以備疾災，畜百草以備五味。國之有
疾病者、厄瘍者，皆造醫師，使疾醫、瘍醫分療之。其有瘍而遠不能至者，
則於瘍醫受藥焉。上之施於民者如此其豐也。

　　然則下公其利於上而不自私者，上仍溥其利於下而不自私矣。夫上溥其
利於下而不自私者，下亦奉其權於上而不敢。雖愚哲共聞國政，而威福自秉
之皇王。蚩蚩之從，關如萋萋之從風而無不偃。故詩曰：「不識不知，順帝之
則」[5]；《書》曰：「無偏無頗，遵王之義」[6]；而犯上作亂者無有焉，流言橫
議者無有焉。此二帝二王之治，所以上下相親，使天下為一家，中國為一人，
熙熙然成大同之世也。自成、康以降，此風遐邈不可逅矣。今不意泰西之治，
彷彿近之。泰西之君，權力最重者唯俄羅斯耳。其餘微論君主民主之國及君
民共主之國，皆設立上下議政院，聚國之僚寀士庶以時謀議其中，待在上者
採擇而行之。此則上之權公之下矣。軍事之興，饟集於商，雖數千萬，無少�
民債，無國無之。其多者迺至數千兆，民或淹久不索，而不虞國之我欺，築謻
臺以逃者無聞焉。田圃有稅，林沼有稅，丁口有稅，室廬有稅，牲畜有稅，煙
酒有稅，器皿有稅，鐶釧有稅，關津有稅，市廛有稅，招牌有稅，準票有稅，
蓋印有稅。貨物之稅，有值百取四十取六十者。稅雖重，而商民罔怨。此則下
之利公之上矣。

　　然上之取諸下者，非久儲國家之府庫也，非中飽墨吏之囊橐也。商無資
本貸於國，工創器物貨於國。書院學堂林立於國，以誨其子弟。養老濟貧，醫
藥之院以惠其疲癃。養數十百萬水陸戰士，即養數十百萬土著。人民築一鐵
路，通一電線，開一河渠，合國之富者、寠者、巧者、樸者咸仰食其中焉。此
則上仍溥其利於民而不自私矣。議院之設，擬有發言盈延之憂，與掣肘旁撓
之慮。然其俗願者，其人樸也；其情公者，其議直也。懷身家利害之見以議行
止者無有焉。挾愛憎恩怨之私以議黜陟者雖間有之，而未眾焉。議雖發之下，
行止黜陟之權自操之上，既無昔時羅馬教王之權，亦無近日朝鮮亂黨之害，
更無中國臣僚植黨罔岡上之弊。此則下仍歸其權於上而不自專矣。

　　夫天地相距至迥也，其所以通者氣也；上下相違至逆也，其所以通者情也。上不私其權，是為天氣下降之象；下不私其利，是為地氣上騰之象。天下地上，於時為正月，於卦為《泰》。泰者，通也。反是，則天上地下，而為七月之《否》。否者，隔也。上下隔而志不通也。浸淫至於十月，天氣上騰，地氣下降，天地閉塞而成冬，純陰用事而為坤矣。彼泰西雖弗明《易》理，而深識天道，其於天地交泰之道蓋有合者，而又能財成天地之道以泄其秘，輔相天地之宜以蕃其植，以左右民而遂其生，此所以民殷物阜，師武臣力，龍驤虎視而莫之抗也。

　　不謂中國以聲明文物之邦，反成晦盲否塞之世，吏曠其職而尸位眾，民匿其情而媚茲少。四百兆其人者，亦四百兆其心，幾致朝不能持其權，野不能保其利，將為泰西強有力者負之而趨矣。然泰之極則為否之萌，否之極則為泰之始，故《泰》之上六曰「城復於隍」，《否》之上九曰「傾否，先否後喜。」今天子憤友邦奪我權利，慨然思以西人之法振中國之衰，此一陽生而為復之象也。積漸至於三陽生而為泰，則天地交而萬物通，上下交而其志同矣。上雖不必公其權於下，而吏有親民之仁；下雖不必公其利於上，而民有親上之義。仁義媾而上下親，而一切壅閼蒙覆之弊無自生焉，貪狡庸劣之吏無所容焉。風教驟易，天地更新，崇卑同仇，夷戎讋伏，而猶曰已失之權利不可復，未失之權利不可葆也，則指為外之奸、內之宄而磔之也可！

【校記】

① 輦，原作「輩」。《周禮‧地官司徒第二》：「縣師：掌邦國都鄙稍甸郊里之地域，而辨其夫家人民田萊之數，及其六畜車輦之稽。三年大比，則以攷輦吏而以詔廢置。若將有軍旅、會同、田役之戒，則受灋於司馬，以作其眾庶及馬牛車輦，會其車人之卒伍，使皆備旗鼓兵器，以帥而至。」據改。

【疏證】

〔1〕《尚書‧商書‧盤庚上》：「盤庚遷於殷，民不適有居。率籲眾慼出矢言。曰：『我王來，既爰宅於茲；重我民，無盡劉。不能胥匡以生；卜稽曰其如台？先王有服，恪謹天命；茲猶不常寧，不常厥邑，於今五邦。今不承於古，罔知天之斷命，矧曰其克從先王之烈？若顛木之有由蘗，天其永我命於茲新邑，紹復先王之大業，底綏四方。』盤庚斅於民，由乃在位，以常舊服，正法度。曰：『無或敢伏小人之攸箴！』王命眾悉至於庭。」《盤庚中》：「盤庚作，惟涉河

以民遷，乃話民之弗率，誕告用亶。其有眾咸造，勿褻在王庭。」

〔2〕《尚書・周書・洪範》：「汝則有大疑，謀及乃心，謀及卿士，謀及庶人，謀及卜筮。」

〔3〕《左傳・定公八年》：「晉師將盟衛侯於鄟澤，趙簡子曰：『群臣誰敢盟衛君者？』涉佗、成何曰：『我能盟之。』衛人請執牛耳。成何曰：『衛，吾溫、原也，焉得視諸侯？』將歃，涉佗捘衛侯之手，及捥，衛侯怒，王孫賈趨進曰：『盟以信禮也。有如衛君，其敢不唯禮是事而受此盟也。』衛侯欲叛晉，而患諸大夫。王孫賈使次於郊。大夫問故，公以晉詬語之，且曰：『寡人辱社稷，其改卜嗣，寡人從焉。』大夫曰：『是衛之禍，豈君之過也？』公曰：『又有患焉，謂寡人必以而子與大夫之子為質。』大夫曰：『苟有益也，公子則往，群臣之子敢不皆負羈絏以從？』將行，王孫賈曰：『苟衛國有難，工商未嘗不為患，使皆行而後可』。公以告大夫，乃皆將行之。行有日，公朝國人，使賈問焉，曰：『若衛叛晉，晉五伐我，病何如矣？』皆曰：『五伐我，猶可以能戰。』賈曰：『然則如叛之，病而後質焉，何遲之有？』乃叛晉。晉人請改盟，弗許。」

〔4〕《左傳・哀公元年》：「吳之入楚也，使召陳懷公。懷公朝國人而問焉，曰：『欲與楚者右，欲與吳者左。』」

〔5〕《列子・仲尼第四》：「堯治天下五十年，不知天下治歟，不治歟？不知億兆之願戴己歟？不願戴己歟？顧問左右，左右不知。問外朝，外朝不知。問在野，在野不知。堯乃微服遊於康衢，聞兒童謠曰：『立我蒸民，莫匪爾極。不識不知，順帝之則。』堯喜問曰：『誰教爾為此言？』童兒曰：『我聞之大夫。』問大夫，大夫曰：『古詩也。』堯還宮，召舜，因禪以天下。舜不辭而受之。」

〔6〕《尚書・周書・洪範》：「無偏無陂，遵王之義；無有作好，遵王之道；無有作惡，遵王之路。無偏無黨，王道蕩蕩；無黨無偏，王道平平；無反無側，王道正直。」

中國自古重工商論【注二】

士貴乎？農貴乎？僉曰：士貴。古今多偽士而無偽農，惡在士之盡貴於農也！農貴乎？工商貴乎？僉曰：「農不如工，工不如商」〔1〕，太史公言之矣。惡在工商之必賤於農也！或曰：龍門斯言謂蒸黎求富者耳，非謂有國者道也。予曰：為國不重工商乎？「來百工則財用足」〔2〕，「商賈皆悅，而願

【注二】刊《大道》1936 年第 6 卷第 1 期。

藏於其市」〔3〕，孔、孟非為有國者言乎？《周書・文酌》曰：「大工賦事，大商行賄，大農假貸」〔4〕，弗重胡以大稱？《六韜》云：「大農、大工、大商，謂之三寶」〔5〕，弗重胡以寶稱？《左氏・昭三年傳》：「三老凍餒。」服虔以「三老」為「工老、商老、農老」，弗重胡以老稱？《呂氏春秋》曰：「凡民自七尺以上，屬諸三官。」高誘《注》：「三官，農、工、商也」〔6〕，弗重胡以官稱？

然亦有弗以為重者。秦商鞅以耕織為本業，得粟帛多者復其身；工商為末利，舉以為收孥。《漢書・食貨志》載賈誼之言曰：「使天下末技遊食之民轉而緣南畝」，末技謂工。又言：「今法律賤商人，尊農夫。」然則為國專重農而輕工商，自秦、漢始也。

秦、漢以前則不然。神農氏「日中為市，致天下之民，聚天下之貨，交易而退，各得其所」〔7〕。金天氏有天下，以五雉為五工正，利器用，正度量。堯舜之世，命垂為共工。禹暨稷遷有無化居〔8〕。太史公曰：「農工①交易之路通，而龜、貝、金、錢、刀、布之幣興。所從來久遠，自高辛氏之前尚矣。」此帝者之重工商也。殷制：鄭注《曲禮》云：「此亦殷時制也。」天子有六工，曰土工、金工、石工、木工、獸工、草工，典制六材。《周禮・冬官》有攻木、攻金、攻皮、設色、刮摩、摶埴之工；《地官》有司市、質人、廛人、胥師、賈師、司虣、司稽、肆長、泉府之職。而「百工飭化八材」、「商賈阜通財貨②」，則《天官》太宰掌之；「任工以飭材事貢器物，仕商以市事貢貨賄」，則《地官》閭師掌之。此王者之重工商也。管子制國為二十一鄉，工商之鄉六，而曰：「工之子恒為工，商之子恒為商。」〔9〕晉隨會稱楚莊之霸，曰：「商農工賈，不敗其業。」〔10〕楚子囊美晉悼之賢，曰：「商工皁隸，不知遷業。」〔11〕此霸者之重工商也。齊、宋有工正之官，魯有工正、工師之官，楚有工正、工尹之官。鄭桓公遷檜③虢，與商俱東，而與之盟誓〔12〕；衛文公通商惠工而中興〔13〕；衛靈公慮及工商之患而民奮〔14〕。此春秋各國之重工商也。

然則今西人之重農而兼重工商也，非異於中國也，猶行夫古之政也。今中國之宜重農而兼重工商也，非踵效西人也，亦猶行夫古之政也。《周書》曰：「農不出則乏其食，工不出則乏事，商不出則三寶絕」〔15〕；又曰：「商不厚，工不巧，農不力，不可成治。」〔16〕當國者其三復斯言哉！

【校記】

① 農工，《史記・平準書》原作「農工商」。

② 財貨，《周禮》原作「貨賄」。

③ 檜，《大道》本作「鄶」。

【疏證】

〔1〕見《史記》卷一百二十九《貨殖列傳》。

〔2〕見《中庸》。

〔3〕見《孟子‧公孫丑上》。

〔4〕《逸周書‧文酌解第四》：「五大：一大知率謀，二大武劍勇，三大工賦事，四大商行賄，五大農假貸。」

〔5〕《六韜》卷一《文韜‧六守六》：「文王曰：『敢問三寶？』太公曰：『大農、大工、大商，謂之三寶。農一其鄉則穀足，工一其鄉則器足，商一其鄉則貨足。三寶各安其處，民乃不慮，無亂其鄉，無亂其族。臣無富於君，都無大於國，六守長則君昌，三寶全則國安。』」

〔6〕見《呂氏春秋‧士容論‧上農》。

〔7〕見《周易‧繫辭下》。

〔8〕《尚書‧虞書‧益稷》：「禹曰：『洪水滔天，浩浩懷山襄陵；下民昏墊。予乘四載，隨山刊木。暨益奏庶鮮食。予決九川，距四海；濬畎澮，距川。暨稷播奏庶艱食、鮮食，懋遷有無化居。烝民乃粒，萬邦作乂。』」

〔9〕見《國語‧齊語》。

〔10〕見《左傳‧宣公十二年》。

〔11〕見《左傳‧襄公九年》。

〔12〕《左傳‧昭公十六年》：「子產對曰：『昔我先君桓公與商人皆出自周，庸次比耦以艾殺此地，斬之蓬蒿藜藋，而共處之；世有盟誓，以相信也，曰：『爾無我叛，我無強賈，毋或匄奪。爾有利市寶賄，我勿與知。』恃此質誓，故能相保以至於今。』」

〔13〕《左傳‧閔公二年》：「衛文公大布之衣、大帛之冠，務材訓農，通商惠工，敬教勸學，授方任能。元年，革車三十乘；季年，乃三百乘。」

〔14〕見上篇《權利論》注〔3〕。

〔15〕見《史記》卷一百二十九《貨殖列傳》。

〔16〕《逸周書‧程典解第十二》：「士大夫不雜於工商。」孔晁《注》：「使各專其業。商不厚，工不朽，農不力，不可力治。必善其事，治乃成也。」

俄主彼得斬西伯利總督論

俄國西伯利總督駐德波爾斯科，見圖理琛《異域錄》。德波爾一作託波兒，後移治多木斯科，見《瀛寰志略》。其地在烏拉嶺東，額爾齊斯河之西，素饒金銀銅鉛之產，而所轄多木、也尼塞、屙慕、義爾古德、亞古德、屙哥德六斯科皆多皮礦之利[1]，而俄之民又多以採鍊射獵為生，歲輸於上，以供稅賦。為噶噶林者，日覯可欲，其心易動。求其處脂膏而不自潤，非素講道德若俄皇之師作陶者不能。然則雖有侵漁饕貪之罪，似亦可處以輕典者也。乃俄皇大彼得竟治以斬首之刑，執法毋乃過與？而非過也。

今夫西伯利之役，屬於俄未久也。居人多韃韃、里甲才兩種，係蒙古游牧之族，遷徙不定。當彼得時，有由俄歸誠我朝，編為佐領者，其從俄之心未堅也。所轄境，東西廣萬三千餘里，南北袤五千餘里，柏興以數千計，至遼廓也。冰天雪窖，窮髮不毛，黍稷稻粱之所不生，皮礦雖富，而民戶至稀也。彼得在位時，民心不靖，叛亂屢興，至易騷動也。具此五難，雖以廉靜為治，與民休息，猶懼無以撫綏安集之，而況濟之以掊克聚斂，為各柏興頭人之倡，使俄民辛苦墊隘，無所控告，必有越窩集、喀倫而叛逃者。不斬之，無以定民志也。況未斬之先，彼得曾誡於國，曰：「欲使百姓均霑實惠，必自爾百僚，各矢清潔始。」諄諄之論，通國皆知，豈西畢爾之噶噶林獨未之聞？聞而不悛，其輕藐君父為何如耶？不斬之，非所以張國威也。

或曰：《異域錄》載俄羅斯法律，凡叛逆犯上者，解其身肢為四；盜倉庫官物者，視其贓之多寡，有劓耳鼻者，有重責以火烤而發遣者。然則貪者之罪，較之叛逆，固已輕矣。方彼得之西遊各國也，其姝柔發野潛誘國人使判，於是亂黨蜂起。及彼得東歸，於叛者亦僅纓其首耳，未嘗按律肢解也，獨於貪者，使身首異處。然則貪之罪豈大於叛乎？嗚乎！此豈知彼得之心者哉！彼得以為叛者得罪於君，貪者為害於民，民貴而君輕，故叛者止絞以尺組，而貪者必斬以歐刀也。烏乎！為國者必以懲叛之法懲貪，庶墨儆而廉奮，中飽去而國用可裕。然而人君率惡聞叛逆，而於貪者多屈法優容之，不肯輕用重典。雖採三品之金，重三寶之政，亦終為無當之漏卮也。求如察罕污之富強其國，胡可得哉？

【疏證】

[1]（清）徐繼畬《瀛寰志略》卷四《歐羅巴·俄羅斯國》：

> 西伯利部……地分八部，曰德波爾斯科、曰多木斯科、曰也尼塞斯科、曰

屙慕斯科、曰義爾古德斯科、曰亞古德斯科、曰屙哥德斯科、曰岡札德加。○
德波爾斯科，與海東部之亞爾幹日力、屙勒內，白爾摩等部相連，以烏拉嶺為
界，地氣寒甚，產金、銀、銅、鐵礦。○多木斯科，一作多僕。在德波爾西南，
與海東部之白爾摩、屙倫不爾厄等部接壤，其南與西域之哈薩克、回部毗連。
游牧者時采侵掠，雖有防兵，不能禁也。俄有大酋駐此，總理東方，兼督礦務。
○也尼塞斯科，一作云益士。在德波爾之南，多木之東，有草場，出各礦，南
境與哈薩克毗連，駐兵四千，以防侵擾。○屙慕斯科，一作東色。在也尼塞之
東，地頗豐饒，善釀酒，人多沉湎。南境抵外興安嶺，與烏梁海各部接壤。○
義爾古德斯科，一作耳谷。在屙慕之東，地極廣大，出銀、鉛礦，兼產皮貨，每
年所得鉛與皮甚多，足助國用。其人多美丰姿，頗講文學。南境抵外興安嶺，
與喀爾喀、蒙古土謝圖汗、車臣汗兩部接壤。南界有甲他城，即內地所稱恰克
圖。中國與俄人互市於此，庫倫辦事大臣司其事，彼以皮來，我以茶往。○亞
古德斯科，一作牙谷。在義爾古德之東，南境抵外興安嶺，與黑龍江接壤。康
熙年間議定疆界，立有界碑。其地寒甚，冰雪之消融者，每歲止得三四月。人
戶稀少，射獵之外無生計，俄人取其所得之皮以當賦稅。○屙哥德斯科，一作
阿谷。在亞古德東北，地盡亞細亞之東北隅，寒冽過於亞古德，土人亦以獵獸
為生。俄設官以賦其皮，城建海濱，與海東各島通商，以收皮貨。○岡札德加，
一作堪察加。在屙哥德之東，東界斜伸入海，形如大刀頭。其地終年寒冽，草木
稀疏，海鳥翔集如蠅蚋，居民捕魚為食，穴地而居。即東省所謂魚皮韃子。俄人
設口收皮，朝臣有重罪者流竄於此。○自亞細亞極東北至亞墨利加海中各島，
稱亞律群島，迤南接日本各島，稱古利群島，皆產皮，俄船往來收皮，鬻於中
國。○北亞墨利加之西北隅曰監札加，俄人逾屙哥德之墨領海峽跨而有之。地
寒凍無他產，所得者皮貨而已。

論保國會戊戌夏四月

　　光緒二十四年春三月，粵人康有為於京師之松筠庵立保國會，從者三百
人。越七日輒一會，會之前大書榜於市，以為之招。或問予曰：此何意也？予
曰：此懷叛逆之意，踵西人之跡，而為之者也。泰西立會最善者，無如傑乃法
之紅十字會，其次如美利堅之釋奴會，欲為黑奴除害者也；英吉利之禁酒會，
欲為國人除害者也。英人又嘗立禁煙會，欲為中國除害者也。此可與華人之
不纏足會相提而並論也。若普國宰相賜德鷹伯爵之立良民會，求國家變法利

民，乃鳩集眾民而與國抗衡，其心雖善而其跡已逆，又其甚者。義國之家婆那哩會，以反叛伏法者其眾；又有麥薺尼會，專以教民造反為事。俄國有尼希利會，謂民間受苦過深，俄皇在所必去。光緒七年正月十四日，俄皇果為其黨所弒。法國有通用會，亦曰鴨捹雞撕黨，於光緒九年襲據巴黎都城，光緒二十年刺殺其民主薩低喀拿。此昔會黨之大逆不軌者。《周禮》之所謂「邦賊」，《孟子》之所謂「橫民」也。

今康有為之會，名曰保國，實欲盜國。彼所著書，言孔子創教，改制稱王，彼又自號長素，欲駕衰周素王之上，顯有張邦昌、劉豫稱帝之心。昧者不察，交口譽其輕濟，唯恐其進用之不速，權力之不宏。以斯人而畀之事權，吾恐其為俄法亂黨之所為。昔之天地會，今之哥老會，尚未足以擬其害也。或曰：「康某之心術雖不可問，兒其學術則有可取。用以變法，於國事未必無裨益也。」予曰：「用人而不考就其心術，此中國所以亂也。如以其涉獵西學而用之，彼之鄉人孫逸仙非亦涉獵西學者哉！彼朝鮮之金玉均、洪英植非亦涉獵西學者哉！」

論張蔭桓康有為宜誅 戊戌秋九月

光緒二十四年秋八月，戶部侍郎張蔭桓、工部主事康有為謀矯詔調兵圍頤和園，事覺，捕蔭桓下獄，有為遁，其黨御史宋伯魯革職，御史楊深秀等伏誅，有為弟廣仁同日戮於市。德意志皇乞貸蔭桓死，皇太后不得已原之，安置新疆，詔嚴緝有為。有為已逃往香港，復至日本。日人庇之，不能得也。玉樹恭讀數次詔書，竊綴之以論，曰：

有為譔《孔子改制考》，謂孔子創制稱王，而自號長素，欲駕孔子而上之。不待創立保國會，而知其欲帝制自為久矣。今者之謀不軌，張、康實同為中國之患害，自此乃益劇矣。以李秉衡之賢而不能用，以蔭桓之逆而不能誅，皆德人使然。中國用人行法之大權，將盡為泰西強國所奪，其為禍害一也。自此神奸巨慝皆得挾敵勢要君，凡蓄異謀皆預結西人以為城社，叛逆自此益多，其為患害二也。諸人之逆謀，必有駐京使臣陰為之主，如日本竹添進一郎之嗾洪英植、金玉均、朴泳孝焉。洪、金通各國語言文字，為開化黨魁，竟以兵入朝鮮王宮謀廢立。康、梁亦博通西學者，乃亦為其所為。自此我皇太后、皇上將疑談西學者率多奸宄間諜，益由舊厭新，不願變法，以收富強之效；西人將益肆欺侮，而以波蘭待我。其為患害三也。粵人孫文為李家焯構

陷，遁走泰西諸邦，欲以中國為社肉，而己為陳平。康、梁文藻遠在孫文之右，辯論足動西人之心，其泄忿報怨之謀，將有為臣子所不忍言者。其為患害四也。

為今之計，宜急斬蔭桓，籍沒其家，以斷西人內應；購有為於日而誅之，以伸中國之法。昔春秋時，宋人以賂請長萬於陳，魯人以賂請慶父於莒，鄭人請司臣尉止於宋，請堵女父於晉。戰國時，衛元君以左氏易胥靡於魏。此所以楮柱於五霸七雄之間，弱而不亡者也。自古及今，安有法不立、誅不必而可以為國者哉！不然，今日銷聲匿跡以去國者，恐他日明目張膽而返國也。如朴泳孝始而謀逆於韓，越十年而用事於韓，其亦可以鑒矣！

論新法與康有為無涉戊戌秋九月

康有為以虺心豺性，負博辨之才，妄擬宣聖，邪說誣惑。憑倚城社，誘扇群慝。謀危乘輿，震駭宮闕。事敗遁逃，猶不悛悔。偽撰密詔，離間兩宮。其巨奸大逆，固海內忠憤之士欲食其肉而寢其皮者也。

然憤者謂其聖眷優隆，如唐順宗之任伾、文，唐文宗之倚訓、注，此大不然。康有為之人品心術劣於伾、文、訓、注，而我皇上知人之識則遠過唐宗，許尚書劾之於前，文侍御彈之於後，皇上固已心薄其人矣。所以未遽斥逐者，以有為素盜經濟虛聲，迸斥有為，則識時才俊之彥皆懷寶裹足而不前。故權留之，以表燕市駿骨之意。此淵衷睿慮，有非愚賤所能窺測萬一者也。然始僅令觀政總署，繼命董上海官報，旋又有至今尚未出京深堪詫異之論，未嘗用之軍機處也，未嘗留之輦轂下也，未嘗晉一階加一銜也。其恩眷且在王照、楊銳、林旭、譚嗣同、劉光第之下，何謂優隆！

論者又謂皇上變法，康有為實佐佑之，愚更不以為然。康有為一工部主事耳，雖上封事，由人代達，不能造膝密陳，何由佐佑皇上？且有為以徐致靖疏薦，蒙恩召見，事在今歲四月二十八日。前此如設經濟特科，建京師大學堂，變武科舊制，選宗室出洋遊歷，新政之頒行已多，其時康有為之姓名未達聖聽也。後此新政如開言路以祛壅蔽，課樹藝以興農學，設醫學以重民命，廣報館以開民智，重工商以濬利源，刪則例以歸簡易，議南漕改折以清積蠹，建郡縣學堂以宏教育，廢時文、黜楷書以崇實學，汰冗員、裁併官局、廢不在祀典之祠廟以節糜費，此皆時賢之所能道，抑亦諸邦之所厚期，豈以皇上明聖不能洞見其利，而必待一小有才之康有為贊導也哉！

近日求新者以新政為有為之功，守舊者以新政為有為之罪，皆謬妄不足置辯。唯我皇太后以有為謀逆之故，深慮轂下惴恐，宇內惶惑，不得不廢棄變法綸音，以俯順庸臣俗士之情，曲狥其苟安自便之私，致中朝益緩興盛之期，外夷益肆凌侮之計，此則康有為之罪，擢髮難數者也。然則康有為者，非新法所由行，實新法所由廢也。非惟今日之新法所由廢，亦且他日新法之所由不復行也。嗚呼！求新者狂，守舊者盲。盲者昧，狂者悖。昧者安弱貧。悖者儷讐君親。安得數千百不狂不盲之士，如詔書所謂居心正大，才職閎通者，見光緒二十三年十二月二十五日上諭。以急拯今日之世變也哉！

逆謀既敗，新政盡除。元祐之後變為紹聖，康逆遂得宣言於各國云「吾之得罪，由佐皇上變法也。」東人西人不察，謂其忠而獲咎。華人之無識者，亦哀憐之。得此偉論，如撥雲霧而見青天。受業左槃謹注。

論川賊余蠻子宜剿不宜撫戊戌十月冬

撫賊之道有三。人本材武，失身綠林，雖甚披猖，尚知忠義。有聲望素著之大臣招之，則解甲投誠，為國效命。如向忠武之於張忠武、彭剛直之於金滿。此以名德勝者也。我席累勝之勢，彼懷求免之計。剿之急則抵死負隅，所傷必多。招之降則投戈來歸，保全甚眾。如楊勇愨之於韋志俊，李鴻章之於郜雲官。此以威武勝者也。初無叛志，激於貪酷，不及熟計，鋌而走險。倡亂者之情雖狡，從亂者之志未堅，苟平日恩義素孚，臨時急往招諭，禍福順逆，流涕苦語。眾自悔悟，不忍抗禦。如佟國瓏之於登州叛兵，楊勤勇之於蒲大芳。此以恩信勝者也。三者之撫，皆未可非也。

如其賦性好亂，志願甚奢，未經挫敗，略無畏懾，而撫賊者又無名德威武恩信可言，妄冀豺虎就我銜勒，養寇誤國，明季為多。近世如勝保之於宋敬詩，翁同書之於苗沛霖，詒害封疆，前車匪遠。不謂四川制府今又蹈其覆轍。

川賊余蠻子者，即余棟臣也。昔曾鬧教，漏罔未誅，竄據深山，招聚亡命。大足知縣桂天培畏其徒眾，密與約和。近乃劫法人華司鐸為質，謂官軍進攻，即殺華以激法人之怒。川督兩人鑒於去年膠州之事，不敢加兵，遣使招撫。余狂悖益加，要挾無已。擄殺教民，剽刦富室。分其黨為三支，竄擾壁山、銅梁、永川、合州等處，居人驚恐，逃徙塞路。當事恐傷司鐸，撫議依然未罷。愚竊惑焉。滔天之水，始於涓涓；燎原之火，起於熒熒。蜀多咽匪，

藪盜同粵。遷延愈久，裹脅愈眾。滋蔓愈廣，撲滅愈難。豈惟川東繹騷，且恐全蜀震動。此為四川計，宜剿不宜撫也。

昔和外夷，動償兵費，習見之事，誠不為異。乃以潢池小丑，視若大敵，使車往返，許以重金，國威益熠，夷侮彌甚，必將代我剿賊，奪我疆土，此為國家計，宜剿不宜撫也。賊勢未張，遽與議和。苟安畏事，罷軟不職。朝廷聞知，必然申飭。城池若失，嚴譴隨之。昔嘉慶初，川督魁倫以賊渡嘉陵江伏誅，可為殷鑒。此為署川督者計，宜剿不宜撫也。

余逆之劫華司鐸，自謂得計，實下策也。從前以殺洋人伏法者，非盡真凶。李代桃僵，藉以熄事。余若戕華，誰代其死？元惡之首級一日不懸，法人之誅求一日不息，必致增兵調將，獲而後已。此自斃之道也，余逆豈不見及！所以拘而不殺，外脅華官，實內怖洋人。華官不悟，甘墮其術，求之愈迫，賊乃愈狂。大凡急索不得者，宜圖之以緩。彼挾以為重者，我宜視之甚輕。滎陽急攻項羽，而太公返漢。德勝門猛擊額森，而上皇入塞。此往事可以為鑒者也。今宜從速電奏，調江陰自強軍，多帶利槍快礮，乘輪西上，不五日可抵夔州。大兵所加，如石壓卵，必縱華來歸，以求免死。誅魁宥從，其亂自弭。此為華司鐸計，宜剿不宜撫也。

即不幸賊殺司鐸，豈遂為國大患？凡燒教堂者償其資，殺教士者償其命，從前成案多矣。至於己之處分，亦可預料。輕則如李鑒堂之降調，重則如劉秉璋之褫職，但能為國除患，己即不安於位而去，亦心安理得之事，未為辱也。然今者官不事事久矣，彼逆計不出數月，實任者已抵成都，權攝者仍歸本任，後此之成敗與己無涉也。夫既預存五日京兆之見，其視國事固宜若秦越人之視肥瘠也，又何足與言剿賊之方與撫賊之道也哉！

與蕭葵村明經書論渦陽事戊戌〔1〕冬十一月

不覿三載，思慕良苦。軍國之事，月異而歲不同。海疆要區，割棄未已。腹地之賊，又紛紛見告矣。渦陽之亂，不起於牛世修，而起於知縣歐陽霨〔2〕。縣處潁、壽、蒙、亳之交，向為撚寇巢窟。漏網未盡，伏莽素多。旱潦薦饑，嘯聚已眾。不急振撫，猶猛於催科輸納。遲則桔而圖之，窮閭憤怨，相率從賊，突入縣城，大掠廛市，攻陷行營，取其械幟，迫脅良民，從者愈眾。壽春鎮郭善臣軍門遣兵擊之，反為所敗，其勢益張。鄧中丞、劉制府檄調師徒，飛章入告，辦理不為不速。然當急擇廉幹之員往宰渦陽，與旁近諸州縣假以事

權，去其箝制，威惠兼施，以靖民志。良吏靖亂之功，實出良將之右。若彼歐陽霱者，或言挈印而遁，或言為賊所縛，是必宜聲其罪而誅之，為貪酷吏之炯鑒也。

數十年來，朝廷力行寬大之政，憂假置吏太過。置吏專事邒蔽，用人唯竿牘苞苴是視，子弟姻戚幕僚僕隸又多干預政事，操黜騭驅殿最之柄。廉能者退，庸墨者進，痀不治事者譽為安詳，勇於任事者斥為浮躁。臥閣坐嘯，郡邑一轍，民事百不一舉，訟獄百不一決，盜賊百不一獲，而唯殫心瘁力於財利，恣其巧取豪奪之計。此輩庸劣者多權譎，舞智者亦復不少。虛文以籠士紳，多儀以悅大府，見客流涕以示憂民，詭辭牒告以表勤職，上官不察，嘉其幹濟而寵眷之。寵眷彌隆，民怨愈甚。求其不為盜賊，胡可得也！

渦寇宜早蕩平，否則蔓延愈廣，撲滅愈難。徐郡之大刀會匪必乘勢揭竿，合併為一。安、沐、海、贛之饑民，恐亦將接踵而起，聚眾南下，蹂躪裏下河富庶之區。彼處米粟專資益林、東溝、羊寨諸市集，驢騾馱運，自南而北。當事不知遣兵屯要，沿途護送，一任莠民劫掠，道路阻絕，商販裹足不往，無糧可購，饑者愈饑，欲其不鋌而走險，不亦難乎？

昔桐城方存之先生云[3]：「有造劫之人，有遭劫之人，有逃劫之人，有挽劫之人。」今挽劫者未知誰屬，造劫者實繁有徒，大抵造於士民者十之三四，造於官府者什之六七。造已成矣，猶恐其發之不速，譬若燎將揚而又煽之，防將潰而又撌之。元元一旦同罹焚溺之禍，彼造劫者亦寧有遺種乎！吾曹際此元二百六之會，當習勤耐苦，講求立身濟世之大略，思為他日挽劫之人。如僅求一身一家之免劫，此猶一鄉之善士，不免虛生於天地間也。執事以為何如？

【疏證】

[1]《清史稿》卷四百五十七《李南華傳》：「光緒二十四年，土寇牛世修倡亂渦陽。南華聞警，率練勇赴援，會各軍擊退之。」戊戌即清光緒二十四年（1898）。

[2]（清）朱壽朋《東華續錄・光緒一百五十一》光緒二十五年正月庚申：「諭鄧華奏查明土匪起事情形，請將地方各員懲處等語。此次渦陽匪首牛世修等豎旗起事，該縣知縣歐陽霱並不及早認真拿辦，以致蔓延通縣，波及鄰封，疲庸釀亂，厥咎甚重。歐陽霱著即行革職，永不敘用。候補知縣陳福源在渦陽署任時，緝捕廢弛，諱盜縱奸，僅予革職，不足蔽辜，著一併革職，永不敘用，以示懲儆。該部知道。」

〔3〕見方宗誠《俟命錄》。

【附錄】

（清）朱壽朋《東華續錄（光緒朝）》光緒一百五十二

（光緒二十五年二月）丙戌，鄧華熙、劉坤一裕長奏：

上年十一月間，安徽渦陽土匪劉疙瘩、牛世修等倡亂起事，勢甚披猖。臣坤一、臣華熙先後接據署宿州知州瞿世琬電稟，當經分電徐州、皖北鎮道派兵馳往相機剿辦，並飭原駐亳州之威靖營統領副將張雲松飛飭所部迅往兜拿，一面電知臣裕長轉飭歸德鎮嚴防永城一路，並協力會剿，以期速了而免竄擾。壽春鎮總兵郭寶昌、鳳潁六泗道李光久相距較近，聞信後即分派參將李桂馨帶皖北馬隊赴宿州，參將王鳳臺帶卓勝防營步隊赴渦陽，郭寶昌復自壽州親率提督高得勝、都司杜椿林等分帶練軍防勇前進。並由臣華熙添派記名提督韓大武督率練軍安定左右兩營及馬隊礮隊，又飭游擊陸恩甲帶精健前營，分由安慶、蕪湖拔隊，星夜馳赴。援應徐州鎮總兵劉青煦、徐州道桂嵩慶聞信後，先派游擊熊長春及哨弁高文陞，外委歐陽松均各率馬隊，分赴臨渙集、濉溪口駐紮，劉青煦復親率管帶徐防馬隊右營參將黃青雲等，抽調徐防馬步隊前進。並由臣坤一添調銘軍隊百騎、元字步隊二百名，飭派都司陳凱、彭壽長管帶，隨同劉青煦前往臨渙助剿。臣裕長亦電令歸德鎮總兵武朝聘親帶得力弁兵，迅往永城堵御，並先後飭派總兵楊鴻禮督帶馬步兩營會同協剿，副將朱東成帶礮隊赴歸德駐紮策應。該鎮等三面進兵，縱橫掃蕩，渠魁授首，地方敉平，業經臣等隨時電奏在案。

伏查此次各匪首多係積年漏網之盜，土人謂之杆子頭，平時專以搶劫為生，在渦、蒙、亳、宿及徐州、歸德三省交界處所，此拿彼竄，蹤跡詭秘異常。近以地方荒歉，遂以為時會可乘，潛作逆謀，揭竿而起。首逆劉疙瘩即劉朝棟，最為兇悍。又有牛世修即牛汝秀，家在曹市，與已故甘肅、寧夏鎮總兵牛世韓為同族，知其家藏有鎗礮子彈，遂於十一月二十六日先搶該故總兵家軍械，繼搶鹽棧銀錢。二十七日，掠石弓山。二十八日，攻龍山營。署該營游擊壽右營都司何師程，先期與右車守備秦德榮赴壽春鎮署稟商冬防事宜，署左軍守備李鴻標知有匪起，繼往壽州請兵，千總吳有謀率兵抵禦，身受重傷。外委吳玉階，隊目都廷傑、李燕隆及圩長張德馨，同時戰歿，兵丁傷亡大半，民團死者百餘人。何師程等聞驚馳回，該營先於二十九日失陷，軍袋糧餉、

文卷等件被攖一空。當匪眾初起時，僅二三百人，劉疙瘩由丹城南竄，賊目魏得武、余盛五等互相勾結，不數日間眾逾二千，賊馬亦百餘騎，恃有鎗械利器，頑民相率附和，窮黎被脅，愈裹愈多。其攻渦陽縣城也，該縣知縣歐陽隱自募勇二百名，紳董王開朗、馬驥才等招集練丁，協同固守。威靖營統領張雲松在亳州聞報，派守備韓大坤帶馬隊三十名，於二十八日先到，自率步隊百名於二十九日繼至，何師程等亦即馳來救援，內外夾擊，立解城圍。賊遂踞百弓、丹城等處為巢穴，分路竄擾，北犯河南永城縣界，圖至山東與大刀匪合夥。甫越章清集犯馬村橋，聞歸德鎮兵到，仍折而南撲白龍廟。其西路一股，於十二月初一日突撲義門集，該處巡檢宋超、把總孫傳曾率汛兵民團拒敵，威靖營勇應之，殺賊二百餘人，生擒三四十人，賊敗遁去。初三日，復糾大股來犯。奸民內訌，該集遂被占踞。其時渦河南北，匪徒乘機響應，孫凌志起於義門，集燕懷軍起於燕家牌坊，邵大發、葛懷玉等起於酈家集。統計醜類不下二萬餘人，大致分南北兩股。附近村鎮相繼不守，焚殺奔馳，幾遍渦陽全境。宿州在渦陽之東，臨渙集與曹市相接，該州瞿世堍得信後，募勇兵三百名，會同宿州營游擊譚新益、威靖右營游擊陳懷德各率兵勇，並由在籍總兵王心忠親率練丁，並力嚴防，更番巡哨，匪眾屢次侵犯，皆不得逞而回。李桂馨率馬隊迅至會合。陳懷德於十二月初七日由臨渙抵龍山接戰，殺賊百餘，得馬十一匹，張雲松亦在張老莊與賊開仗獲勝。初八日，武朝聘率隊在燕家牌坊東南程家樓與匪首王毛挤接仗，賊眾千餘，營官孔昭魁、張連山率馬隊左右包抄，黃貫三、陳錫率步隊直搗中堅，自午至未，賊無懈志，幸我軍快礮得力，賊少卻。各隊乘機猛進，立將王毛挤鎗斃，並斬殺五百餘名，生擒二百餘名，奪獲賊械三百餘件。餘匪逃竄，該鎮兼程前進，首挫凶鋒，最為奮勉。是日，劉青煦率所部各營隊行抵臨渙集，與該處紳士直隸委用道袁大化詢商一切。初九日卯刻，親督隊伍，由臨渙向張家圩子、道竹衛等處進剿，袁大化亦來助戰。行十餘里，匪首劉疙瘩率悍黨馬步數千，蜂擁而來，劉青煦即分兵三路，飭營官陳凱、彭壽長為左路，營官熊長春、哨官李金芝為右路，縣丞劉燾、附生劉榮督隊進攻，自率營官黃青雲、訓導鄧嘉緝、附生姚衡熙等居中策應。匪用結帶陣接戰，鎗子密如雨落，陳凱、熊長春、黃青雲、彭壽長、李金芝及幫帶劉國湘、哨官劉炳章徐增祥等皆奮不顧身，帶隊衝鋒，用連壞排鎗轟擊，匪亦冒死抵拒，血戰二三時之久，賊勢大敗奔竄，橫屍徧野。我軍帶傷者亦數十人，跟蹤追剿，克復石弓山。即晚收隊，繳割髮

辮計殺匪五百二十三人，生擒七十五人，訊供有匪首劉醜即劉晝遠，業已陣斃。隨將被虜齒稚者數人省釋，餘均正法。是役也，奪獲火藥車十三輛，鉛丸百餘斤，擡礮線鎗甚多，旗幟七十餘面，馬牛騾百餘匹，聲威大振，賊膽已寒。李桂馨亦與王鳳臺、韓大坤、何師程等在張神莊殺賊七十餘級，奪獲鎗械旗幟多件。哨官盡先千總李得才陣亡，威靖馬勇受傷者九名。先是，郭寶昌親率馬步隊次渦南蒙城縣屬之小澗集，地當四達，消息靈通，深知蒙城各圩多與匪通，遂於初八親督卓練兩哨，馳往鹿家圩。猝不及料，懾於兵威，當將為首之鹿小貴送出，訊明正法，傳集附近各圩，諭以洗心革面，辦團禦賊，概免深究。賊首劉成擁眾王家寨，抗違不服，立即派隊往捕，擒獲斬梟。由是遠近各圩帖然反正，不敢再懷異志矣，後路已清。維時劉青煦已在道竹橋大獲勝仗，武朝聘亦有燕家牌坊之捷，賊勢漸衰。正擬三處進攻，邵大發一股忽由渦南竄入張村鋪，聲言將入鳳臺、阜陽等處。郭寶昌飛飭高得勝、杜椿林各率百餘人，會同李桂馨追剿，而自移紮西陽集，以防南北合股。初十日，劉青煦率隊進攻青町集西之段家營，該匪死黨皆聚於此，馬步約六七千人。自經道竹橋之敗，意在死戰，布列十餘陣，後靠大莊為接濟，前面兩村中空里餘，以防我軍抄突，頗得地勢，左右莊均有埋伏。劉青煦仍分中左右三路進擊，匪畏鎗彈，改結帶陣抽線頭蛇行逼進，志在短兵相接。陳凱、熊長春、黃青雲、彭壽長等帶隊挺身猛撲，劉青煦揮軍從左右旁穿側出，賊以兩面受鎗，所伏馬賊齊起衝突，欲圖包裹。劉青煦分馬步隊截擊，匪始大財奔潰。我軍奮勇跟追，直至龍山，立時克復。陣斃賊目七八人，余匪三百餘人，生擒二十三人，奪獲旗幟、鎗礮、銅號、海螺多件，牛馬多匹。勇丁陣亡三人，受傷六十餘人。劉疙瘩窮蹙遠遁。同日，郭寶昌所派營官王鳳臺復大勝於焦家樓，殺賊百餘名，生擒五名。武朝聘亦由白龍廟進攻，三路兜擊，賊遂不支。十二日，首逆劉疙瘩逃至青町集，何師程率勇圍拿，立時成擒，供認為總盟主不諱。高得勝、杜椿林、李桂馨復於程家莊陣傷邵大發，因而就獲，供認為偽仁義王。均即正法。餘黨潰散，大致平定。韓大武所部馬隊營官總兵徐全喜行抵闞疃、佛鎮等處，迎剿南竄股匪，追殺至王市、孫家等集四十餘里，斃賊甚多。另股白旗首燕懷軍即燕鴻勳，糾集千人，自稱堂主，在義門、楚店等集敗於官軍，遂由尹家溝渡河，向西南逃走。復經王鳳臺、高得勝、李桂馨等乘勝追奔三四十里，殲賊數百人，截獲軍械馬匹無算，生擒燕懷軍，亦即正法。魏得成先為劉疙瘩戕害，孫凌志則為王鳳臺陣斬，小花旗匪首馬啟芳、

劉石，匪目王秀明、王鳳文、王金標、王遲、劉會、王在天，均為劉青煦拿
獲，渦匪軍師王三邪子為永城營參將陳錫拿獲，匪首張狐狸、潘黑兒為豫正
軍副將朱東成拿獲。至是渦南北股匪皆就肅清。而亳州泥臺店又有匪首魯士
林聚眾踵起，旗書大魯王字樣。旋為總兵楊鴻禮設計誘獲，解送亳州，訊明
電稟，飭即正法。仍有劉疙瘩等餘黨分竄亳州東南邊境三岔口、成福寨等處。
是時韓大武前隊已抵渦陽，張雲松帶隊回亳州防堵。十三日，至三岔口北丁
固寺，匪徒尚有千人，賊馬數十騎，當即排隊奮擊，傷賊數十，並奪得賊騎匪
械，餘眾逃散。十四日，又在立法寺率勇會團，與賊接戰，追至孫家營，陣斬
多名，擒獲匪目劉老么、袁世真及羽黨劉遠、蘇玉田等，解州訊辦。劉青煦、
郭寶昌、武朝聘至臨渙，會商善後事宜，營隊四出搜拿餘黨，並無賊股。於
是，留韓大武練軍兩營、陸恩甲精健一營，並添步勇兩營共六百名，馬隊一
起八十名，會同原駐皖北練防各營，分駐渦、蒙、亳、太等處，嚴密巡緝。復
由徐州鎮酌留馬隊，扼紮宿州地界，聯絡聲援，以資鎮懾。劉青煦、郭寶昌、
武朝聘各回本鎮，一面由臣坤一、臣華熙將續調之衡宇三旗、皖南二營分別
調回原防。惟首逆牛世修即牛汝秀在逃未獲，豐經懸立重賞飭拿，於本年正
月十四日在駱駝集擒獲，解交蒙城縣訊明，批飭正法。此三省官軍合力剿辦
之實在情形也。

　　當匪勢方熾之日，兵力注重於渦陽，鄰近各州縣惟賴團練以自固。蒙城
本駐勇無多，十二月初八口，匪首閻好文等率黨七八百人，欲南犯鳳臺闞疃
集、蒙城董家圩，經劉家集外委李維桐約集鄰莊練眾奮力截殺，陣斬閻好文，
余匪卻走。初九、初十等日，藍旗賊首葛懷玉與邵大發率眾攻董家集，署蒙
城縣知縣曾光煦戒備在先，會同在籍總兵李南華，候補副將馬玉書，都司趙
大有、陳樹楨等，親督團練，並調二十八集練丁數千人，在董家集、陳家莊、
王氏集等處與匪連日鏖戰，陣斃千餘人，生擒葛懷玉及匪目馬岐山、劉長發、
牛士素、李大堂等十名，奪獲大礮、洋鎗、子藥、馬匹甚多。武童武文思精習
飛鎗，衝鋒勇往，尤為得力。團勇僅傷數十人，外委李維桐之弟六品軍功李
維楷陣亡。其西竄股匪，由張村鋪入阜陽王市集，分擾馮家圩、劉家店等處。
原駐練軍先經抽調至渦，阜陽縣知縣黃家傑募勇未齊，於初九日調集各鄉團
丁六百餘人，會同守備徐振清，迎頭堵剿，斃賊數百名，奪得旗械多件，追趕
敗賊，急渡泚河而遁，又經渦陽團練擊斃二百餘人。十一日，復有賊至順河
集，亦被團丁擊退，追殺百餘人，殘賊零落，遁入亳州邊界高公廟一帶。十二

日，團眾又在路家圩、楊家寨等處敗匪，斬首二百餘級，民人陣亡一人，受傷十餘人。亳州駐防威靖營勇盡數調赴前敵，城關地面空虛，遊匪勢將竊發。署亳州知州孫鳴皋、亳營都司劉吉榮，會同請假在籍新授廣西右江鎮總兵李永芳、前廣東潮州鎮總兵劉世俊，招集舊部，添募團勇三百名，其餘城鄉紳商集資共募六百五十名，晝夜巡邏，防範周密。又挑選精壯回民與河下商船，舉辦水練一團，為護城接應之計。城守既固，李永芳、劉世俊於十二月初七、初九等日，馳赴東鄉十九里溝、辛橋集、張信溜等堡，緝拿聚眾滋擾遊匪，當場格斃四名，擒獲首夥六名，內有羅亨潮一犯，係與魯士林同謀起事。十三、十四等日，又會合威靖營在忠心集、龍得寺等處，截擊竄匪，殺斃三百餘名，生擒十餘名，奪得車馬刀械多件，並在賊目懷中搜出盟帖名單，先後送交該州訊供懲辦。該州在和集堡離城較遠，董家寨有賊踞擾，適署太和縣知縣袁孝昌巡至邊界，聯絡洪山等堡鄉團。初九日與匪接仗獲勝，殺賊數十人，獲賊鎗械多件，當將該寨收復。宿州邊境之三義集、袁家店等處，竄入匪跡，經該州壯勇民團隨時打退。其五鋪、三鋪、丁家圩等處有匪勾結思逞，分派勇役捕拿，亦即解散。分防灘溪口署鳳穎同知程壁、分汛把總李修勤，偵有呂家樓匪目呂安等在小灘城東聚二三百人，將欲蠢動，於十二月十三日帶兵率團往捕，當獲呂安、呂盧及羽黨十五人，餘眾逃散。當時復另有薛五、徐鳴燕一股，在河南夏邑、江蘇碭山接界地聚眾起事。該處距渦、宿較近，深恐句結為患，經碭山縣陳誠會營督練馳赴張莊迎擊，擒獲首匪徐鳴燕等十一名，格斃四名，並經夏邑縣鄉團將匪目丁浩然、楊春華等擊斃，餘黨悉散。此各屬官紳團練隨地剿辦之實在情形也。

其餘客軍，則有山東候補知府董受祺，辦理宿渦鹽務兼帶巡營，會同游擊孫廣明、已革副將徐天慶，由臨渙開赴石弓山、新興集等處會合協剿，疊獲勝仗，擒斬百數十人，並獲賊械多件，亦屬奮勇可嘉。

臣等覆查渦陽、亳州一帶，向有撚匪老巢，此次劉疙瘩、牛世修等乘年歲荒歉之時，號召黨徒，倉卒起事，浹旬之內，蟻附至一萬餘人，四出焚劫，疊陷龍山、義門等鎮集數十餘處，匪焰日熾，飄忽靡常，皖北各州縣以及毗連之江蘇徐州、河南歸德等屬，處處震驚，紛紛告急。若非趕緊撲滅，蔓延橫潰，為患何可勝言！臣等聞警後，立即電飭各該鎮道迅速派兵捕治，並調撥營隊馳往援應。臣坤一、臣華熙復徧張示，諭曉以大義，擒渠散從，一面加撥款項，派員放賑，以免饑民迫而從匪。仰蒙朝廷指授機宜，並賴諸將踊躍用

命，郭寶昌由南路進，劉青煦由東路進，武朝聘由北路進，三面圍剿，十蕩十決，而張雲松威靖一軍，首先抵渦，力解城圍，並與各營管帶官李桂馨、王鳳臺等往來游擊，力挫凶鋒，各屬團練亦復異常出力，未及旬日，地方一律肅清，首要各犯次第授首。蘇豫兩省防堵嚴密，未容該匪闌入，洵足以紓宸慮而定人心。各營正值裁減之餘，兵力較單，劉青煦、郭寶昌、武朝聘等皆調撥不滿千人，星夜赴機，以少勝眾，實屬勤勞懋著，調度有方。徐州鎮總兵劉青煦可否賞加頭品頂戴，壽春鎮總兵郭寶昌、歸德鎮總兵武朝聘可否賞給翎管、搬指、荷包等件，以示優異？伏候聖裁。徐州道桂嵩慶、鳳潁六泗道調補蘇松太道李光久籌備後路，供支無缺，並擬請交部，從優議敘。其餘出力各員，容臣等另行查明，分別擇尤請獎，以示鼓勵。署龍山營游擊何師程，本營失陷，咎無可辭，惟據報公出在先，繼即隨營剿匪，力解渦陽城圍，又擒獲首逆劉疙瘩，其功亦可掩罪。先經臣坤一批飭摘去頂戴，應請免其置議。署龍山左軍守備李鴻標，有營守錢糧之責，雖據稱先出請兵，中途聞臂折回，究有應得之咎，應請旨即行革職。左營千總吳有謀身受重傷，義門司巡檢宋超、分汛把總孫傳曾率團守寨，殺賊甚多。新義集把總沈錫爵、曹市集外委集承忠、石弓山額外劉煥章無寨可守，所轄兵丁僅止數人，情均可原，並已分別摘頂撤任，以示懲儆。渦陽縣前後任正署知縣陳清源、歐陽霱縱盜養奸，致釀巨患，已先查明參辦，奉旨革職，永不敘用。又前署該縣知縣桑喬，罔恤民艱，廢弛捕務，亦經臣華熙續行奏參。千總李得才，外委吳玉階，隊目郜廷傑、李燕隆及圩長張得馨，六品軍功李維楷，力戰捐軀，殊堪憫惻，應請勅部分別從優議卹。此外，剿賊殞身之兵勇，另行查明覈辦。

至匪目余盛五、薛五二犯，逃匿稽誅，已通飭文武各員懸賞購緝，務獲懲辦，以絕根株。

惟是渦陽等處被災被匪，十室九空，恤難賑饑，實為善後第一要義。迭經臣華熙飭司籌撥銀十萬兩，並由臣坤一協撥銀十萬兩解皖，分派廉幹之員，馳往趕速查放。一面分電各省廣募賑捐，俾資接濟。容由臣華熙將辦理賑撫情形，另行具奏。總當殫竭心力，妥為籌辦，以仰副聖主軫念民瘼有加無已之至意。

上諭：

劉坤一等奏渦陽縣土匪肅清一摺，上年十一月間安徽渦陽土匪牛世修等倉卒起事，界連三省，遠近震動，業經劉坤一等派兵剿辦，現已一律肅清，辦

理尚為妥速。所有在事出力之徐州鎮總兵劉青煦，著賞給頭品頂戴；壽春鎮總兵郭寶昌、歸德鎮總兵武朝聘，均著賞給白玉翎管一枝、白玉搬指一箇、白玉柄小刀一把、大小荷包各一對。徐州道桂嶠慶、鳳穎六泗道調補蘇松太道李光久，均著交部從優議敘；署龍山游擊何師程，本營失陷，雖有應得之咎，惟據報先期公出，繼復隨營力解城圍，又擒獲匪首劉疙瘩，尚知愧奮加恩，著以參將用。陣亡之千總李德才，外委吳玉楷，勇目郜廷傑、李燕隆，又圩長張德馨，六品軍功李維楷，均著交部分別從優議卹。其防禦不力之署龍山左軍守備李鴻標，著即行革職。所有被災地方，著該督撫等妥為撫卹，毋任失所。余著照所議辦理該部知道。

體操原始【注三】

西人自創牛痘之法而痘殤者少，自設防疫之官而死疫者寡，自講體操之學而體弱者希。此皆以人勝天之理。孔子所以罕言命也，孟子言天降大任，必先勞其筋骨。儒者欲為世用，宜自體操始。湖廣總督張公之洞於兩湖書院創設兵法體操棚，令在院諸生於功課畢後，習空手體操及運動木錐、鉛錐、擎槍、托槍、推槍、超乘諸法。謂體操為習兵者之始基，與舊傳之八段錦、易筋經諸法相類，所以強固身體、增長精神必不可少。

愚謂體操自古有之，張制軍聊舉易知者以示人耳。古者軍中有投石、超距、手搏、蹴鞠之戲。投石、手搏，所以練手；超距、蹴鞠，所以練足。投石、超距，始見《史記‧王翦傳》。《漢書‧甘延壽傳》謂之「投石拔距」。投石謂舉石而投之，以驗其高下遠近，為力之強弱。與《左傳》之「桀石投人」〔1〕無涉。超距謂跳躍跳高，如甘延壽①之「超踰羽林亭樓」〔2〕，秦師之「超乘」〔3〕是也。跳遠如魏犫之「距躍三陌，曲踊三陌」〔4〕是也。《詩‧邶風》：「擊鼓其鏜，踊躍用兵。」《傳》云：「使眾踊躍用兵也。」《箋》云：「此用兵謂治兵時②。」則治兵先試之踊躍，由來舊矣。《漢書‧藝文志》有《手搏》六篇、《蹴鞠》二十五篇，列於兵技巧十三家，云：「技巧者，所以習手足，便器械。」蹴鞠又謂之踏鞠，《史記‧蘇秦傳》云：「六博踏鞠。」《集解》引劉向《別錄》曰：「踏鞠，傳言黃帝所作。或曰起戰國之時。所以練武士，知有材，皆因嬉戲而講練之。」顏師古曰：「鞠以韋為之，實以物，蹴踏之以為戲。蓋陳力之事，故附於兵法。」

【注三】刊《大道》1936 年第 6 卷第 1 期。

今之體操雖不必盡符古法，而要同歸於運動手足，堅強筋體。唐人以翹關試武舉，亦此意也。導引家亦重此法。近世之八段錦、易筋經諸法，本於彭祖之摩搦身體，莊子之熊③經鳥申，冷壽光之屈頸鵁息，元化五禽之戲，魏文五搥之鍛。《魏書・華佗傳》：「佗謂吳普曰：『人體當得勞動，但不當使極耳。動搖則穀氣得銷，血脈流通，病不得生，譬猶戶樞不朽。古之仙者為導引之事，熊經鴟顧，引挽腰體，動諸關節，以求難老。吾有一術，名五禽之戲：一曰虎，二曰鹿，三曰熊，四曰猨，五曰鳥。亦以除疾，並利蹄足，以當引導。體中不快，起作一禽之戲，沾濡汗出，身體輕便，腹中欲食。』普施行之，年九十餘，耳目聰明，齒牙完堅。」《後漢書・方技・華佗傳》所載亦同。西人雖不必考覽華書，而與華書合者甚多，體操亦其一也。《左傳・哀公八年》：「微虎欲宵攻王舍，私屬徒七百人三踊於幕庭，卒三百人，有若與焉。」杜預《注》：「謂於帳前設格，令士躍之。」有若以孔子弟子，世亂亦習超躍之技。樊遲之三刻踰溝，亦躍而過也〔5〕。今國步多艱，外侮日逼，讀書者猶禁錮於八股八韻之中，而不知勞健軀體，犖究兵家言，豈足語於孔子時中之道〔6〕也哉！

【校記】

①《大道》本此下有「傳」字。

② 鄭《箋》同。《大道》本「時」在「則治兵」後。

③ 熊，原作「態」。《大道》本作「熊」。《莊子・刻意第十五》：「吹呴呼吸，吐故納新，熊經鳥申，為壽而已矣。此道引之士，養形之人，彭祖壽考者之所好也。」據改。

【疏證】

〔1〕《左傳・成公二年》：「齊高固入晉師，桀石以投人，禽之而乘其車，係桑本焉，以徇齊壘，曰：『欲勇者賈余餘勇。』」杜預《注》：「桀，擔也。」

〔2〕《漢書》卷七十《甘延壽傳》：「甘延壽字君況，北地郁郅人也。少以良家子善騎射為羽林，投石拔距絕於等倫，嘗超踰羽林亭樓，由是遷為郎。」

〔3〕《左傳・僖公三十三年》：「三十三年春，秦師過周北門，左右免胄而下，超乘者三百乘。」林堯叟《注》：「超乘謂超上車而乘之。蓋左右免胄而下，超乘而上欲其速也。」

〔4〕《左傳・僖公二十八年》：「魏犨傷於胸，公欲殺之，而愛其材，使問，且視之。

病，將殺之。魏犨束胸見使者，曰：『以君之靈，不有寧也。』距躍三百，曲
踊三百。乃捨之。」

〔5〕《左傳‧哀公十一年》：「師及齊師戰於郊。齊師自稷曲，師不踰溝。樊遲曰：
『非不能也，不信子也，請三刻而踰之。』如之，眾從之。師入齊軍。」

〔6〕《中庸》：「仲尼曰：『君子中庸，小人反中庸。君子之中庸也，君子而時中；小
人之中庸也，小人而無忌憚也。』」

卷　四

擬請收回成命疏

臣聞御史張瑗奏劉魏閹之墓,巡撫李衛檄焚安石之祠,前代奸回且不容於盛世,良以是非好惡之公自在人心。巨奸雖瘞九原,尚欲誅其魂魄。臣閱邸報,見護理陝峽甘總督布政使楊昌濬請建故大學士琦善專祠一疏,奉旨俞允。伏讀之下,甚為駭惋。不敢以昌濬大臣,琦善子恭鏜現為烏魯木齊都統,亦大臣,畏其勢焰,嘿若寒蟬,負朝廷豢養之恩,昧平日狂愚之志也。

今夫祠祀者,所以報有功,非以賞有罪也。琦善於咸豐初總督陝甘,將雍沙無罪熟番濫行誅戮,飾詞入奏,文宗顯皇帝赫然震怒,責其謬妄,遣戍吉林。及棄瑕錄用,督師維揚,不能制賊犇逸,致賊酋林鳳祥突圍,出犯蹂躪淮西、河南、畿輔、山西、山東等處。揚城克復,不能截殺竄賊,奉詔褫賊。是琦善之負文宗顯皇帝也。英吉利之犯順也,督臣如林則徐、鄧廷楨等足以制其死命,提臣如關天培、陳化成等足以遏其凶鋒。達洪阿一總兵,姚瑩一道員耳,守臺灣三載,夷嘗三犯之,皆摧敗奪氣以去。其主非有佛酋拿破倫之雄武也,其臣非有德相俾思麥克之智勇也,彼孤軍萬里,深入無繼,我塞海口,停貿易,捕漢奸,斷接濟,如弄嬰兒於股掌之上耳。琦善世受國恩,計不出此。始督直隸,首謁義律,奏乞恩施。繼督兩廣,排去忠良,力持撫議,盡轍備禦,自毀藩籬。虎門告陷,廣州幾危,定海未返,香港先失。陷提臣於死地,脅君父以危言。跡其居心,殆同繆醜。宣宗成皇帝旋悟其奸,將琦善革職逮問,家產籍沒入官。特降嚴旨,斥其辜恩誤國,喪盡天良,特念世臣,未加顯戮。迨玉兒彌留,猶深以前事為憾,遺詔引咎,自責抱恨賓天。是琦善之

負宣宗成皇帝也。款議既興，國威以挫，夷人遂有輕我之心。辛丑閩浙之役，壬寅江上之師，己巳羊城之踞，戊午天津之擾，庚申京師之禍，皆階於琦善主撫之年。自此引類紛來，侏儺滿目，互市以耗我之，財鴉片以弱我之國。中外惴惴，時廑養虎之憂。尤可慨者，耶穌邪教，煽誘蚩氓，布滿遐邇，淪世教於腥羶，陷人心於禽獸。是琦善之得罪天下後世也。

當今海內，賢士大夫言及琦善之名，無不怒目切齒，欲斲其棺而磔其屍，以泄薄海臣民之憤。不識昌濬何心，反欲報以廟食？所言積倉穀，施寒衣，建書院，增粥廠，減山地額賦，濬寧夏支渠等事，縱令其言皆實，遺愛在一方，不敵遺害之在天下後世，況未必非子虛烏有之詞乎！琦善無功本朝，有德夷虜。有欲為琦善建祠者，宜請命英夷，建祠英土，英主必不惜倫敦一塵之地以報其恩。若使建於中土，不獨輿論不平，且為外夷所笑。伏乞皇太后、皇上收回成命，將護督揚昌濬與候補道曹炯、總兵楊永魁等交部議處，以儆人臣之市恩妄請者。臣謹奏。

【集說】

陳寶琛《請收回琦善專祠成命片》（光緒七年十一月初四日）〔註1〕

再，近日邸抄有楊昌濬建立琦善專祠之請，得旨允准。臣伏讀之下，感憤填胸。竊見十數年來，發、捻、回匪皆已削平，其尚煩宵旰之憂勤，勞廟堂之神慮者，獨洋務耳。設當初起時，琦善稍有人心，力圖搘拄，則彼方畏威懷德之不暇，何至侵陵覬伺日甚一日，蔓延二不可收拾也。當日宣宗成皇帝諭旨，斥其辜恩誤國，喪盡天良，特念世臣，未加顯戮。至今天下議論洋務者，言及「琦善」二字，雖孺子小夫，莫不疾首痛心，同聲唾罵，目之為禍國之罪魁。公論若是，正孟子所謂「孝子慈孫，百世不能改」者也。即使琦善別有功德於民，亦豈能以經理一隅之微勞，贖其貽誤國家之大咎？況其總督陝甘也，辦理雍沙番族，率將無罪熟番濫行屠戮，逼供飾奏，我文宗顯皇帝赫然震怒，褫職逮問，特降嚴諭，責其謬妄專擅，遣戍吉林。是琦善在甘，無功有罪，煌煌聖訓，鐵案如山。使琦善死而有知，尚何面目歆是邦之俎豆乎？

臣備員史館，得閱琦善之傳：奉使隴阪，微聞父老之言。琦善於甘肅，無一善政可書。甘肅於琦善，亦絕無去思之慕，專祠之請。胡為乎來哉？且琦善果能造福於甘民，初死之時，豈無身被其澤者為之籲請，何以遲之又久，

〔註1〕陳寶琛《滄趣樓詩文集》，上海古籍出版社2013年，第816～817頁。

而亂後殘黎忽念及數十年前之總督，而欲報以馨香？此不過因伊子恭鏜現官烏魯木齊都統耳。禮部例載，子孫官九卿，其祖父不得題請入祀名宦鄉賢祠，所以杜徇情市恩之漸也。況專祠之建，尤為國典之大者乎？

　　究之琦善負罪之巨，其不宜祠祀，尚不必以例為衡。蓋他人之罪，衹在一時一事之利害。琦善之罪，則關天下國家之安危。倘令終如所請，既無以服天下之人心，且恐招外邦之譏議，其所繫者匪淺。臣拾遺左右，刑賞之大，理合盡言，敬懇皇太后、皇上收回成命，嚴加申飭，以重祀典而勵臣忠。伏乞聖鑒施行。謹奏。

　　此奏見（清）朱壽朋《東華續錄・光緒四十五》七年十一月壬辰，後附上諭：

　　前據楊昌濬奏，原任陝甘總督琦善蒞任三載，整頓地方，甘肅士民至今感其威惠，謹據紳士公呈，請在甘肅省城建立專祠，以順輿情，當經俯允所請。茲據翰林院侍講學士陳寶琛奏，琦善貽誤國事，厥咎甚重，其為陝甘總督，辦理雍沙番族，率將無罪熟番濫行屠戮，逼供飾奏。文宗顯皇帝責其謬妄，革職遣戍。是琦善在甘，有罪無功，不宜祠祀，請收回成命等語。所奏實屬允當，所有琦善建立專祠之處，著即撤銷。楊昌濬據紳士呈請，率行具奏，著傳旨嚴行申飭。

擬條陳時務疏乙未夏

　　為敬陳國計，仰祈聖鑒事。竊臣閱邸抄，知全權大臣李鴻章返自倭奴，和議已成，皇上已於四月初八日蓋用御寶，遣使齎赴煙臺，付倭使持之而去。薄海士民，同聲浩歎，至以宋人和金為比。臣愚不以為然。彼倭奴兵力不必強於女真，而國家形勢幾至弱於趙宋，計倭之不如我者，唯地七百萬英萬里，人民四萬萬耳。而論臣心，則我私而彼公；論士氣，則我怠而彼奮；論民心，則我紛而彼壹；論紀綱，則我馳而彼張；論洋務，則我名而彼實；論軍令，則我寬而彼嚴；論軍制，則我陳而彼新；論軍餉，則我薄而彼厚；論軍械，則我窳而彼良；論徵調，則我遲而彼捷。論海戰，則彼有群醜，我無一將。不能海戰，則止能近御，不能遠攻。止能扼其登岸之路，不能遏其遊奕之舟。彼駕十數輪舟徜徉海上，而我濱海七省南北萬餘里大小各口處處可危，有防不勝防之勢。而我又近海，而都不可驟遷。彼乃動言豕突津、沽，以相恐嚇。我貴近諸臣豈必盡蹈宋相繆醜之姦，唯慮津、沽淪陷，宮闕震驚，益重皇太后、皇上

之憂。故含垢①忍辱，以贊皇上之和。其失不在今日之主和，而在去年之不能戰；亦不在去年之不能戰，而在平日練兵之不以實，擇將之不得人。權議歎敵以紓目前之禍，急求富強以除往日之弊，徐議攻戰以雪今日之羞，於計或未大失也。然二百兆兵費之給，竭中國十年財力不足以清償，此數較之宋人歲輸銀絹二十五萬，幾浮千倍。澎湖、臺灣為南洋之鎖鑰，威海、旅順為北海之咽喉，今並為敵有，縱將來購造船礮，復立海軍，而海疆形勢既失，何所用之？較之宋割唐、鄧、商、秦，尤為失策。設全權大臣以死力爭，未始不可以奪倭人之氣。乃俯首相從，有求盡與，此殆宋臣岳飛所謂「相臣謀國，不臧始謀後世」者也。臣恐和議成後，群臣不念國恥，苟安旦夕，人情益懈，士氣潛消。倭人總有後悔之時，他國必將效尤者眾，將來之變恐不可言。臣愚昧無知，謹即關於國計之大者，列為五款，伏祈皇上垂鑒焉。

一、明賞罰以屬眾心也。臣聞天下雖大，所恃者人心。教化者，所以轉移人心於無事之日。賞罰者，所以激屬人心於多事之秋也。臣瀕海下士，未列朝班，中外大小臣工皆所未知。但聞庠序有識之士及村野無知之民，一言及山東巡撫李秉衡則嘖嘖稱歎，一言及北洋大臣李鴻章則扼腕切齒。而倭國各處新聞報，於李秉衡則亦敬之重之，於李鴻章則亦輕之嘲之，足徵好惡之公，中外若一，而二人功罪可得而言焉。囊者越南之役，法人於甲申冬破諒山大營，陷鎮南關，廣西諸郡戒嚴。時李秉衡以按察使權巡撫，斬逃將，戢潰勇，激屬主客各軍，勉以忠義，遂能大破法人，轉敗為功。法人遂不索兵費，俯首乞和。時李秉衡深以和議為非，簡授藩司，旋以病告。去年蒙恩擢，任皖撫，旋調山東。蒞任以來，整軍經武，不遺餘力。榮城之陷，由李鴻章所部淮軍不受節制，非李秉衡之罪也。自是每與倭寇交綏，短衣匹馬，身先士卒。雖未能大挫凶鋒，而倭人懾其威名，盡棄所破州縣而去。設非李秉衡楮持其間，則山左摧殘，與遼左何以異也。該撫動以蒞事，廉以率屬，疏糲自甘，苞苴屏絕，宋臣岳飛所謂「不愛錢」、「不怕死」者，實兼有之。設封疆各部諸臣盡如李秉衡，財用何憂不足？軍伍何憂不懾？國威何憂不振？乞皇上破格優賞，藉以鼓勵中外臣工，激屬薄海人心，於大局必多裨益。近來彈劾李鴻章者，或謂昏庸驕蹇，喪心誤國；或謂罣臣誤國，宜明正典刑。此皆緣憤生激，未得其情。臣愚以為人品有三：志於道德者賢聖，志於功名者豪傑，志於富貴者鄙夫。李鴻章富貴雖得之功名，而功名不緣於道德。推究本原之地，與胡林翼、曾國藩、左宗棠、彭玉麐諸人本自不同。迨人臣富貴之奉已及，少年功

名之志就衰。髀肉久生，暮氣難振。乃以偷安息事之見，為及身幸免之謀。保家固位之計太周，同仇敵愾之念盡汨，羅罷兵講和之意益堅，措置乖方，實由於此。論者遂謂其潛與倭通，臣知其必不忍也。然子弟姻黨黷貨無厭，納賄招權，致天下望風波靡，凡所任用如葉志超、衛汝貴、衛汝成、龔照璵、黃仕林等，皆貪鄙恇怯之徒，所至犇潰，失地喪師，李鴻章不得不任其咎。且身為北洋大臣，虛糜數千萬金，創制海軍，不能一戰，致以利器拱手授人，此雖丁汝昌之罪，然始之保薦丁汝昌、後之護佑丁汝昌者，誰也？議和而外，莫展一籌。然則皇上所以任用李鴻章者，專為割地輸幣計耶？古者災害屢見，則策免三公；水旱不時，則大臣引罪。今之災害，豈尋常水溢旱乾可比。從不聞該大臣有引咎之詞。朝廷當降詔，罷免其官，勒令回籍。否則，懼無以塞薄海士民之憤，即無以啟普天忠義之憂也。

一、遴賢宗以樹屏藩也。國家藩翰，外恃與國，內倚宗親。今與國如緬甸、越南、琉球、朝鮮皆歸異類，暹羅亦介於若存若亡之間。若宗室之封親王、郡王者，皆在京食俸，無一民尺土之司。此如孤幹無枝，殆非深根固本之計也。昔唐代宗室，自開元以來皆聚京師，前則殲於祿山，後則夷於朱晁。而劉崇封於並代，尚延北漢卅載之基；康王留於濟州，聿開南宋百年之統。元帝北去，梁王仍鎮滇南；明社已墟，三藩尚為小腆。百足不僵，此其徵矣。臣愚以為今日大計，宜遴親王、郡王之有志行幹略者，出鎮名都，子孫世守，略仿前明之制。其次則於貝勒、貝子、鎮國公中選之，又其次則於鎮國將軍、輔國將軍、奉國將軍、奉恩將軍中選之，晉以王封，一同出鎮。內則江寧、杭州、福州、廣州、成都五處，外則葉爾羌、伊犁、西藏等處。以將軍及各大臣兼長史，以其署為王府，而以其所統兵為護衛，增費無多，維屏已立。內有深固不拔之基，外有磐石宗盟之助，此所以安社稷而永萬世之業也。

一、宥言官以振士氣也。言官之設，本以補袞批鱗為職。或主文以譎諫，或苦口以危言。其言愈危，其心愈苦，此仁聖所宜優容。乃去年十一月，御史安維峻疏劾李鴻章，中有得罪聖母之語，皇上天性至孝，恐開離間之端，降旨革職，發往軍臺效力。自是以後，言者頓稀。夫舜，至聖也，有虞之天下至治安也。而廷臣之愛其君者，至誠以「慢遊」、「傲虐」、「朋淫」、「殄世」[1]，跡似鄰於詆誣，近於詛詋，乃舜則坦懷虛受，不以訕上為疑。今之天下遠遜中天，而維峻所言未至如虞臣之過甚，予以敢譴而久不賜環，以皇太后之寬仁大度，當亦不樂聞也。我朝力矯前明之弊，遏抑言路，俾不得大有敷陳。凡

給事、御史之具疏，類皆毛舉細故，且多緘默取容。二百年來，積成風俗，士大夫精神志氣，不用於節義經綸，而唯營營於貨財奔競之私。士氣愈靡，人才愈壞。忌諱愈甚，粉飾愈工。外夷肆侮，皆由於此臣。愚以為欲求富強，必先去忌諱粉飾之習；欲振人才，必先求士氣言路之舒。泰西各國不設言官，而設立上下議政院，俾利害得失之故，人人得以盡言。崇卑之情不隔，雍閼之弊不興，用能舉國一心，人知忠義。今縱不能創立議院，豈可復遏抑言官？昔皇上曾詔藩臬專摺奏事，將欲明試以言，而各省藩臬除接印交卸外，不聞一言入告。導之使言且不肯，況取言者而罪之乎？維峻語雖過激，心則效忠，伏乞皇上恕其戇直，召選供職。且詔諭中外，極言得失，毋得仍舊日唯諾之風，負朝廷孜孜求治之意。則士氣發抒，即士風可變矣。

一、重氣節以作人才也。制藝試帖非載道之文，訓詁詞章亦虛車之飾。居今日而培養人才，自宜設經濟之科，分門取士。而臣謂經濟必本於氣節，何也？下之人捨氣節而談經濟，貪詐而已；上之人捨氣節而崇經濟，使貪使詐而已。今之洋務海防為講經濟者第一先務、第一要言，實則為無氣節者第一徑竇、第一淵藪。以徑竇、淵藪，中人而分任以軍國海疆之重，其自輕自侮甚矣。欲求夷狄之不輕我侮我，何可得乎？臣試即氣節二字縷晰言之。氣近狂，足以有為。古之名臣如李德裕、張居正，以氣勝者也。節近狷，足以有守。古之名臣如包拯、海瑞，以節勝者也。何謂氣？孟子所謂「配義與道」是也。何謂節？孔子所謂「行己有恥」是也。無義則無氣，而推諉畏縮之習日已甚，孔子所謂以色屬內荏比之盜也〔2〕。無恥則無節，而貪污洿涊之事無不為，孟子所謂以富貴利達比之乞也〔3〕。昔范仲淹有言：「我輩私罪不可有，公罪不可無。」今之群臣於公罪則避之旦明之地，而任事執咎之意衰，是謂無氣。於私罪則蹈之昏暮之間，而畏法懷刑之道泯，是謂無節。氣節二字，士大夫久已不言，而風俗人心遂不可問。去年京師戒嚴，大臣則遣眷出京，小臣則棄官潛遯。及兵事稍救，彈冠結綏者又於於而來矣。平居則蚑法營私，食人之祿而不能忠人之事。遇變則搴裳而去，樂人之樂而不思優人之憂。朝廷雖得此輩千萬人，則亦千萬其心而已，國事何所倚賴！又其甚者，方且內伏而為邦諜，外叛而為軍諮，尤誅之不可勝誅者也。此非朝廷恩誼不足以固結其心也，風俗偷而人心敝，倫理不明而不解忠義為何事也。於此而欲挽回而補捄之，豈旦暮可致！而臣謂不然。聖祖仁皇帝宏獎廉吏，如兩江總督于成龍、福巡撫陳瑸，僅一二人耳，而其時內外百官潔清自重之風起。由是言之，移

風易俗所行不過一二大端，而其勢足以轉移天下而無難。何則？上有好者，下必有甚焉者也。皇上不好氣節，遂多無氣節之士環而伺之；皇上篤好氣節，則亦必有大氣節之士起而應之。鼓舞既神，轉移自捷。精神共奮，耳目一新。多實心任事之人，無罔上行私之弊。以之治民而民生厚，以之戡盜而盜患弭。以之整軍，軍器利而軍力強；以之籌海，海戰習而海防固。如此，以西法輔中法可也，以中法輔西法亦無不可也。如不求振起人才，而亟議遷都變法，不以氣節為重，而以能貪能詐為才，臣恐中國無自強之日，而外夷之逞強無已時。皇上雖焦心勞思，未見其有益也。

一、誅貪墨以裕度支也。我朝豫大豐亨，莫過於乾隆中歲，太倉之粟，陳陳相因，可支二十餘年，庫銀稱是。迨乾隆之季，國用漸貧，至今日而困乏極矣。夫以今日較之乾隆中歲，未闢一州，未損一縣，所入財賦猶是也。雖興辦海防，購造船礮為前此所無，而洋關捐釐之抽稅，亦前此所無，出入足以相當。今何以如是之貧也？以貪吏多而中飽之害深也。然臣讀祭酒王先謙《東華錄》，知雍正、乾隆間，督撫司道州縣以贓誅者不可勝數。今皇上踐位二十有一年矣，惟光緒五年春，山西吉州知州段鼎曜以乾沒饑民牛種銀二千餘兩，為辦賑大臣閻敬銘所劾，奉旨斬決。其餘各直省州縣，未有以贓誅者也。若督撫司道，更未聞有以贓誅者也。即以贓謫戍者，亦未有也。似昔之貪吏多於今矣，而不知此正今之貪吏多於昔也。行貪於眾人不貪之時，容隱少而敗露易；行貪於舉世皆貪之際，容隱多而敗露難。昔先臣孫嘉金謂雍正之世無清官。非無清官也，夫人而能為清官也。微臣謂近世無貪官。非無貪官也，夫人而能為貪官也。其所以然者何也？以先皇帝用法嚴，而今則紀綱稍弛而法網疏闊也。朝廷寬待大臣，大臣袒護小臣，小臣更不敢訐發大臣，互為容隱，競相干沒，用一報十，用百報千。於是官日富而國與民俱受其病矣。今日之言理財者，曰課樹畜也，興屯墾也，重工商也，創鐵路也，開礦穴也，設銀行也，禁鴉片也，南漕改折也，汰冗員也，尚節儉也。十者行於天下，較之加賦增稅、鬻官捐富、減俸裁兵則善矣，而究不若宏獎廉吏、重繩貪吏之為握要。然公乃可以服人，法必始於貴近。重繩小吏之貪，尤不若重繩大吏之貪之為清源。否則即以天地為鑪，陰陽為炭，萬物為銅，不足塞中飽之漏疤，而三空四盡，未知其所底也。

以上五事，皆近日求時急務，臣故敢抒芻蕘一得之見，冒昧陳之。然天下之治亂，本於人君之一心，伏願我皇上聖得日新，慎修思永，秉離之明而

賢奸必審，體乾之剛而用捨勿疑。鑒縱弛之失而振以威嚴，達上下之情而去其蒙蔽，以大法為小廉之本，以內修為外攘之基，常憂四海之困窮，自篤萬年之景祜矣。臣謹奏。

【校記】

　① 垢，疑是「垢」之誤。

【疏證】

〔1〕《尚書‧虞書‧益稷》：「禹曰：『俞哉，帝！光天之下，至於海隅蒼生，萬邦黎獻，共惟帝臣。惟帝時舉，敷納以言，明庶以功，車服以庸。誰敢不讓，敢不敬應？帝不時敷，同日奏罔功。無若丹朱傲，惟慢遊是好，傲虐是作，罔晝夜額額；罔水行舟，朋淫於家，用殄厥世。』」

〔2〕《論語‧陽貨第十七》：「子曰：『色厲而內荏，譬諸小人，其猶穿窬之盜也與？』」

〔3〕《孟子‧離婁下》：「齊人有一妻一妾而處室者，其良人出，則必饜酒肉而後反。其妻問其所與飲食者，則盡富貴也。其妻告其妾曰：『良人出，則必饜酒肉而後。反問其與飲食者，盡富貴也；而未嘗有顯者來。吾將瞷良人之所之也。』蚤起，施從良人之所之。徧國中無與立談者。卒之東郭墦間之祭者，乞其餘；不足，又顧而之他。此其為饜足之道也。其妻歸，告其妾曰：『良人者，所仰望而終身也。今若此！』與其妾訕其良人而相泣於中庭。而良人未之知也，施施從外來，驕其妻妾。由君子觀之，則人之所以求富貴利達者，其妻妾不羞也而不相泣者，幾希矣！」

對彭味之學政〔1〕策問前代海防得失

有明以前，未嘗嚴海防也。周有玁狁，秦、漢有匈奴，魏、晉有鮮卑各種，元魏有蠕蠕，隋有突厥，唐有突厥及回紇、吐蕃，宋有遼、夏，其蹂躪皆在雍、涼、幽、并之地。東南大海中，雖間有海盜竊發，如張伯路、孫恩、盧循之類，皆內地莠民盜弄兵於鯨波之中，不久即殄滅，從未有島夷內犯之事。以故西北謹邊備，東南弛海防。雖宋紹興中，金亮由海道遣兵入寇，宋將李寶亦由海道北征，沿海制置使一官亦為要職，然僅以備北虜，非以備海外之島夷也。

因島夷而嚴海防，自有明始。明太祖初定天下，方國珍、張士誠餘眾往往引倭為寇。洪武十七年，命信國公湯和巡視海上，築山東、江南、北浙、閩

沿海各城，移置衛所於要害。遼東濱海地則有定遼、海州、蓋州、復州、金州、義州、廣寧、寧遠等衛，旅順口置南北二城，北城置中左千戶所。山東布政司則有膠州之靈山、安東二衛，夏河寨、右臼島二千戶所，即墨之鰲山衛，雄崖、浮山兩所，萊陽之大嵩衛，福山之奇山所，文登之成山、靖海、威海三衛。南畿則有廣洋、江陰、橫海、水軍四衛，又置金山衛於松江之小官場，及青村、南匯二千戶所。浙江則有定海、盤石、金鄉、海門、臨山等衛，三山、瀝海、平陽、三江、龍山、霩䨗、大松①、錢倉、新河、松門等千戶所。福建境內則有福寧、鎮東、平海、永寧、鎮海②五指揮使司，共轄大金、定海、梅花、萬安、莆禧、崇武、福全、金門、高浦、六鼇、銅山、元鍾③十二千戶所。其在廣東者，則潮陽有海門所，饒平有大成所，惠來有靖海所，澄海有蓬川所，惠州有平海所，海豐有碣石衛、捷勝、甲子門二所，吳川有寧川所，海康縣有海康所，遂溪有樂民所，徐聞有錦囊、海安所，合浦有永安所，新安有大鵬所。自廣東樂會抵遼東鴨綠江，一萬三千三百餘里，海防大備，而寇鈔日益稀。至嘉靖間，而倭患大熾。沿海大都會增設總督、巡撫、兵備副使、總兵、參、遊等官。廣東則分東、中、西三路，設三參將。福建則設烽火門、小埕澳、南日山、浯嶼、西門澳五水寨〔2〕。浙江則守平陽港、黃花澳，聚海門之險，以固杭、嘉。南直隸則金山設參將，狼山設總兵，鹽城設參將，廟灣設游擊，吳淞江、劉家河、福山港、鎮江、圖山添設遊兵，復調山東民兵及青州槍手以守淮陽。山東則登、萊、青三府設巡察海道之副使、管理民兵之參將、總督沿海兵馬備倭之都指揮。北直隸則大沽海口宿重兵，領以副將，而以密雲、永平兩游擊為應援。遼東則三岔河東、九聯城外創鎮江城，設游擊，統兵哨海上，北與寬奠陸營相接。蓋其時遭倭甚毒，故設防亦最密。然入寇不盡真倭，中國奸民居其中蓋十之七云。

　　考其得失之故，明太祖築城堡，置衛所，多設快船，又歲遣勳戚大臣巡視海上，將弁不敢因循，卒伍不至虛弱，而其最得力處，在嚴禁商民出海；成祖時，又招島人蜑戶賈豎漁丁為兵，以杜亂源；此其所以得也。中葉而後，武備既懈，海禁亦弛，瀕海軍民私通海外各國與貿易，奸商大俠關通射利，因為鄉導，汪直、徐海、陳東、麻葉等接踵而起，內外交訌，海疆無寧日矣。世宗之失，莫甚於罷朱紈。紈巡撫福建，嚴通海之禁，誅大猾之為倭耳目者。閩中巨室搢紳素以番舶為利藪，驟失其利，相與譖紈而罷之。紈自殺而海防廢，海氛起矣。嗚呼！此其失可勝言哉！

大抵海島遠夷，未有遽敢內犯者。其始由於互市，商民利其交易，招之使來。國家亦設市舶提舉，以收其稅。致來者愈遠，聚者愈眾，始則借地停貨，久則築室以居，借地據為己有。久居知我虛實，小不如意，輒懷反噬。馴至受其輕侮，莫能驅除。與之議和，大傷國體。嗚呼！利之禍人家國也，古今有同慨哉！

道光時主和三滿，相其人品心術，誠非林、鄧兩公之比。然通商開埠，未可盡非。泰西諸國挾其船堅礮利，東來亞洲，中國雖欲深閉固拒，其勢不能。日本以鎖港而亂，以開關而安，是其明鑒。取彼所長，砭我所短，精我所有，增我所無。富強之道，實基互市。少〔3〕作語，未詳備，以不能割慈存之。自記。

【校記】

① 大松，張廷玉《明史》卷九十一《兵志三・海防》同，萬斯同《明史》作「大嵩」。卷一百十四《兵衛志九・防海兵》：「而先是置八千戶所於寧波、溫、臺等府並海地，曰平陽、三江、龍山、霩衢、大嵩、錢倉、新河、松門，皆屯兵以備海寇。」

②「鎮海」原缺，據《明史》補。萬斯同《明史》卷一百十四《兵衛志九・防海兵》：「二十一年，又命湯和行視閩粵要害地，築城增兵以固守備，置福建沿海指揮使司五，曰：福寧、鎮東、平海、永寧、鎮海。」張廷玉《明史》卷九十一《兵志三・海防》：「置福建沿海指揮使司五，曰福寧、鎮東、平海、永寧、鎮海。」

③ 元鍾，萬斯同《明史》卷一百十四《兵衛志九・防海兵》作「泫鍾」，張廷玉《明史》卷九十一《兵志三・海防》作「玄鍾」。

【疏證】

〔1〕（清）黃叔璥《國朝御史題名》：「彭久餘，字書三，號味之。湖北江夏縣人。丙申科進士。由吏部員外郎補授山東道御史，官至吏部侍郎。」

〔2〕張廷玉《明史》卷九十一《兵志三・海防》：「五寨者，福寧之烽火門，福州之小埕澳，興化之南日山，泉州之浯嶼，漳州之西門澳，亦曰銅山。」（清）宮夢仁《讀書紀數略》卷十《地部・邊鎮類》：「福建水寨五：漳州銅山寨，泉州浯嶼寨，興化南日寨，福州小埕寨，福寧州烽火門寨。」

〔3〕（清）王家相《清秘述聞續》卷十一《學政類三・直隸省》：「彭久餘，字味之，

湖北江夏人。道光丙申進士，同治九年以吏部侍郎任。馬恩溥，字雨農，雲南
太和人。咸豐癸丑進士。同治十二年以內閣學士任。」據此可知彭久餘任江蘇
學政的時間為同治九年（1870）至同治十二年（1873），陳玉澍正好是 19 歲到
22 歲。

錢法議

　　欲興利者先去其害，欲去害者貴探其原。古今錢荒之害，皆原於奸民銷
毀。奸民所以解禁銷毀，原於錢重而銅貴。銅價之貴，原於製造銅器太多。非
嚴禁銅之令，而錢荒之害必不可除，錢法之利必不可興。二十年來，錢荒日
甚一日，至光緒乙未而極矣。闤闠之商日市百金之貨，得銀錢十之六七，得
銅錢十之二三。田家糶穀亦然。日用纖瑣，不能概以洋錢。洋錢一枚不能釐
分而豪析之，勢不得不攜入市場易錢，以為日用之需。乃持洋錢數枚易錢猶
可得也，持洋錢十數枚易錢則不可得也。以市商之分業各貨者，入錢甚少，
而無以應命；市商之專業錢銀者，入錢稍多，而又不免居奇也。始猶以為止
江、浙、淮、揚若是，近閱滬報，知京師及川、廣、湘、鄂、潯、皖、齊、豫、
閩、瀋等處莫不如斯，則秦、晉、滇、黔諸省亦概可知矣。同是流行於市，洋
錢何以日用而日多，以有鑄而無銷；銅錢何以日用而日少，以多銷而寡鑄。
　　或謂由商人運錢出海，不盡然也。乾隆九年，湖北巡撫晏斯盛疏陳銷毀
制錢之弊，有云：「雍正錢距今二十餘年，康熙大制錢距今未百年，而千百中
存者謹一二。」[1] 此蓋以每文重一錢四分者言之。詢之里老，云少時皆未得
見重一錢二分者。猶憶三十年前，千錢中可得數十；十五年前，千錢中可得
十數；近數年來，雖羅百緡於阿覩之前，求一順治、康熙、雍正錢而不可得，
即乾隆錢之大者亦漸稀矣。非奸民銷毀，何以至此？及今不禁，後將胡底？
不探其源，雖峻法以禁，亦無益也。無利可牟則不禁而自止，厚利所在則愈
禁而愈犯。大凡錢質不可過輕，過輕則盜鑄者眾；錢質不可過重，過重則私
銷者多。我朝順治元年，鑄錢每文重一錢。二年，改鑄一錢二分。十四年，加
至一錢四分。康熙二十三年，仍改鑄一錢。四十一年，仍復一錢四分。雍正
初，錢文益精緻，工本愈重。行之稍久，慮滋銷毀，改照順治二年每文一錢二
分。今一錢四分之錢已久不見，姑置不論。即以一錢二分計之，錢一千得銅
七斤八兩。昔之銅價姑置勿考，以近數年銅價論之，銅一斤可得錢三百，銷
錢一千可得錢二千二百五十，較之剪邊磨鉛，其利多矣。無怪奸民過之若鶩，

於每文重一錢、每千錢重六斤四兩者，亦銷之以為銅也。奸民銷錢，非皆鑄為小錢，亦多製為銅器。其人約有二種。一則開設銅器之鋪，其所鬻蓋銅器之大者，如燈爐盆槃之類是也；一則擔負銅器於肩，其所鬻蓋銅器之小者，如鎖鑰鏟勺之類是也。其器雖小，合億兆民戶記之，則耗銅甚多。葛祖亮《錢法議》所謂小物無人不可用，無地不可行，視之分釐，合計之則至於百千萬億而不可窮。臨川李侍郎紱《請嚴銅禁疏》所謂即煙袋一物，以耗制錢而有餘，至百千萬而無算者也。況銅器之大者，其耗銅更倍什伯千萬於斯乎！〔2〕銅器日多則銅價日貴，銅價日貴則銷錢為銅者日多。然則欲禁銷錢為銅，必先禁以銅為器。然今日驟議禁銅，必致眾情驚愕，百口阻撓，以為必不可行。而不知前代曾行之，我朝亦屢行之。

考《南史》，宋孝武帝孝建三年，禁車及酒器用銅。《唐書》載元宗開元十七年，禁私賣銅、鉛、錫及以銅為器；代宗大曆七年，禁鑄銅器；；德宗貞元九年禁賣銅器；憲宗元和元年，禁用銅器。《通鑑》載晉高祖天福三年，禁民作銅器。《五代史》載周世宗顯德二年，勅立監採銅鑄錢，民間銅器佛像五十日內輸官受直，過期匿五斤以上罪死，不及者論刑有差。《宋史》載高宗紹興二十六年命取公私銅器悉付鑄錢，司民有不輸者罪之。《明史》載世宗嘉靖三十二年令通行歷代錢，有銷新舊錢及以銅造像製器者，罪比盜鑄此前代銅禁之班班可考者也。

《皇朝經世文編》卷五十三載乾隆十年陝西巡撫陳宏謀疏，稱「我朝康熙十二年、十八年皆曾禁止鑄造黃銅器具。雍正四年，又行禁止。」〔3〕計自禁銅以後中國各省未增鑄局，而每銀一兩易錢九百文以上，不至如曩時之昂貴，未始非禁銅之效。卷五十二載雍正五年戶部《奉旨議禁銅器疏》有云：「各省有未完舊欠錢糧，行令督撫酌量於各省民欠內以二十萬兩為準。准令欠戶交納銅器，抵扣應完舊欠之數。所交銅器，熟銅每斤以一錢一分九釐九毫計算，生銅每斤以九分九釐九毫計算。如有奸民銷毀制錢，充作廢銅片塊，打成器皿對象者，照例治罪。」此又我朝銅禁之班班可考者也。

夫唐元宗、唐憲宗、周世宗皆前代之英主也，聖祖仁皇帝、世宗憲皇帝，國朝之聖君也。曾是前代英主、國朝聖君所行，而今日遂塞礙不可行者哉！特難為鄙儒淺見，狃於故常，庸人畏事，憚於振作者言耳。或者謂雍乾之世有議嚴銅禁者，臨桂陳文恭與臨川李侍郎也〔4〕；有請弛銅禁者，戶部尚書海望也〔5〕。安見請嚴銅禁者之盡是，而請弛銅禁者之盡非乎？不知海尚書生當

雍、乾之世，銅旺錢多，上下流通，請弛銅禁，猶可言也。今則銅衰錢希，公
私交困，仍弛銅禁，斷不可也。海尚書之言，亦未免慮非所慮。其言曰：「銅
器散佈民間，相習甚久。一旦禁使勿用，其情有所不便。」是說也，可以臨川
之言折之。其言曰：「富貴之家，金銀可用。士大夫以下，錫、鐵、瓷、漆無
不可者。必欲黻紛華之好，則廣東上錫、雲南精鐵備極華美，何必分用鑄錢
之銅，致滋奸弊？」則海尚書所謂民情不便者，不足慮也。且銅器不用，其不
便也小而暫；銅錢不足，其不便也大而永。今議禁銅器以廣銅錢，正以其不
便之小而暫成其便利之大而永也。如再慮其不便，則國家無庸設法以防民矣。
海尚書又云：「胥吏藉此需索，刁民藉此訛詐。得賄則賣官法，不得賄則入人
罪。搜括難盡，用法不均。民間交納銅器，或有侵蝕扣尅，僅得半價者；或有
除去使費，徒手而回者。名為收銅，實為勒取。」是說也，可以臨桂之言折
之。其言曰：「請仍照康熙間禁銅之法，不禁現存之銅器，止禁將來之製造。
通行之後，即取各銅鋪鄰右甘結。有再製造黃銅器皿者，治以法。凡民間所
有銅器，無論新舊，概不繳官。已造未賣之銅器，定限三月，聽其售賣。過期
不賣，交官給價。設三月以後尚有售賣者，查拿治罪。又官止就現在銅鋪曉
諭，取結改業，於民間一無紛擾，於鋪戶亦無虧損。」則海尚書所謂需索勒取
者，可無慮矣。

　　夫海尚書所言，不獨禁銅，兼收銅也。陳文恭所言，不急收銅，但禁銅
也。收銅則藏匿有罰，而犯法者多；禁銅則造賣始誅，而犯法者少。收銅則出
納之際，必假手於吏胥，禁銅則文告是頒，不授權於差役。況復寬其期限，宥
其既往，若仍慮胥役擾民，豈州縣毫無耳目，則國家無庸設官以治事矣。准
以陳、李兩公之言，而知嚴禁銅器之必可行也。

　　然兩公之言禁銅器也，說亦微有異焉。陳文恭言「紅銅白銅響銅器具，
仍許打造，此外如佛像、煙袋、事件、鈕扣之類，皆可用鉛鐵代之，概不許用
黃銅。」李侍郎則言「請自鑄鏡及樂器而外，一切打造黃銅紅銅白銅之鋪，盡
行禁絕。犯者發邊遠充軍。」今於乏銅之時，而行禁銅之令，則以侍郎之言為
密。而侍郎所言鑄鏡不在禁例者，今案鏡可代以玻璃，亦宜並禁，唯許以響
銅為鉦，備官私巡徽之用及製一切樂器，不在限禁之中。而開設銅器鋪，仍
令赴官領照，每縣止准一家，謂之官銅店。違者以私論罪之，有首告者賞以
所獻銅器，誣告者加等治罪。州縣官自行訪獲銅犯，以銅器與銅犯一併牒解
臬司。每一起紀功一次，歷五功准以卓異候升。查捕不力及縱役擾民者，論

如律。如此，則銅器不造，銅價自低。銷毀制錢，無利可取。復嚴銷錢之禁，與盜鑄小錢同科，則未銷之銅錢不至復為銅器。兼行收銅之令，使獲罪罰鍰者納銅收贖，則已製之銅器可以復為銅錢。然後更仿順治、康熙間各直省設局鑄錢之法，以補京師寶源、寶泉二局所不逮。則不獨錢荒之害除，亦且錢法之利溥矣。所謂欲興利先去其害，欲去害貴探其原者，此也。謹議。

【疏證】

〔1〕（清）賀長齡《清經世文編》卷五十三戶政二十八晏斯盛《開銅源節銅流疏》：「自京師及畿輔近省，而外至於湖廣南北稍遠之省，制錢之重一錢二分者既不多見，惟康熙年間重八九分一錢之小錢，通照大制錢行。使中間雜以翦邊鎚扁沙板及鉛錫各種在內，而錢之濫極矣。夫制錢行將十年，而千百中僅見一二；雍正錢距今二十餘年、康熙大制錢距今百年，而千百中存者亦僅一二。其見且存者，又多翦去其邊，鎚扁其質，則人情惟銅之為利，而銷燬之形亦大可見矣。是何不禁之早哉！」

〔2〕賀長齡《清經世文編》卷五十二戶政二十七李紱《請嚴銅禁劄子》：「即煙袋一物，即以耗制錢而有餘。臣訪聞外間用制錢十數文打造煙袋一枝，即可賣制錢六七十文，在小民嗜利，毫末必爭，頃刻取數倍之利，有不冒險為之者乎？今天下不用煙袋之人百不得一，猶有一人用數枝者，人之數千萬而無算，則煙袋之數亦千萬而無算。鼓鑄所出，豈足當銷燬之數哉！」

〔3〕題為《申銅禁酌鼓鑄疏》。

〔4〕參注〔3〕和注〔2〕。

〔5〕海望《請弛銅禁疏》，載賀長齡《清經世文編》卷五十二戶政二十七。

築隄捍海議 上劉邑侯

鹽邑僻處東隅，襟帶瀛海，舊患潮溢，因有潮墩。然百餘年前之所築，既無濟於往歲之風濤；十數年前之所增，亦不能救今年之漂溺。何也？良以海嘯之風狂猛異常耳。一聞聲濤，已立至有墩之處，溜勢愈激。足一入水，身已漂流，故有抱木而得生，趁棲墩以獲免者。則潮墩之萬不足恃，明矣。今既不能如錢武肅射潮張弩，王義方禱海安流，捨築長堤，別無上策。其不可緩者有三，不足患者有二，為百世之大利者有四。謹一一陳之。

鹽邑舊有范公隄，捍禦狂濤，保全民命，即《唐書・地理志》之常豐堰。代宗大曆間，黜陟使李承所創築也。唐宋以來，歷代修培，皆仍舊址，未暇東

移。而自大曆迄今，已逾千載，滄海東趨，去隄日遠，場竈編甿有在堰東八九十里者。當前明嘉靖、萬曆、崇禎間，已有海盜殺人之事，然其時戶口猶未眾也。我朝深仁煦育，生齒日繁，廣斥之區，煙戶相望。傍海而居者愈眾，遇災則殪者亦愈多。至今年六月十三日而極矣。禺貔、海若大肆狓猖，黑風吹海而東來，白浪排山而西湧，濤頭矗立，較辛巳更高二尺有餘。屋角林梢，陽侯竟踏之而過。溝塍原隰，立變鮫宮；貲畜室盧，盡隨鷗浪。衰叟齓童，健男壯女，奔逃不及，悉付波臣。往往十室之村，僅存遺黎一二。午後驟轉西風，吹屍東壑，葬身魚腹，不獲求平原抔土之封。東省河決利津，當亦無斯奇慘。我皇上覆育群倫，德侔天地，凡遇水旱偏災，截𥹋蠲租，恩施立沛，唯恐有失所。一夫濱海蚩甿，孰非朝廷赤子。不為保衛安全之計，何以副聖明愛養之懷。此築隄捍海之舉萬不可緩者一也。

邑中好義之士，駭聆浩劫，踏地踠天，立捐貲勾匠，作棺櫬百餘，與糇糧薪水葦席載往海濱，以殮暴骸而甦溝瘠。沿途目擊遺黎，如焚餘莘草，爨後焦桐，面黑形枯，幾無人色。良以醃漬於滷潮之內，復暴露於風日之中，薪糧竈釜，蕩復無存。若翳桑餓夫，不食已三日矣。此次災區既廣，振卹宜周。既給裹腹之乾餱，兼築庇身之屋宇，需貲既鉅，集腋良難。發棠之請，勢難延緩。然而揚湯止沸，不若抽薪；爛額焦頭，何如曲突。值此痛鉅創深之際，宜求一勞永逸之謀，則築隄捍海之舉萬不可緩者二也。

縣志載前明崇禎五年六月，海潮逆沖范公堤，軍民商竈死者無算。此事《明史‧五行志》亦載之。至國朝康熙四年七月，復逢此災，相距三十有三年。至雍正二年七月，復罹此厄，相距五十有九年。至嘉慶四年己未，戕風起惡於孟秋，相距七十有三年。至光緒七年辛巳，海水飛潦於季夏，相距八十有二年。辛巳至今歲丙申，相距止十六年耳。瘡痍未復，瘠困未紓，而無罪蒼生又屑黿鼉之穴，此木華《海賦》所謂「希世之所聞」也。昔之災何以疏，今之災何以密。或謂氣運人事所致，此大不然。凡溟渤沸騰，皆由颶颱。颶風所起，不外震與艮、巽三方。鹽城洋面東與東南舊有高沙，《海國聞見錄》所謂蠻子沙、腰沙、陰沙是也。颶自東南而至，遇之而稍平。東北百二十里亦有長沙，阮文達《進呈海運圖說》謂「黃河口稍南有沙埂五條」者是也。颶自東北而來，遇之而勢殺。此昔之災所由疏也。鄉以黃河濁流入海，沙日淤而日高。自咸豐間河道北遷，海無濁流，沙日沖而日削，風來三面，皆無以御之，此今之災所以密也。即已往以測將來，恐後此災生未必不在十年之內。《詩》詠懲

前毖後，《易》重思患預防。此築堰捍海之舉萬不可緩者三也。

恆情樂成難始，察爾昧遐。文正築堤之始，不少浮言。天妃建閘之初，匪無異議。今議大興工役，阻撓必多。或謂滷氣被遏，鹹鹺不生。不知堤堰之築，止能禦地上之水，不能禦地中之氣。通州鹽場皆在范堤之內，杭、嘉鹽場不在海塘之東，未聞有滷薄鹽希之患。況溫、臺之場障以山峰，青、萊之場①外有岡嶺，峰嶺且不能隔斷滷氣，而況堤乎？此不足患者一也。

或謂海濤盛漲，必至堤邊。土性疏浮，易於圮塉，或不免徒耗貲財。不知掘港諸場②之范堤，近逼海濱，每屆夏秋之際，恆多沖激之濤，屹立依然，未聞坍塌。即興、伍兩場潮墩之築，亦不聞取土他方。此不足患者二也。

非徒無患害也，試進言其利。

一曰增戶口。嘉、道以來，海壖戶口日繁，著籍者以牢盆為業，流寓者以蟶蛤資生。誅芽築室以居，不必皆煮海熬波之戶。不意未及廿載，兩遘奇災。縱有孑遺，且謀遠徙。況非土著，疇肯遠來。今以長隄障彼狂瀾，俾危地轉為樂土，民居日密，曠土可耕。《宋史・循史・張綸傳》言「捍海堰成，復逋戶二千六百」〔1〕，此往事之明驗也。其利一也。

一曰益課賦。亭戶煎鹽，專資蕩草。而海水所經，立成斥鹵。三年以內，百卉不生。今放范公之舊制，移海堰於東偏瀉滷之地，可藝稻粱，沮洳之場亦生蒲葦。隄外行將續漲，隄內更易升科。其利二也。

一曰廣畜牧。向者海不為災，薪蒸茂密。欣犌牸犢，苪壯成群。自辛巳海水沸騰，漂流殆盡。隄防載立，葭葵叢生，芻牧既饒，蕃滋可必。但畜朱公之牸，自多烏氏之牛。其利三也。

四〔註2〕曰便海防。《方輿紀要》卷廿二有云：「有隄在鹽城東門外二里，謂之捍海堰，俗謂之塘潮岸，亦謂之范公隄。嘉靖中，倭賊從山陽大海口闌入縣境，官軍據岸遏之，賊不能前。不特田疇攸賴，亦守禦所資也。」顧氏所言，可為明鑒。客歲倭奴犯順制府，南皮張公檄陸春江觀察來鹽，緣海築隄，繼以合議告成而止。不知邦交難持，虜欲無厭，勢同養虎於庭，終有咥人之患。綢繆未雨，詎可忘危？今仍伸制府舊議，迤邐築高厚之隄。以禦海水，溺人則閭閻之陂障；以遏島夷，登岸則邊徼之長城。其利四也。

有利無害，雖中人亦能知之。所難者，唯需貲太鉅耳。然北門兩閘，為鹽城最鉅之工。十萬腰纏，尚虞不足。賴執事主持於上，邑人襄助於下，竭蹶

〔註2〕「四」，依上當作「一」。

經營，聚沙成塔，不費公家一錢斗粟，來年儻有竣事之期。知事無難易，唯視任事者心力何如耳。范文正築堰之時，止一西溪鹽官。末秩微員，何以能成此功烈。推究悍患禦災之偉者，皆由先憂後樂之誠。後之人亦可以自奮矣。乞執事通詳大府，俟接奉明文，再行勘丈里數，覈估土方。會商邑中父老詳議籌資良策，此時固不敢視為太難，亦不敢言之一人易也。

【校記】

① 場，原作「塲」。

② 場，原作「塲」。

【疏證】

〔1〕《宋史》卷四百二十六《張綸傳》：「泰州有捍海堰，延袤百五十里，久廢不治，歲患海濤冒民田。綸方議修復，論者難之，以為濤患息而畜潦之患興矣。綸曰：『濤之患十九，而潦之患十一，獲多而亡少，豈不可邪？』表三請，願身自臨役。命兼權知泰州，卒成堰，復逋戶二千六百，州民利之，為立生祠。」

公伯僚宜從祀孔子廟庭議

《史記·仲尼弟子列傳》：「公伯僚字子周。」《論語》作公伯僚，《說文》作公伯寮。僚、僚、寮，古字並通。《史記正義》引《古史考》云：「疑公伯僚是讒愬之人，孔子不責而云命，非弟子之流也。」宋王應麟《困學記聞》云〔1〕：「公伯僚非孔子弟子，乃季孫之黨。致堂胡氏之說當矣。《家語》不列其名氏，蓋自《史記》失之。」今案：《家語》係王肅譌撰之書，不足憑。《史記》傳弟子七十有七人，依孔氏古文，弟子籍最可據。漢文翁石室圖亦有公伯僚。馬融注《論語》，亦以僚為弟子。《漢書·古今人表》弟四等有公伯僚、公肩子、子石。公肩子即《史記》之公堅定，子石即《史記》之公孫龍。班意亦以僚為弟子，故列於公肩子、子石之前也。則《史記》所載未可疑議，議者徒以其愬子路於季孫，遂疑其非弟子耳。愚謂僚既從遊闕里，何至譖愬同門？《論語》所記，必在未從學之先。聖人與人為善，不追既往，絕不以從前姜斐之衍，麾諸門牆之外。雖以顏涿聚為梁父大盜，亦得受業於孔子，卒為名士，則聖門之來者不拒，可知也。《史記》言「子路冠雄雞，佩豭豚，陵暴孔子，孔子設禮稍誘子路。子路後儒服委質，因門人請為弟子」。夫以陵暴孔子者得為弟子，豈譖愬子路者不可為弟子乎？自譙周妄生議論，後儒不善讀書者多從其說。明孝宗時，給事中張九功遂上疏，請罷僚祀，為禮官周宏謨所卻而止

至。嘉靖九年，以大學士張璁言，竟與秦冉、林放、蘇瑗等一同罷祀。至本朝，冉、放、瑗等皆復祀，而僚祀卒未復，廷臣無以為言者，何耶？今宜於西廡增立僚主，稱先賢，列林放之次，為後世悔過徙義者勸。

【疏證】

〔1〕見《困學紀聞》卷七《論語》。

顏讐由宜從祀孔子廟廷議

《孟子》言〔1〕：「於衛主顏讐由，彌子之妻與子路之妻兄弟也。」十八字作一句讀，言讐由為二妻之兄弟也。故《史記‧孔子世家》言「主於子路妻兄顏濁鄒家」。濁鄒即讐由也。《索隱》疑《史記》與《孟子》不合，誤讀《孟子》故耳。《漢書‧古今人表》分顏濁鄒與顏讐由為二人，甚誤。濁鄒讐或又作涿聚者，字之通也。《史記》云「如顏濁鄒之徒，頗受業者甚眾」〔2〕，然則為孔子所主者，實孔子之弟子也。《孔叢子》謂讐由善事親〔3〕，趙岐以讐由為衛賢大夫。據兩家之言，讐由可稱聖門高弟。而竟不獲從祀兩廡者，豈非以《史記‧弟子傳》、《家語‧弟子解》不列其姓名故耶？然牧皮亦《弟子傳》、《弟子解》所不載，而竟獲從祀西廡，稱先賢者，以《孟子》與曾晳、琴張並稱故也。讐由之名亦見《孟子》，而其受業孔子，又有《史記》可據。今宜援牧皮之例，增其祀焉。謹議。

【疏證】

〔1〕見《孟子‧萬章上》。

〔2〕見《史記》卷四十七《孔子世家》。

〔3〕見《孔叢子‧記義第三》：「顏讐善事親，子路義之。後讐以非罪執於衛，將死，子路請以金贖焉，衛人將許之。」

匡章薛居州宜從祀孟子廟廷議

孟門從遊者，趙岐《孟子注》：「弟子十五人：樂正子、公孫丑、陳臻、公都子、充虞、季孫、子叔、高子、徐闢、咸邱蒙、陳代、彭更、萬章、屋廬子、桃應。學於孟子四人：孟仲子、告子、滕更、盆成括。」《宋史‧禮志》載政和五年，孟廟從祀十八人，視趙《注》無盆成括。國朝孟廟從祀萬章、公都子、樂正子、公孫丑四人，稱先賢；陳臻、屋廬，連陳代、高子、孟仲子、充虞、徐闢、彭更、咸邱蒙、桃應、季孫、子叔、浩生不害、盆成括十四人，稱

先儒；而匡章、薛居州不與焉。章為孟子弟子，見高誘《呂氏春秋注》〔1〕。《藝文類聚》亦云〔2〕。然周廣業《孟子四攷》謂「章在孟門，所禮異於滕更，稱子有同樂正，謂為箸祿也宜」。〔3〕《漢書・古今人表》弟四等有萬章、告子、薛居州、樂正子、高子。班以居州為孟子弟子，故廁於萬章、告子、樂正子、高子之間。趙邠卿不考《人表》，止以居州為宋之善士，其與以匡章為齊人，不言孟子弟子，同一疏也。今宜補祀二人，並稱先儒，庶孟廟祀典無曠闕焉。

【疏證】

〔1〕《呂氏春秋》卷十八《審應覽第六・不屈》：「匡章謂惠子於魏王之前。」高誘注：「匡章，孟子弟子也。」

〔2〕見《藝文類聚》卷一百《災異部・蝗》。

〔3〕見（清）周廣業《孟子四考》卷四《出處時地考》。

《周易》雷說

吾觀於《易》而知雷之為用大也。雷在水上為《解》，其《象辭》曰：「天地解而雷雨作，雷雨作而百果草本皆甲坼。」《注》云：「天地否結，雷雨不作。交通感散，雷雨乃作。雷雨之作，否結者散。」則雷也者，所以散天下之否結也。雷在火下曰《噬嗑》，其《卦辭》曰：「噬嗑，亨。利用獄。」《疏》云：「有物在於口，則隔其上下，齧去其物，上下乃合而得亨。」又《彖・注》云：「有物有間，不齧不合。」又《彖》云：「剛柔分而明，雷電合而章。」則雷也者，所以合天下之間隔也。雷在天下曰《无妄》，其《象辭》曰：「天下雷行，物與天妄。」《疏》云：「天下雷行，萬物震恐。物皆驚肅，無敢虛妄。」又上文《疏》云：「無敢詐偽，虛妄皆行實理。」則雷也者，所以肅天下之偽妄也。洊雷為《震》，其《卦辭》曰：「震，亨。」《疏》云：「由懼而獲通，所以震有亨德。」又下卦為雷之《屯》、《隨》、《噬嗑》、《復》、《无妄》五卦，上卦為雷之《恒》、《豐》、《小過》三卦，皆言亨。雷在地中為《復》，此天地不通，閉塞而成冬之時也。然能反復其道，猶得亨通。又《豐》，《彖・注》云：「豐之為義，通夫隱滯者也，為天下之主，而令微隱不通，憂未已也。」則雷也者，所以通天下之閉塞與隱滯也。《震》之卦言「震驚」，言「恐」，言「懼」，言「厲」，言「畏」，言「戒」，言「恐懼修省」，又言「虩虩」、「索索」、「矍矍」，亦皆恐懼之貌。又《注》云：「震者，驚駭怠惰以肅懈慢，故云『恐致福』也。」則雷也者，所以驚天下之怠惰與懈慢也。

今天下否結久矣，間隔多矣，偽妄極矣，閉塞隱滯怠情懈慢之弊日甚一日矣。唯疾震以雷霆之威，自有以散之合之肅之通之驚之，故曰「動萬物者莫疾乎雷」。雷者，天之威也。刑獄者，君之威也。刑不致則君不威，君不威則眾不懼，眾不懼則否結不散。間隔不合，偽妄不肅，滯塞不通，怠慢不驚，天下不可得而治。故曰：「雷電噬嗑，君子以明罰敕法」；「雷電豐，君子以折獄致刑。」雷者，火也，於《易》為離。離者，明也。電不離者雷不震，明不燭者威不行，然則電之為用亦大矣哉！

光緒二十一年三月二十三日，和約成。四月初一日，全權大臣李鴻章自倭返天津。初八日，蓋用御寶。是日晴光驟晦，雷電暴興，凍雨如注。百僚愵恐，或詢於予，曰：「其在《周易》，震為雷。《震》之《象》曰：『震來虩虩，恐致福也。』《震》之上六曰：『震於其鄰，无咎。』《象》曰：『雖凶无咎，畏鄰戒也。』彼蒼者天，欲舉朝以恐致福，畏鄰知所戒乎？」予曰：「此非一義可悉，爰據《易》義而為《雷說》。」自記。

讀《小雅・十月之交》一【注一】

《十月之交》之卒章曰：「四方有羨。」《箋》云：「四方之人盡有饒餘」，人斥在位者耳。《疏》以民言，非也。「百川沸騰」，潦害稼矣。「田卒汙萊」，農時奪矣。今此下民，一孔之哀，民困及矣。斯時四方之民，安得盡有饒餘哉！歷觀前史，國家不幸至元二百六之際，君與民歸於貧，而饒富獨在官，太倉無一歲之蓄，兆人暴庚癸之呼，而內而王公卿相紫標黃榜之封自若也，而外郡長吏黃瀅白鐐之積自若也。其所以致此者，何一非盜之官而漁之民乎？臧孫達曰：「國家之敗，由官邪也。官之夫德，寵賂章也。」古今喪亂之宏多，其不以此者尟矣。如詩人所言「四方有羨」，外臣之掊克可知。「擇三有事，亶侯多藏」，內臣之貪縱可知。然非皇父當國，六子用事，其時官常之壞或不及此。「作都于向」，擇富有車馬者而徂居之，此即乘竿摩車者之郿塢乎？[1]夫居高位而不德，處亂世而多財，未有不殺其軀、滅其家者。一旦烽燧燭於驪山，禾黍茂於京邑，以皇父諸人之蘊利生孽，有不舉室膏犬戎之鋒者哉！春秋隱公十一年，桓王以向孟之田賜鄭，其時皇父之子孫蓋滅絕久矣。蟊者，日食震電，山崩水沸，陵谷變遷，上天多告凶，冀其能悛，而貪者卒冥迷不

【注一】《讀〈小雅・十月之交〉》三篇、《讀〈論語〉》三篇刊《大道》1936 年第 6 卷第 3 期。

悟，以多藏為子孫萬世之業。曾不一瞬，身戮家亡，而財亦殫矣。籲可哀也！
或曰：皇父，宣王舊臣，見《大雅・常武》之篇。其時已為卿士兼太師。或
曰：此兩人非一人也。夫古今權奸，前後若兩人者多矣。盧杞刺虢州，匪無縱
豕之仁；秦檜在東京，亦屬抗金之語。何獨於皇父而疑之！

【疏證】

〔1〕《三國志》卷六《魏書六・董卓傳》：「卓至西京，為太師，號曰尚父。乘青蓋
　　金華車，爪畫兩轓，時人號曰竿摩車。（下略）築郿塢，高與長安城埒，積穀
　　為三十年儲，云事成，雄據天下，不成，守此足以畢老。」

讀《小雅・十月之交》二

　　幽王時，民勞甚矣。鄭謂厲王時詩，今從毛。詩人言「民莫不逸」者，何也？
愚以為民亦人也，人斥在位者言耳。下文曰「我不敢傚我友自逸」，民與我友
非有二也。《假樂》云「宜民宜人」〔1〕《苾緌暮》云〔1〕「能安民，能官人。」
民與人固有別矣。然而對文則別，散文則通。《角弓》云：「民之無良。」民即
指受爵不讓者言。《生民》云：「民之初生」，后稷稱民。《小旻》云：「匪先民
是程」，古賢稱民。《疏》云：「民者，人之大名是也。」且「民莫不逸，我獨
不敢休」，民與我對言。《小弁》曰：「民莫不穀，我獨于罹。」《蓼莪》、《四
月》曰：「民莫不穀，我獨何害」，皆民我對舉。民之為人，其義甚瞭。自民字
之義不明，民莫不逸之語幾刺謬不可達矣。國家之大患，莫甚於官逸而民勞。
民勞唯官能逸之，官逸唯後①能勞之。《北山》曰：「或息偃在床」、「或湛樂飲
酒」、「或出入風議」，言在位者臬莘不任職也。而《序》乃云刺王，其旨微矣。
然其時百僚雖崟，而《十月之交》之詩人則黽勉從事，不敢告勞；《四月》之
詩人則盡瘁以仕，《北山》之詩人則盡瘁事國。如諸葛武侯鞠躬者不乏人，而
卒無補於犬戎之禍者，卑疏故也。嗚呼！此豈獨皇父之咎哉！

【校記】

① 恐為「民」之誤。

【疏證】

〔1〕《詩經・大雅・假樂》：「假樂君子，顯顯令德。宜民宜人，受祿于天。」毛
　　《傳》：「假，嘉也。宜民宜人，宜安民，宜官人也。」鄭《箋》云：「顯，光
　　也。天嘉樂成王，有光光之善德，安民官人皆得其宜，以受福祿於天。」

〔2〕《尚書‧虞書‧皐陶謨》：「皐陶曰：『都！在知人，在安民。』禹曰：『吁！咸若時，惟帝其難之。知人則哲，能官人；安民則惠，黎民懷之。能哲而惠，何憂乎驩兜？何遷乎有苗？何畏乎巧言令色孔壬？』」

讀《小雅‧十月之交》三

吾讀《小雅‧十月之交》至「悠悠我里，亦孔之痗」，而歎詩人敬恭桑梓之情之篤也。里即「無踰我里」之里。《詩集傳》言「憂我里甚病」者，得之。毛詁「里」為「病」，鄭詁「里」為「居」，云「居今之世」，皆非達詁。夫詩人內憤七子之亂政，外傷四國之無良，下憫民有萊田徹屋之戕，上畏天有日食震電之變，其所憂者宏且遠矣。而猶睠睠懷顧於里人之病，抑獨何哉？蓋士君子必先能憂鄉里之憂，而後能憂天下之憂；能捄鄉里之病，而後能捄天下之病。菲於昵而篤於遠者，未之有也。昔有宋東坡蘇氏安置昌化，憫海南田荒，黎人不足於食，為《勸農》六章，其言甚苦。夫以遷謫放流之所，蠻獠煙瘴之鄉，且哀念其痌鰥若此，況我祖我考邱壟所存，我躬我後生育之地，罹荼苦者非我父兄，即我子弟，詩人之悠悠而憂也固宜。後之宦於朝者，唯患居積之不饒，憂田宅之不廣，其視里人之離瘼，漠然如覩浮雲之舒卷於太空。邑有茂宰，且忌其秉桌而構陷之也。其亦誦此詩而愧惡也與？

讀《論語》一

佛肸之畔不書，公山弗擾以費畔，大書特書，《魯論》已明正其罪矣。凡依畔人者，《春秋》皆斥為畔。孔子豈責人明而責己昏者，而謂求用於公山氏耶？或謂公山之叛，張公室也。信如此言，《魯論》不言其畔可也。既書其畔，則公山之罪無可原也。叛季即叛魯也。人臣之罪莫大於叛逆，吾儒之業莫大於行道。以至大之業，而欲成就於大逆之人，知中材且不出此，而謂聖人為之乎？朱子云：「弗擾，季氏宰，與楊虎①共執桓子，據邑以畔。」說本孔安國。〔1〕據此，則畔當在定公五年。《史記‧孔子世家》謂畔在定公九年。曹寅谷《四書摭餘說》兩從之，言魯之事當以《春秋》為斷。郈叛，《經》書「圍郈」〔2〕。南蒯以費畔，經書「圍費」〔3〕。侯犯以郈畔，經書「圍郈」〔4〕。定公五年、九年，經無圍費明文。如謂內叛不書，經既不書，傳又何以不言？或曰《左氏》曾言之矣。傳曰：「季寤、公鉏極、公山不狃不得意於季氏。故五人因楊虎。」〔5〕因者，依附之謂。《左氏》但云「因楊虎」，未嘗如《史記》所云「因楊虎為亂」〔6〕也。《史記》云：「不狃不得意於季氏。使人召孔子。」

夫虎戰棘下時，不狃不率兵以助之；虎據陽關時，不狃不據邑以應之，而反畔於魯師戰勝、楊虎敗奔之後，果何為乎？然此猶可曰公山氏之失計也。夫定公十年夏、秋，《春秋》兩書「圍郈」矣，郈叛未及一月已圍之，費畔經年反聽之，有是理乎？季氏之強，強以費，無費則無季氏，失其庇身之邑，不聞一矢之加，有是理乎？如周柄中所云〔7〕：「季氏無如之何，故後來肯聽孔子墮費耳。」夫攻之不克，聽之可也。預料其不克而不攻之，有是理乎？且叔孫州仇不畏郈之強而圍郈，孟武伯不畏成之強而圍成，季桓子獨畏費之強而不圍費乎？未有費叛而季氏不用兵者，未有用兵而經傳不載者。此以知《史記》之不足信也。且費叛即在定公九年，知孔子必不為所用也。朱子云：「豈徒哉，言必用我也。」無論畔臣必不能用聖人，聖人而用於畔臣，亦失其為聖人。且如朱子所云，是弗擾，楊虎之黨也，既不肯枉道事楊虎，獨肯屈身事公山乎？且公山畔季氏，季氏之讎也。孔子從公山，則亦季之讎也。孔子欲往，獨不畏季氏之討乎？且孔子告季氏而後往乎？抑不告季氏而往乎？告則不得往也。不告而潛往，是小人行險以徼幸也。如謂權辭以告，是譎詭也。如謂欲往之時未瑕計及季氏之怒，是躁率也。此皆聖人所不為也。或謂聖人行權，何所不可？不知行權而不詭於正可也，權而失其正必不可也。失其正而亦無濟於事，非惟不可亦不必也。孔子曰：「如有用我者，吾其為東周乎？」言大用非小用也。使小用可以行道，子由中都宰而司空，由司空而司寇，由司寇而攝相。仕魯六年，已過三年有成之數，卒未見周道之興，何耶？用於費宰，卑與委吏、乘田等，而謂可行周道於東方，此說之不待辨者。如《史記》所載，直欲輔叛賊而成豐鎬之業，其誣聖實甚。宋高宗時，有為張邦昌原者，其草制亦藉口孔子之往公山。聖人而為賊臣藉口，是不大可痛哉！

　　吾謂欲知孔子欲往為何心，必先考弗擾之畔為何年。按：《春秋》定公十二年夏，季孫斯仲、孫何忌帥師墮費。傳云：「叔孫氏墮郈，季氏將墮費。公山不狃、叔孫輒率費人以襲魯。」費畔當在墮郈之後，襲魯之前。是時孔子已為大司寇矣，而謂求用於公山氏哉！然則公山氏何為召孔子也？按《公羊傳》：「孔子行乎季孫，三月不違，曰：『家不藏甲，邑無百雉之城。』於是帥師墮費。」墮都之謀實發於孔子，弗擾之切齒於孔子也深矣。召孔子者，甘言以誘，欲謀不利於孔子也。然則孔子何為欲往也？子曰：「夫召我者而豈徒哉！」正如程子所言〔8〕：「天下無不能改過之人」。孔子欲往，期其能改，亦子貢往見公孫宿之意。〔9〕使弗擾從孔子言，以費歸魯，不勞師而費墮，魯必大用孔

子，而東周之志可遂。此則孔子之深意也。然則子路胡為不悅也？《左氏傳》云：「仲由為季氏宰，將墮三都。」是墮都之謀實成於子路。子路性剛，惡惡好勇人也。意主帥師往墮，故不悅也。子路之言曰：「末之也」，己言公山氏無能改也。《集注》云：「言道既不行，無可往矣。」夫孔子周流列國，在定公十四年後，公山來召時，孔子尚未周流，安知道終不行乎？吾是以未敢從朱子也。夫孔子時，天下多叛臣矣。他國之叛多在大夫，荀寅、孫林父等是也。魯國之畔多在陪臣，陽虎、公山弗擾等是也。《春秋》於陽虎書盜，《魯論》於弗擾書畔，惡惡之義同也。孔子卒不果往，弗擾遂率費人襲魯，公與三子入季氏之宮，登武子之臺。費人入，及公側。孔子時為大司寇，非司馬也，獨命申句須、樂頎伐之，亦可見討賊之大義矣。〔10〕而謂孔子求用於畔賊也，甯有是哉！甯有是哉！

【校記】

① 楊虎，朱熹《四書章句集注》原作「陽虎」。另外，《論語・陽貨第十七》：「陽貨欲見孔子。」朱熹《注》：「陽貨，季氏家臣，名虎。」

【疏證】

〔1〕（清）毛奇齡《四書改錯》十五《改注錯・以費畔》：「孔安國注原云：『與陽貨共執桓子而召孔子。』今改『而召孔子』為『據邑以畔』，則執桓子在定公五年，據邑畔在定十二年，錯矣。說見故事條。」

〔2〕《左傳・定公》：「經：六年春王正月（下略）季孫斯仲孫忌帥師圍鄆。」杜預《注》：「無傳。何忌不言何，闕文。鄆貳於齊，故圍之。」

〔3〕《左傳・昭公十三年》：「經：十有三年春，叔弓帥師圍費。」杜預《注》：「不書南蒯以費叛，不以告廟。」

〔4〕《左傳・定公》：「經：十年春，王三月。（下略）叔孫州仇、仲孫何忌帥師圍郈。秋，叔孫州仇、仲孫何忌帥師圍郈。」杜預《注》：「郈，叔孫氏邑。」

〔5〕《左傳・定公八年》：「季寤、公鉏極、公山不狃皆不得志於季氏，叔孫輒無寵於叔孫氏，叔仲志不得志於魯，故五人因陽虎。」

〔6〕《史記》卷四十七《孔子世家》：「定公八年，公山不狃不得意於季氏，因陽虎為亂。」

〔7〕（清）周柄中著《四書典故辨正續》五卷，未見此語。

〔8〕《論語・陽貨第十七》：「子曰：『夫召我者而豈徒哉？如有用我者，吾其為東周

乎？』」朱熹《注》：「豈徒哉，言必用我也。為東周，言興周道於東方。程子曰：「聖人以天下無不可有為之人，亦無不可改過之人，故欲往。然而終不往者，知其必不能改故也。」

〔9〕《左傳·哀公十五年》：「冬，及齊平。子服景伯如齊，子贛為介，見公孫成，曰：『人皆臣人，而有背人之心，況齊人雖為子役，其有不貳乎？子，周公之孫也，多饗大利，猶思不義。利不可得，而喪宗國，將焉用之？』成曰：『善哉！吾不早聞命。』陳成子館客，曰：『寡君使恒告曰：『寡人願事君如事衛君。』』景伯揖子贛而進之，對曰：『寡君之願也。昔晉人伐衛，齊為衛故，伐晉冠氏，喪車五百。因與衛地，自濟以西，禚、媚、杏以南，書社五百。吳人加敝邑以亂，齊因其病，取讙與闡。寡君是以寒心。若得視衛君之事君也，則固所願也。』成子病之，乃歸成。公孫宿以其兵甲入於嬴。」

〔10〕《左傳·定公十二年》：「仲由為季氏宰，將墮三都，於是叔孫氏墮郈。季氏將墮費，公山不狃、叔孫輒帥費人以襲魯。公與三子入於季氏之宮，登武子之臺。費人攻之，弗克。入及公側，仲尼命申句須、樂頎下，伐之，費人北。國人追之，敗諸姑蔑。二子奔齊，遂墮費。」《史記》卷四十七《孔子世家》：「定公十三年夏，孔子言於定公曰：『臣無藏甲，大夫毋百雉之城。』使仲由為季氏宰，將墮三都。於是叔孫氏先墮郈。季氏將墮費，公山不狃、叔孫輒率費人襲魯。公與三子入於季氏之宮，登武子之臺。費人攻之，弗克，入及公側。孔子命申句須、樂頎下伐之，費人北。國人追之，敗諸姑蔑。二子奔齊，遂墮費。」

讀《論語》二

亂何自起乎？曰利，曰命，曰仁。人皆言利，而天下之立節者少。人皆言命，而天下之任事者少。人皆言仁，而天下之執法者少。三者皆亂之所由生也。人但知計利害義，而不知命與仁亦大為義之蟊賊。義貴勇為，委棄於命，當為不為，國事之廢弛多矣。義主肅殺，偏倚於仁，當殺不殺，臣民之奸宄繁矣。以萇叔彌竭心力，謀興衰周，而女寬謂其違天，必有大咎。〔1〕此言命之流弊也。魯以相忍為國，僖公能購慶父於莒，定公不能購陽虎於齊。此言仁之流弊也。故孔子毅然以罕言矯之，明知鳳鳥之不至，河圖之不出，而猶奔走於七十二君之廷，以求一當斯罕言命之明徵乎！聽政七日，而誅少正卯於兩觀之下，尸於朝三日，斯罕言仁之妙用乎？如曰夫子所以罕言命仁者，

以命之理微，仁之道大也。是豈知夫子救亂之苦心哉！

【疏證】

〔1〕《左傳·定公元年》：「齊高張後，不從諸侯。晉女叔寬曰：『周萇弘、齊高張皆
　　　將不免。萇叔違天，高子違人。天之所壞，不可支也；眾之所為，不可奸也。』」

讀《論語》三

　　《魯論》稱季康子患盜，問於孔子。嗟乎！季康子特患寡患貧者耳，非
能患盜者也。盜之為患，於國與民也大矣。有能引以為患者，此亦愛國憂民
之心所迫而出也。康子非其人也。康子而真能患盜也，是其平旦幾希之氣猶
有存焉者也。否則，其轉移於聖人之神化也。不然，今之負眡帶鈴擔囊而揭
篋者所在皆然矣，未聞有引以為患者。何哉？

《論語》君子說

　　《論語》二十篇，言君子多矣。或以小人對言，小人者，君子之反也。或
以色莊對言，色莊者，君子之似也。或以有恆對言，有恆者，君子之階也。言
君子儒一，明乎？不為君子，不可以為儒，誦習皆具文也。言君子人二，明
乎？不為君子，不可以為人，官骸皆虛器也。而其最切要之語，曰「君子求諸
己，小人求諸人」，古今君子小人學術之辨括於兩言；曰「君子喻於義，小人
喻於利」，古今君子小人心術之分盡於二語。而其所從入之途，其綱有四：曰
知命，曰躬行，曰修己以敬，曰惡居下流。命者，義之精也，知命乃可以喻
義。其目有四：曰無求安飽，曰固窮，曰謀道不謀食，曰憂道不憂貧。躬者，
己之幹也，躬行即所以求己。其目有六：曰務孝悌以為本，曰博文，曰約禮，
曰敏事，曰義以為質，曰人不知而不慍。修己以敬則無失，其目有六：曰懷
刑，曰訥言，曰三戒，曰三畏，曰九思，曰思不出其位。惡居下流則上達，其
目有三：曰群而不黨，與周而不比、和而不同同義。曰小道不為，曰過如日月之食。
此皆言其功，未言其效；言其體，未言其用。效何在？曰坦蕩蕩。其目有三：
曰於天下無適無莫，曰內省不憂不懼，曰造次顛沛必於仁。用何在？曰不器。
其目有四：曰可託孤，曰可寄命，曰可仕可懷，曰可大受不可小知。夫聖賢立
言，著於篇簡，無非勉人為君子也。而《論語》二十篇以君子始，以君子終，
語為尤詳。今即其言君子者列為條目，或可補先儒語錄所未備焉。而有一言
可以蔽之，曰學而已矣。

恤嫠倉說

鰥寡獨孤皆無告，窮民而寡為尤苦，何也？鰥獨與孤，男也；寡則婦也。婦即有夫，以窶告人，口未言，顏先赧矣。況我儀既喪，煢煢一身，欲訴己窮，畏人多口。所冀幸者，鄉黨好義之士，或不待告而自知耳。然《曲禮》有云：「寡婦之子，非有見焉，不與為友」，則寡婦之室，避嫌者所不肯入也。雖凍餒困踣，其誰知之。彼鰥孤雖窮，尚無此患。吾故以寡為尤無告，而知為發政施仁者所最先也。

先王恤嫠之制，其見於經者，如《大田》之詩曰：「彼有不獲穉，此有不斂穧。彼有遺秉，此有滯穗，伊寡婦之利。」吾讀其詩，而歎其有六善焉。裳苟無而心憂，緯不足而嫠恤，雖云如石，或可轉矣。今使之拾遺中畝，俯仰有資，拯其不饔不飧之窮，即以賢其靡匪靡它之志。有河舟之泛泛，無淇梁之綏綏。其善一也。人情於在野之物捨置尚易，在家之物捐棄良難。指困之事，惟賢乃能。乾餱之愆，凡民不免。倉庾既斂，嗇悋斯深。今不使取之於倉，而使捃之於野，於不甚珍重之時，乃使為盛德之事，惠而不費，其教易行。其善二也。當納稼如雲，勤劬方甚。捃殘拾碎，農有未遑。鄭《箋》所云「百穀既多，種同齊孰。收刈促遽，力皆不足。」其說是也。夫來牟詒於帝，嘉種降自天。委之草莽，亦為暴殄。俾予煢獨之嫠，田疇不踊躍而取。女免群羊墳首之歎，農無粒米狼戾之愆。其善三也。畇畇之隰，翼翼之疆，非摻摻之手所能任也。俾役亞旅，彊以之眾，又有整冠納履之嫌，使彼於滯者收之，遺者拾之，不獲者獲之，不斂者斂之。雖云安享其成，究非無事而食。雖食力而究不竭其力，未受田而仍有事於田。勞逸適中，教養兼至。其善四也。一則曰彼有此有，再則曰彼有此有，見一家如是，一井如是，推之一成一同，亦莫不如是，任恤成俗，邐迤同風，與者行所無事，而非以市惠，無可避之嫌疑。取者視若固有，而不為受恩，亦無傷於廉恥。其善五也。《王制》及《尚書大傳》皆云「鰥寡孤獨，天民之無告者，皆有常餼」，統四者言之。《大田》之詩，則專為寡言之。《小序》與《箋》兼及於鰥，因寡而帶言之耳。經不云「伊鰥寡之利」，而云「伊寡婦之利」，知此利非鰥所得分也。且鰥寡萃於中田，亦非所以遠別。夫餼之於官非不善也，然使輿隸出入於嫠婦之室，既非所以遠嫌；使嫡孀崔瑗《清河王誄》：「惠嫡孀。」《廣韻》：「孀，嫠也。」往來於官府之門，亦非所以示敬。《周書·梓材》云：「至於敬寡。」今使之履畝自取，近在里閭，官不假手於吏，嫠不投足於官。其善六也。有此六善，先王之所以恤嫠者，可為萬世法矣。

今恤嫠之會，皆設城市。食德之人，不出閭閻。四鄉窮嫠，向隅者眾，宜略躕古人軌轍，俟禾稼登場之時，遴鄉里有德之士，按戶婉勸。多寡任輸，存之公地，監以老成。積聚之室，名曰恤嫠倉，於嫠之不能自給者給焉。詳立法制，歸於縝密，嚴杜弊竇，期於悠久。行之有效，躕者自多。推行愈廣，賙邺愈眾。庶喪其偶者有以完其節，窮於天者猶得活於人也。此心此理，物我胥同。好行其德之士，有聞吾言而興起者乎？將拭目竢之。

舒趾社說

婨束其跨，害碩且普。南海桂君曾上封事，格於部議，未能禁過。甲午以來，夷氛日逼，謀富強者咸憤及斯。粵、閩、浙、滬、蜀、渝、湘、鄂賢達多士，立會如林，稱名雖殊，意法胥美。吾鹽彥髦望風振奮，循軌建社，命曰舒趾。不怵譏拙，抽思為說。

婦女綢足曷昉？其昉於古之倡乎？《史記‧貨殖傳》云：「趙女鄭姬，揄長袂，躡利屣，目挑心招，出不遠千里，不擇老少者，犇富厚也。」裴、張、司馬「利」皆無詁。予謂利者，銳也。《說文》、《廣雅》、《玉篇》、《廣韻》皆曰「銳，利也」。《漢書‧天文志》，《注》引孟康曰：「上小下大曰銳。」前為上，《呂覽‧安死》，《注》：「上猶前也。」後為下。《史記‧李斯傳》：「後宮充下陳。」《索隱》：「下陳猶後列也。」上小下大謂之銳，前小後大則亦謂之銳矣。利與銳又謂之籤。即今尖字。《說文》：「籤，銳也。」《廣雅》：「籤，利也。」籤又作鑯。《廣雅》：「鑯，銳也。」徐鉉曰：「鑯，今俗作尖。」然則利屣者，即今日婦人之尖頭履也。此為巾幗纏足之權輿，魏祝亭《壹是紀始》謂始於周者。以此閱千年，躕事而增，莫之變也。夫滇之永昌，古哀牢也，問有昔時穿鼻者乎？歐之羅馬，古大秦也，問有昔時髡頭者乎？東藩朝鮮，古三韓也，問有石編其首、繩貫其脊者乎？何夷之陋俗易於改，夏之錮習不可破也！夏不逮夷，此其一矣。且史所謂「目挑心招，不擇老少」，即左矞姐之流耳。彼設形冶容，博求眾好，固宜纖纖其足，姍姍其步，表異群姝，自炫妖嫻。以良家之子、儒門之媛，而傚彼污賤，不重可慚乎？豈惟一慙，且萃四惡，敢為黨人譸告之。我朝崇德三年，有里足治罪之論。順治十七年，定女婦纏足，父夫流杖之罪。赫赫明諭，炳若日星。因仍敝俗，違拂詔旨，是不順也。商論夫道，賢賢易色。婦具四德，容居其杪。即以容論，任天乃真。足之短修，何與蚩妍。撟揉造作，如杞為桮，是不誠也。母罔不慈，婉皆所憮，獨於斯事，割慈賊恩，殘

骨損肌，戕肢虧體，涕淚不睹，呼號不聆。小娃何辜，罹①此荼毒。是不仁也。疾疢疕瘃，中宵唫吘。舉步欲踖，倚墉扶婢。桓車莫挽，孟臼難揭。操作不勤，家道以堁。其為不利宏矣。況今者民言無嘉，大廌將作。四郊壘多，翹足可傒。捷走狂犇，猶羨飛鳥。小步珊珊，奚以克免。欲完太璞，非溺即磬。其為患害碩矣。不知其不利而為之，與明知其患害而為之，均不智也。夫不順則逆，不誠則偽，不仁則暴，不智則昧，此四者吾華世路人心所由敝，國命民生所由蹙，泰西小東所由侮，懷忠抱憤之士方思轉移庬熙之所喟者。手無斧柯，耳若婉孌者，吾之女也。束縛吾女之趾者，吾之婦也。禁吾之婦，困吾之女，而諉託無拳，是父之愛弗逮於子，夫之令不行於嬬。裳裳鬚眉，寧能無怍。如曰邑犬唁唁，吠所怪也。同者億秭，殊者二三。吠者，眾女無的矣。不知椒房母儀九有，與我皇履似足同，如吠下走為怪，即詆中宮為乖。我不仰法母后，而俯調眾口，可乎？況人盡欲善德，必有鄰心道。朝同姻婚，夕結如蘭，薄於堂而有梅摽於室者，罔是理也。無權不足患，駭俗不足憂，相攸不足難。誠一旦毅然行之，遂能芟四惡而獲四美，人世快心愜意之事，蔑以逾此。而顧譏詬渙涊，不亟變計，是其設心何等，殆無異彈弦踮躧者也。社外擯之，弗與共議。

【校記】

① 罹，原作「羅」。

雜說一

微雨晚晴，薔薇送香，蛺蜨翩翩，庭院中俯視蜣蜋，身蒙不潔，而笑之曰：「吾嗜香而潔，爾嗜臭而污。胡不自媿也？」蜣蜋曰：「子亦知夫蜉蝣乎？文采鬱鬱，羽翼英英，掘閱糞壤，所嗜亦惡臭也。獨於我何尤？且世有初負重垢，卒能建事功、樹節義者，而聞之乎？糜吾之身，和以鹿血，可代火藥。碎吾之體，塗以巴豆，可出礮子。是吾大有造於軍國也。爾懷爾芳，爾抱爾潔，與軍國寧有尺寸之補乎？」蜨慚無以應，風來蜨逝，花搖如舞。

雜說二

陳子東歸，道經邨塾，入而小憩，見有手榎楚南面坐者，儼然師也。其人面方腹皤身頎，有書數十函，疑其腹笥頗富，進扣所學，撫然曰：「少誦《毛詩》，未卒《三百篇》也。」置書於案者，欲使人疑吾腹如吾案也。陳子曰：

「君子之道，量而後入，不入而量。子何不量而為師乎？」其人怫然曰：「今之官府，量而入者，誰也？入而量者，誰也？其穀祿之豐，十百千萬於我也。其殃害於人，十百千萬於我也。子不譙讓而以讓我，無乃捨其巨而苛其細乎？子行矣。腐儒昧時事，無足言。」陳子嘿無以對。

雜說三

陳子室多鼠，宗[1]、楣[2]、楢[3]、笮[4]、奧、漏、宧、突[5]皆鼠穴也。燈獨未滅，鳴跳於梁，家人既寢，縱橫臥榻，終夜有聲。陳子患之，乞貓於朋。朋有貓十數，遴其腯者歸焉。家人愛之甚，每烹魚，必以飼，拭其毛，除其蚤，撫之若嬰兒，謂可以弭鼠患也。然自是鼠虐彌甚，匱冠笥衣麗書皆被齧。弄之櫝，櫝穿。疑貓未饜欲，故恡其技不獻。使家人飽以肉潘，貓益驕蹇不用命。東鄰有鼠，往捕之。西鄰有鼠，往捕之。獨至陳子家，熟視碩鼠往來於前，若無覩也。陳子惡其不忠，召庖丁，俾數其罪斬之。婦曰：「子無然。不忠即斬，市朝可勝肆乎？聚四十年鑄錯之鐵，以鑄歐刀，恐亦不足用矣。」陳子曰：「諾。使我姑息養奸者，汝也。」

【疏證】

〔1〕《爾雅·釋宮第五》：「宗廇謂之梁。」
〔2〕《爾雅·釋宮第五》：「楣謂之梁。」《說文解字·楣》：「秦名屋邊聯也。齊謂之簷，楚謂之梠。」
〔3〕《爾雅·釋宮第五》：「簷謂之楢。」
〔4〕《爾雅·釋宮第五》：「屋上薄謂之笮。」
〔5〕《爾雅·釋宮第五》：「西南隅謂之奧，西北隅謂之屋漏，東北隅謂之宧，東南隅謂之宎。」

雜說四

陳子游於康莊，見甲與乙揮刃而鬭，血流及踵。丙坐地掩面哭，淚濡襟袂。陳子問甲奚為而與乙鬥也。甲曰：「吾與彼皆揚郡人也。吾問彼何邑人也，彼曰興化也，吾曰魚稻之鄉也。彼問吾何邑人也，吾曰江都也，彼曰鶯花之地也。是污我也，是侮我也，吾是以揮刃與之角也。」問丙奚為而哭也。曰：「吾甚慇夫世人之好爭也。戾氣盛而殺運興，吾懼無以免也。」陳子曰：「甚矣，夫子之善哭也！吾未見漆園吏之哭觸蠻也[1]，吾未聞吃公子之哭三虱也

〔2〕。甚矣，夫子之善哭也！」

【疏證】

〔1〕《莊子‧則陽第二十五》：「有國於蝸之左角者，曰觸氏；有國於蝸之右角者，曰蠻氏，時相與爭地而戰，伏屍數萬，逐北旬有五日而後反。」

〔2〕《韓非子‧說林下第二十三》：「三蝨相與訟，一蝨過之，曰：『訟者奚說？』三蝨曰：『爭肥饒之地。』一蝨曰：『若亦不患臘之至而茅之燥耳，若又奚患？』於是乃相與聚嘬其母而食之。彘臞，人乃弗殺。」

雜說五

　　海之魚有烏賊焉。《南越志①》謂其「自浮水上，烏見以為斃，下啄之，乃卷取烏」。是烏賊者，烏之賊也。蘇氏軾謂其「懼物窺己，噀水蔽物，烏視之而疑知其魚也而攫之」〔1〕。是烏賊者，烏所賊也。陳子曰：烏賊非賊烏也，亦非賊於烏也。烏賊者，因烏而自賊也。烏賊腹中懷墨，故曰墨魚，一曰黑魚。《詩》曰：「莫黑匪烏。」烏色墨，故凡墨黑之色曰烏。烏亦墨之義耳。斯魚也，見人至輒吐墨汁掞形，然漁人即施眾水墨處捕之，什不失一。是以墨自衛者，實以墨自賊也。烏賊又名纜魚，風悍波急，輒以其鬚黏石為纜。智若烏賊，宜若可免也，而卒不免者，墨纍之也。天下惡有墨而不自賊者哉！

【校記】

① 南越志，《藝文類聚》卷九十二鳥部下、卷九十七鱗介部下；《初學記》卷三十鳥部；《太平御覽》卷九百二十羽族部七、卷九百三十八鱗介部十俱作「南越記」。

【疏證】

〔1〕蘇軾《二魚說‧海之魚》：「海之魚，有烏賊其名者，呴水而水烏。戲於岸間，懼物之窺已也，則呴水以蔽物。海鳥疑而視之，知其魚也而攫之。嗚呼！徒知自蔽以求全，不知滅跡以杜疑，為識者之所窺。哀哉！」

雜說六

　　太原有甘姓名靈通者，舊稱國老〔1〕。蜀有黃良者，官至將軍〔2〕。二者相惡不相佐也。一日，國老問於將軍曰：「子專主攻，何也？」將軍曰：「吾恐和之未必解也。」將軍問於國老曰：「君專主和，何也？」國老曰：「吾恐攻之必至於殆也。」於是將軍宣言於眾曰：「不斬國老，憂未艾也。」國老亦言於眾

曰：「不去將軍，禍方大也。」眾莫能決。適戎王使者〔3〕至，眾共問之。使者曰：「將軍之言非也。」未幾，胡王使者〔4〕至，眾復問之。使者曰：「國老之言是也。」眾以其夷也，又慮國老有外交也，疑未信。適徐長卿至，眾皆問之。長卿曰：「二使之言是也。」將軍曰：「於乎！去之夫，彼眾而我寡。是宜然矣，彼甘而我苦。」

【疏證】

〔1〕（宋）孫奕《履齋示兒編》卷十五：「甘草曰國老，大黃曰將軍。」（宋）陸佃《埤雅》卷十八《釋草·苓》：「《爾雅》曰：『蘦，大苦，今之甘草是也。』《本草》云：『一名國老，解百藥毒，安和七十二種石、一千二百種草，故號國老之名。』國老者，賓師之稱。蓋藥有一君二臣三佐四使，苓者又其賓師也，故藥罕不用者。雖非其君，而君實宗焉。」

〔2〕（明）李時珍《本草綱目》卷十七上《草之六·大黃》：「釋名：黃良、本經。將軍、當之。火參、吳普。膚如。吳普。弘景曰：大黃，其色也。將軍之號，當取其駿快也。杲曰：推陳致新，如戡定禍亂，以致太平，所以有將軍之號。」

〔3〕杜甫《陪鄭廣文遊何將軍山林十首》其三：「萬里戎王子。」仇兆鰲《杜詩詳注》卷二：「《日華子》云：『獨活，一名戎王使者。』戎王子當是其類。」浦起龍《讀杜心解》卷三、曾國藩《求闕齋讀書錄》卷七援其說。

〔4〕《本草綱目》卷十三《草之二·獨活》：「釋名：羌活、本經。羌青、本經。獨搖草、別錄。護羌使者、本經。胡王使者、吳普。（下略）時珍曰：獨活以羌中來者為良，故有羌活、胡王使者諸名。」卷十二下《草之一·白頭翁》：「釋名：野丈人、本經。胡王使者、本經。奈何草。別錄。」

【附錄】

（明）陳邦俊《廣諧史》卷二王義山《甘國老傳》

甘國老，汾州人也，以草名見於神農氏本草。名松，名遂，兄弟也。與松善，遂所行輒相及。族有二。有居山中者，白如傅粉，多貴重之。有依山而居者，顏如渥丹，人赤其族，性惡溫，喜負暄，有寒疾，不可以風，常擇燠室居焉。初，鄧州人有姓鞠者，與江南陳吉善。國老介以造，得通神長年術，與黃連、盧薈友，而不如其苦口。上黨人胡麻、隋人黃芩、石人秦芃，其徒百餘輩，皆趨附國老，以媒其身。吾儕有遠志者，輒惡之抑之，弗使進。能毒人如葛生，亦為之和解。尤與蜀之黃耆五人相得，空竭其心，論事出肝肺，號六一

居士。人無貴賤，有疾，以身和藥。有阿魏者，最薰穢。國老與之交，亦不欲一日有貴公子欲招致之。欣然來，及至以利說公子，公子怒，束縛之不為禮。由此跡雖疏，然心實愛之，延之高閣，其聲價益長。公子喜曰：「吾籠中有人矣。」國老素無直節，唯以甘言媚人，投世所好，仕至三公，號國老云。

太史公曰：甘位至三公，爵甚隆，無薑、桂二子之辣。君有過，不能苦諫。人有以利來者，雖賣己，不顧惜哉！

陳邦俊《廣諧史》卷十《黃連傳》

續隨子黃連，字續斷，酸棗人也。其先本西域大黃氏。有黃芩，隨蜜陀僧畢澄伽來中國，時謂之天竺黃，乃連祖也，遂居酸棗，至連父黃芪為常山太守，無子，禱於石南威靈仙廟。其夕，夫人山慈姑氏夢神授以仙人杖而娠，遂生連。太守喜曰：「吾恐世自我斷，得此而能續斷矣。」故命名連，字以續斷，號之曰續隨子，皆取連續之義焉。連生而厚樸，腹垂如石斛，呼為大腹子。性果決明達，無依阿膠滯態。弱冠聞南藤史君子設教秦椒山下，得玄明之道，乃負青箱，乘木蘭舟，入半天河，不遠千里，水道至長石，登商陸，抵秦皮氏，定館舍，齊川樂為贄，見史君子，嘉其有遠志，授以百部書，連詳細辛勤讀之三年，淹貫眾學，開益智慮，盡得太玄精微之蘊。一時同志，杜仲、曾青、盧會輩，皆史門高弟，亦自以為不及也。學成而歸，郁里人蒲公英愛連之才，謂太守君曰：「吾蒲黃之族，當締姻好。」太守許諾，遂以公女澤蘭為連妻。太守蚤休於家，因餌丹砂，中狼毒，發無名異疽於背，沒藥可療而卒，葬之絡石山。連辟蔓荊，除蓬莪，結廬守墓三年，日哭於梧桐，淚著樹，為之枯，有仙茅生其塚，玉泉出其旁，石燕來巢，鹿茸守戶，人以為孝感所致。服除，奉母隱亭藶村，編通草菴閭，緝敗蒲為覆以居之。連躬牽牛以耕，妻紡績天麻為昆布以供食。時或不繼，覆盆無餘糧，至於甑生蘪蕪，人不堪其苦窮，連處之泰如也。方其乏食，連夫婦嘗屑瞿麥、大豆，雜桑根、榆皮以食，其於事母備盡五味有旨，甘遂養志之樂，故人稱連為人，參、閔之孝不是過也。於是名動天南，星斗之下罔不聞之。時大將軍劉寄奴篡晉，求禪位詔，一時國老大臣皆起草薃，莫能撿破故紙營實事。聞連博學，遣胡王使者、徐長卿乘連軺、紫荷車，以欓實絳帛於車前來聘連。連曰：「吾學道，豈射干名利，為篡臣作槁本者耶？爾善為我從容言之。吾知母當奉養老景天年而已，豈他慕哉！如有旋復我者，則吾當削亂髮，披雌黃，與訶黎勒從佛耳。」使者不能強，謂連曰：「我當歸矣。若觸忤王不留行，使者復來，賓郎不羌活也。可

為善計自防己。」連方因陳不即答,其妻澤蘭恚曰:「大丈夫負千金,道義苟不充慰於懷,死即死,當磊磊落落如石英可也。豈能伏神降志,鈎吻結舌,胡蘆提妄求安息,寄生於虜庭,效兒女萎蕤之態耶?況生死有命,非可預知也。」長卿聞言,躑躅而去。至京三稜館覆命,寄奴果怒,欲誅之,其臣秦芃曰:「此乃敗蒲,黃氏大風子耳。殺徒污馬刀,成附子之名。且貶竄蒺藜之地,不許回鄉,以大苦之可也。」於是連夫婦俱被繫以延胡索,雖跋涉薺泥中,必貝母以行,略無戚容。行至馬兜鈴轄川,有敗將大薊、小薊聚眾劫掠,誘引前胡、柴胡、女貞人馬入塞,占據理石等處。連被掠,語胡云:「母老白頭,乞命終養。」二薊頗知連名,與胡麻木賊議欲生連,令守理石南竹支郡。以意諭連,欲降之。連笑曰:「爾知我是行乎?為不肯阿魏篡臣,故至此極。黃金白玉,豈污於豬苓狗脊之中乎?」胡舉衛矛、巴戟、赤箭以懼連,連仰天雄聲而歎,竟無卑解之詞。胡怒殺連,遂及其母。見澤蘭烏頭苦湥,白臉如粉,將留之,求與合昏。蘭甚怒,氣惡實,大戟手罵賊:「吾姑與夫俱死爾烏賊骨之手,我寧獨活乎?」賊割其舌,蘭嘆血竭而死,罵不絕口。連歿後,其徒敘其名《蘭室》、《千金》等書傳於世。

太史公曰:君子之學,非言之難,而行之難。忠孝節義,縫掖之士數能言之。一旦臨患難,遇事變,求其躬行實蹈者,百無一人。學而能行,履道終身,如續隨子者,豈易得哉!況其厥内拒逆,使罵虜人,凜然正氣,如嚴霜烈日之不可犯,尤所難也。故後世為學者,多資連與苦參、熊膽之功,豈不以學至於連斯可以成人乎!

雜說七

方書有四君子湯。四君子者,人葠也,白術也,茯苓也,甘草也。四者皆天生也。人葠舊產吉林,今遼人多種葠為業者矣。白術舊產於潛,今浙人多種術為業者矣。茯苓舊產於滇南,今皖人多種苓為業者矣。棲霞郝氏懿行曰:「作偽二字俱從人。」〔1〕凡非天性而人所造作者皆偽也,然則三君子者亦皆偽也。甘草雖天生非人為,然其以甘悅人也,吾亦未敢謂非偽君子也。甚矣,真君子之難得也!雖然,葠、術、苓之天生者,不可謂非真君子也。然真君子天不多生,而偽君子天不絕產,宜乎以甘悅人者之接踵於天下也。

【疏證】

〔1〕見郝懿行《爾雅義疏》卷上之二「作,造為也」注。

雜說八

　　鼠，子禽也。牛，醜禽也。虎，寅禽也。三者致相反也。牛有功而食者也，鼠無事而食食者也。牛興利而食①者也，虎肆害而食者也。有功興利，而食蒭草食也。無事而食，斯穀食矣。肆害而食，斯肉食矣。然君子寧為牛，不為鼠；寧為牛，不為虎。

【校記】

　　①「食」字原缺，據文意補。

雜說九

　　或問予：虎食人，權輿〔1〕何代？予曰：不知也。然《說文》虎從虍從儿。儿，古文人字。又《說文》云：虐，殘也。以虍爪人，虎足反爪人也。解者曰虎爪鄉外攫人，是曰虐，然則虎食人，振古然矣。或曰：虎，山獸之君。虎唯在山時偶食人耳。嗚乎！孰知其出山後之殘虐人，更勝於在山時也。虎誠出山不食人，則謂騶虞〔2〕可矣。騶虞，白虎黑文，不食生物，與麟並稱仁獸。吁！仁獸吾不得而見之矣。得見六駁〔3〕狻猊〔4〕食虎之獸，虎之患其少衰哉！

【疏證】

〔1〕《詩經・秦風・權輿》：「今也每食無餘，于嗟乎！不承權輿。」朱熹《詩集傳》：「權輿，始也。」

〔2〕《詩經・召南・騶虞》：「彼茁者葭，壹發五犯，于嗟乎騶虞。」毛《傳》：「騶虞，義獸也。白虎，黑文，不食生物，有至信之德則應之。」

〔3〕六駁，亦省稱「駁」。《爾雅・釋畜第十八》：「駁，如馬，倨牙，食虎豹。」

〔4〕狻猊，亦作「狻麑」。《爾雅・釋獸第十八》：「狻麑如虦貓，食虎豹。」郭璞《注》：「即師子也，出西域。」

雜說十

　　姚生冠湖，貴池縣博士弟子，僑居鹽邑之湖村。昆季造香為業，其徒數十人。中有一人不任操作，其背曲，其髮禿，其面黧，其步促，其性幡覆。眾皆勞勞，而獨碌碌。予嘗信宿生家，屢覯其人，竊以為行尸走肉也。因謂生云：「斯人有何才胥①，而足下豢之眾，香市豈孤獨園乎？」生曰：「諾。以吾考舊人，弗忍棄也。行將捨此逝矣。」越數載，復臻生家，覓其人，弗可見。詢之生，生曰：「渠有親串監司登萊，渠往依之。今已洊保知縣，獲北洋憂差，

月享餐錢數百緡矣。」予曰：「噫嘻！北洋，京師鎖鑰。人才固如是乎？闤闠所棄，官府錄之。韋布所憎，簪笏愛之。天下事尚可問邪？」生曰：「先生毋唁某。吾違家時，有術者言其當官督撫。某因嗜進不已，研究速化之術。恐不及十稔，相者之言驗也。」予聆是言，為之悒然，不怡者旬日。

【校記】

① 胥，恐是「諝」之誤。

雜說十一

木必植立而後有影。日月雖朗，不能使顛木無枝臥著於地者有影也。影之密疏也，視乎葉影之長短也，視乎條影之奘細也，視乎枚杕特也、灌叢也、豫章也、樸樕也、覭髳也、毗劉也，影皆肖之，繪無異焉。岡梧影高，木不加益；隰檖影低，木不加損。朝陽橫影於西，夕陽徙影於東，木無轉焉。藟縈於枝，枝影藟亦影；蘿延於松，松影蘿亦影，木無侈焉。影在陸，人踐之，獸蹴之；影在水，波蕩之，魚唼之；木無傷焉。所患者根柢未固，蠹蠆內生，柯葉不茂，影亦秭稀耳。諺云：人有名，樹有影。斯誠善喻哉！

雜說十二

蜻蛉仰集喬柯，頰憩芳沼，宵飲清露，晝凌微風，翼四足六，翱翔於天地之間，高矣潔矣，宜若可免矣。然往往冒蛛蜘之網而不免，是豈誤觸之而未備邪？抑如款款點水，姑試之以為嬉，遂不自脫也？二者鈞忽也。忽者，禍之母也。或曰：非是之謂也。蜻蛉捕蚊蟲蠛蠓以飽者也，蛛網黏蠓，蜻蛉往即口食，翼著於網不可解，蛛遂縛而甘之。其死於網也，實死於蠓也。方其噉蠓，不見網也。陳子曰：噫嘻！豈惟蜻蛉，飛蛾遊魚亦爾。蛾赴燈火，見火不見膏也，然身溺於膏矣。魚吞釣餌，見餌不見鉤也，然口縣於鉤矣。利與害比域而棲，無寸咫之隔，然覯利者恒不覯害，蔽於所不覯以自殞其頂，踵者可勝道哉！可勝道哉！

雜說十三

邑有王生者，富人也。家無健僕，盜覷其室，走告其鄰劉叟，俾簡其良而薦之。居無何，劉叟踵門而告曰：「族子某駢脅多力，材胥可使也，忠諶可任也。」王生信其言，召寘門下，養之甚憂。其人劣甚，唯好錢耳。且潛與暴

客通，浹旬而攻劫者再。王生怒，召劉叟讓之。叟曰：「足下求僕，何如國家求才？老夫之於足下，何如置臣之於皇上？皇上以友邦狎侮，國威不揚，詔督撫奏保人才。督撫之薦牘與草野之輿論，如東齊西攏之分道而馳也。輿人之言曰某也貪、某也詐、某也工迎合、某也罷軟不任事。薦之者則曰明達洋務可備使才也、講求經濟為守兼優也。皇上信之，用其人，卒無寸效，未嘗罪怒置臣。如老夫者，不過無知人之哲耳，較之狗同官之請、納昏暮之金、浮辭詭譽以謾君父者何如？」生曰：「噫嘻！此中國所由不競也。叟亦濡染華風云耳。聽聞不聰，予實有咎。於叟何尤焉！」

鴆鳥說

鴆，毒鳥也。晉制，攜鴆過江者有重法。石崇為南中郎，得鴆以遺王愷，養之。司隸校尉傅祗奏之，宣示百官，焚之都街，惡其毒也〔1〕。然其文采才智頗同於孔雀。孔雀似鳳，自背至尾皆作員文，五色相繞，故曰文禽〔2〕。鴆鳥喙黃，赤如金，羽兼紫綠二色，《左傳正義》引《廣志》云：「毛黑。」《廣韻‧五十二沁》引《廣志》云：「紫綠色。」郭注《中山經》亦云：「紫綠色。」尾有碎文，背上連錢，是其文采亦可觀矣。其同一也。譽孔雀者稱其九德〔3〕，四曰知時而行。鴆之雄者曰暉日，一曰運日，天將晴晃則鳴；雌曰陰諧，天將陰雨則鳴。故《淮南子》稱其知晏知陰，以比於鵲巢之知風〔4〕，是其才智足以知天時也。其同二也。王醜公所以豢之者，未必不由於此，然其毒實酷於孔雀。孔雀與蛇為雌雄〔5〕，故其羽有毒〔6〕，入人目則昏翳。鴆專噉虺蝮〔6〕，以羽翮櫟酒飲之則斃〔7〕。孔都護〔8〕雖毒，尚不至此。夫鴆毒殺人，世人所同惡也。文采才智，世人所同惡也。愛其文才採智者，豈真樂受其毒而不悔？亦謂其毒在羽，吾不和酒飲之，安能殺我？不知彼專噉天下之至毒者以為膳，其爪喙肉骨臟腑心性無往而不毒，縱愛之如驕子，彼之謀逞其毒者，未嘗一日忘也。子莊之燔，可謂能除惡矣。《名醫別錄》謂鴆鳥一名雲日，出南海〔9〕。《太平寰宇記》於曇鳥化鴆載之廣州〔10〕，而孔雀亦產南海，故有南客越鳥之稱。然則內懷毒痛，外燿其文采才智以悅人者，固多產於南海也哉！

右說作於戊戌六月，蓋斥康有為言之。張孝達制府《勸學篇》，多隱斥康逆之語。許筠庵尚書、文仲山侍御以奏彈康逆獲咎，其言皆不若是文之悚切，然見者方以先生之說為悖。未及兩月，而鴆毒見矣。常熟翁相盛稱康逆之才，欲請皇上舉國以聽，因此革職，永不敘用，交地方官嚴加管束。此真愛其文

采才智，甘受其毒而不悟者。受業左楔謹注。

【疏證】

〔1〕《晉書》卷三十三《石崇傳》：「崇在南中，得鴆鳥雛，以與後軍將軍王愷。時制，鴆鳥不得過江，為司隸校尉傅祗所糾，詔原之，燒鴆於都街。」

〔2〕《太平御覽》卷九百二十四《羽族部十一》：「《異物志》曰：『孔雀，其大如雁，而足高，毛皆有班文采。捕得畜之，拍手則舞。』又曰：『孔雀形體既大，細頸隆背，似鳳皇。自背及尾，皆作珠文，五彩光耀，長短相次；羽毛末皆作員文，五色相繞，如帶千錢，文長二三尺。頭戴三毛，長寸，以為冠。足有距。棲遊岡陵，迎晨，則鳴相和。』」

〔3〕（明）顧起元《說略》卷三十：「孔雀有九德。一顏貌端正，二音聲清徹，三行步庠序，四知時而行，五飲食知節，六常念知足，七不分散，八少婬，九知反覆。見增上經。」

〔4〕《淮南子·繆稱訓第十》：「鵲巢知風之所起，獺穴知水之高下，暉目知晏，陰諧知雨。」高誘《注》：「暉日，鳩鳥也。晏，無雲也。天將晏靜，暉目先鳴也。陰諧，暉目雌也。天將陰雨則鳴。」

〔5〕《太平廣記》卷第四百六十一《禽鳥二·孔雀·王軒》：「盧肇住在京南海，見從事王軒有孔雀。一日奴來告曰：『蛇盤孔雀，且毒死矣。』軒令救之，其走卒笑而不救，軒怒，卒云：『蛇與孔雀偶。』出《紀聞》。」（宋）陸佃《埤雅》卷七《釋鳥·孔雀》：「《南越志》曰：『孔雀不必匹合，止以音影相接便孕。亦與蛇偶。』」

〔6〕（明）李蘇《見物》卷一《孔雀》：「孔雀，越鳥，能啖蛇虺，故毛羽毒人。」

〔7〕《漢書》卷三十八《高五王傳》：「太后怒，迺令人酌兩卮鴆酒置前。」顏師古《注》：「應劭曰：鴆鳥，黑身赤目，食蝮蛇野葛。以其羽畫酒中，飲之立死。」

〔8〕（清）陳元龍《格致鏡原》卷七十七：「《類書》：『李昉名孔雀曰南容，一名孔都護，一名文禽。』」

〔9〕《文選》卷五左思《吳都賦》：「黑鴆零。」劉良《注》：「鴆鳥一名雲白，黑色，長頸赤喙，食蝮蛇，體有毒，古人謂之鴆毒。江東諸大山中皆有之。」《本草綱目》卷四十九《禽之三·鴆》：「釋名：鴆日、與運同。《別錄》。同力鳥。陶宏景。集解：《別錄》：『白鴆生南海。』弘景曰：『鴆與鴆日是兩種。鴆鳥狀如孔雀，五色雜斑，高大，黑頸赤喙，出廣之深山中。鴆日狀如黑傖雞，作聲似云同力，故江東人呼為同力鳥。並啖蛇，人誤食其肉立死。並療蛇毒。昔人用鴆毛為毒酒，故名鴆酒，頃不復爾。』」

〔10〕《太平寰宇記》卷一百五十七《嶺南道一・廣州》：「雲白鳥一名曇鳥，亦曰同
　　　力鳥，千歲則化為鳩。能超石禁蛇。鳥形如雉，尾如雀，有碎文，背上連錢。
　　　又左足三距者，其鳴先顧。」

廣州貪泉〔1〕說

　　戊戌春閏月，予歸自京師，同舟數百人。客有家於五羊城者，予問廣州
土風若何。客曰：「五大洲吏民之食，中國為最。中國吏民之貧，廣東為最。
廣東吏民之貧，廣州為最。良由郡有石門水，古稱貪泉，操非處默，孰能飲之
不變？風俗叨貪，斯泉當執其咎。」予曰：「客言誤矣。《山堂考索》曰〔2〕：
『漢、魏以來，守官廣南者，多以貪墨，坐激吏民之叛，啟蠻獠之寇。由往返
重費，故厚取於商民，則墨吏之導也。』又言『彊域曠邈，按察稀臨，京闕萬
里，赴愬莫及。無聊汨沒之人，何憚而不為賄，則髒罰之疏也。』《隋書・地
理志》云〔3〕：『南海、交趾，各一都會。諸蠻重賄輕生，唯富為雄。』《寰宇
記》於廣州風俗引《通典》曰：『五嶺之南，人雜夷獠，不知教義，以富為雄。』
則土夷之染也。《漢書・地理志》云：『南海郡處近海，多犀象、毒冒、珠璣、
銀銅、果布之湊。中國往商賈者多取富焉。番禺其一都會也。』此說本之《史
記・貨殖傳》。而《隋志》所述略同。《南齊書・州郡志》則云：「捲握之珍，
富兼十世。」則多寶之害也。魏源《聖武記》謂「閩廣①舊通番舶，故用銀獨
早」。考本朝海上通商，初止廣州一埠。而泰西來華，據地互市，始於葡萄牙
之居濠鏡，事在前明中葉。廣州之設市舶提舉，始於宋徽宗大觀元年，而元、
明因之。島族紛集，珍怪陸離，目動心搖，犇走雜沓，則夷商之誘也。具此五
累，更歷千載，貪風煽熾，源流良遠，獨詆石門，未為至言。然陸機恥飲盜泉
之水〔4〕，范雲不挹邪渚之流〔5〕，官是土者，弗酌為韙。如其懷廉泉之嘉譽，
羨惡溪之更名，是所望於後之督撫藩臬有清儉如吳隱之者。」

【校記】
　①　廣，魏源《聖武記》卷十四《附錄》原作「粵」。

【疏證】
〔1〕《世說新語・德行第一》劉孝標《注》：「《晉安帝紀》曰：『隱之既有至性，加
　　　以廉潔，奉祿頒九族，冬月無被。桓玄欲革嶺南之弊，以為廣州刺史。去州二
　　　十里有貪泉，世傳飲之者其心無厭。隱之乃至水上，酌而飲之，因賦詩曰：『石
　　　門有貪泉，一歃重千金。試使夷、齊飲，終當不易心。』為盧循所攻，還京師。

歷尚書、領軍將軍。」《晉中興書》曰：『舊云：往廣州，飲貪泉，失廉潔之性。吳隱之為刺史，自酌貪泉飲之，題石門為詩云云。』」

〔2〕見（宋）章如愚《山堂考索》續集卷五十一《輿地門·兩廣》。

〔3〕《隋書》卷三十一《地理志下》：「南海、交趾，各一都會也，並所處近海，多犀象玳瑁珠璣，奇異珍瑋，故商賈至者，多取富焉。其人性並輕悍，易興逆節，椎結踑踞，乃其舊風。其俚人則質直尚信，諸蠻則勇敢自立，皆重賄輕死，唯富為雄。」

〔4〕《藝文類聚》卷四十一《樂部一》：「晉陸機《猛虎行》曰：『渴不飲盜泉水，熱不息惡木陰。』」

〔5〕（宋）樂史《太平寰宇記》卷一百六十《嶺南道四·南雄州》：「齊時范雲為始興守，至修仁酌水而飲之，因賦詩曰：『三楓何習習，五渡宜悠悠。且飲修仁水，不挹邪渚流。』」